MINISTÈRE DU COMMERCE, DE L'INDUSTRIE
DES POSTES ET DES TÉLÉGRAPHES

DIRECTION DE L'ASSURANCE ET DE LA PRÉVOYANCE SOCIALES

ACCIDENTS DU TRAVAIL

LOIS, RÈGLEMENTS ET CIRCULAIRES

(JANVIER 1901)

PARIS

IMPRIMERIE NATIONALE

MDCCCCI

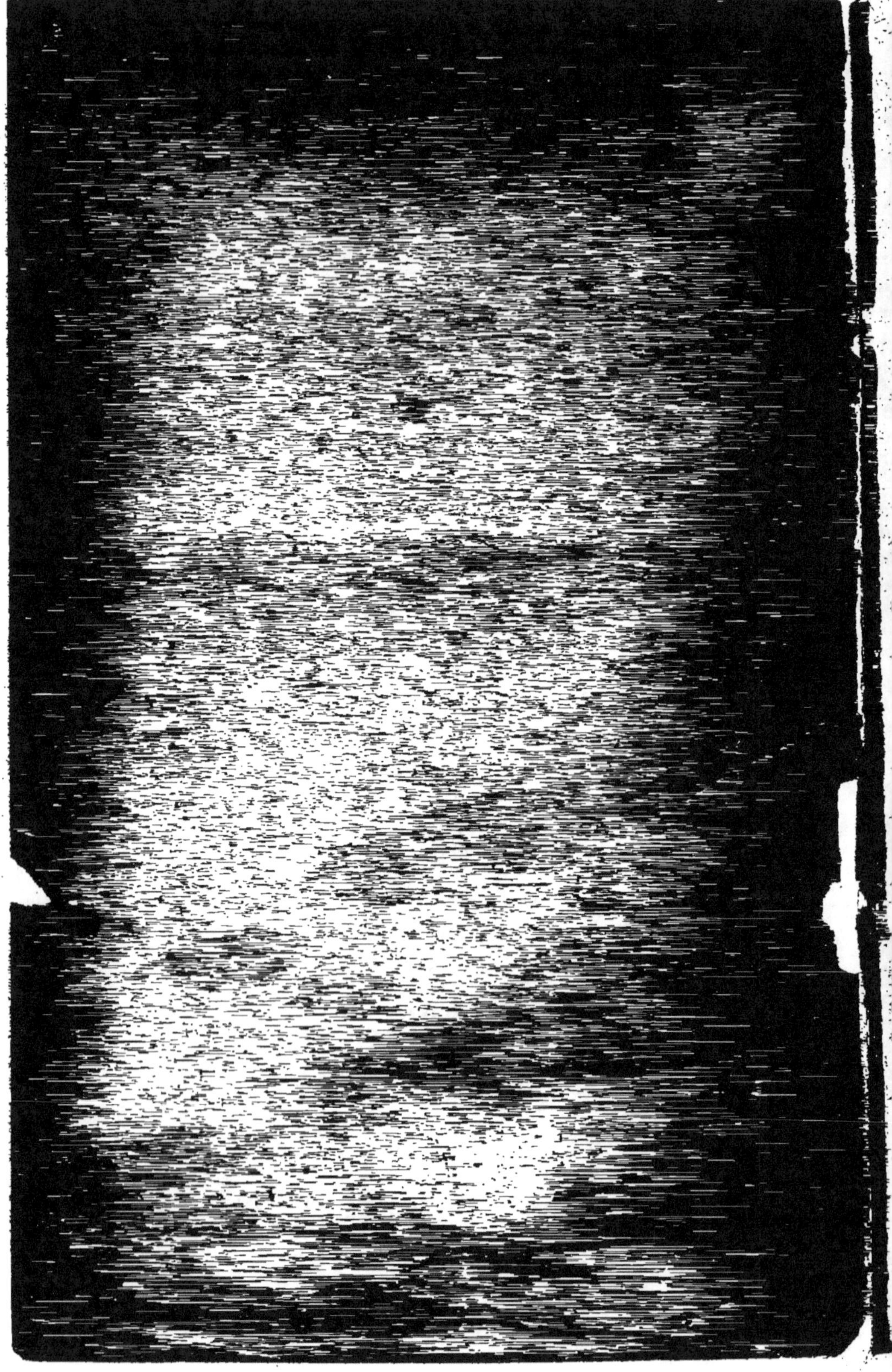

MINISTÈRE DU COMMERCE, DE L'INDUSTRIE
DES POSTES ET DES TÉLÉGRAPHES

DIRECTION DE L'ASSURANCE ET DE LA PRÉVOYANCE SOCIALES

ACCIDENTS DU TRAVAIL

LOIS, RÈGLEMENTS ET CIRCULAIRES

(JANVIER 1901)

PARIS

IMPRIMERIE NATIONALE

MDCCCCI

LOI DU 9 AVRIL 1898

concernant les responsabilités des accidents dont les ouvriers sont victimes dans leur travail.

(Journal officiel du 10 avril 1898.)

LE SÉNAT ET LA CHAMBRE DES DÉPUTÉS ont adopté,

LE PRÉSIDENT DE LA RÉPUBLIQUE promulgue la loi dont la teneur suit :

TITRE PREMIER.

INDEMNITÉS EN CAS D'ACCIDENTS.

ART. 1er. Les accidents survenus par le fait du travail, ou à l'occasion du travail, aux ouvriers et employés occupés dans l'industrie du bâtiment, les usines, manufactures, chantiers, les entreprises de transport par terre et par eau, de chargement et de déchargement, les magasins publics, mines, minières, carrières et, en outre, dans toute exploitation ou partie d'exploitation dans laquelle sont fabriquées ou mises en œuvre des matières explosives, ou dans laquelle il est fait usage d'une machine mue par une force autre que celle de l'homme ou des animaux, donnent droit, au profit de la victime ou de ses représentants, à une indemnité à la charge du chef d'entreprise, à la condition que l'interruption de travail ait duré plus de quatre jours.

Les ouvriers qui travaillent seuls d'ordinaire ne pourront être assujettis à la présente loi par le fait de la collaboration accidentelle d'un ou de plusieurs de leurs camarades.

ART. 2. Les ouvriers et employés désignés à l'article précédent ne peuvent se prévaloir, à raison des accidents dont ils sont victimes dans leur travail, d'aucunes dispositions autres que celles de la présente loi.

Ceux dont le salaire annuel dépasse deux mille quatre cents francs (2,400 fr.) ne bénéficient de ces dispositions que jusqu'à concurrence de cette somme. Pour le surplus, ils n'ont droit qu'au quart des rentes ou indemnités stipulées à l'article 3, à moins de conventions contraires quant au chiffre de la quotité.

ART. 3. Dans les cas prévus à l'article 1er, l'ouvrier ou l'employé a droit :

Pour l'incapacité absolue et permanente, à une rente égale aux deux tiers de son salaire annuel ;

Pour l'incapacité partielle et permanente, à une rente égale à la moitié de la réduction que l'accident aura fait subir au salaire ;

Pour l'incapacité temporaire, à une indemnité journalière égale à la moitié du salaire touché au moment de l'accident, si l'incapacité de travail a duré plus de quatre jours et à partir du cinquième jour.

Lorsque l'accident est suivi de mort, une pension est servie aux personnes ci-après désignées, à partir du décès, dans les conditions suivantes :

A. Une rente viagère égale à 20 p. o/o du salaire annuel de la victime pour le conjoint survivant non divorcé ou séparé de corps, à la condition que le mariage ait été contracté antérieurement à l'accident.

En cas de nouveau mariage, le conjoint cesse d'avoir droit à la rente mentionnée ci-dessus; il lui sera alloué, dans ce cas, le triple de cette rente à titre d'indemnité totale.

B. Pour les enfants, légitimes ou naturels, reconnus avant l'accident, orphelins de père ou de mère, âgés de moins de 16 ans, une rente calculée sur le salaire annuel de la victime à raison de 15 p. o/o de ce salaire s'il n'y a qu'un enfant, de 25 p. o/o s'il y en a deux, de 35 p. o/o s'il y en a trois, et 40 p. o/o s'il y en a quatre ou un plus grand nombre.

Pour les enfants, orphelins de père et de mère, la rente est portée pour chacun d'eux à 20 p. o/o du salaire.

L'ensemble de ces rentes ne peut, dans le premier cas, dépasser 40 p. o/o du salaire ni 60 p. o/o dans le second.

C. Si la victime n'a ni conjoint ni enfant dans les termes des paragraphes A et B, chacun des ascendants et descendants qui était à sa charge recevra une rente viagère pour les ascendants et payable jusqu'à 16 ans pour les descendants. Cette rente sera égale à 10 p. o/o du salaire annuel de la victime, sans que le montant total des rentes ainsi allouées puisse dépasser 30 p. o/o.

Chacune des rentes prévues par le paragraphe C est, le cas échéant, réduite proportionnellement.

Les rentes constituées en vertu de la présente loi sont payables par trimestre; elles sont incessibles et insaisissables.

Les ouvriers étrangers, victimes d'accidents qui cesseront de résider sur le territoire français recevront, pour toute indemnité, un capital égal à trois fois la rente qui leur avait été allouée.

Les représentants d'un ouvrier étranger ne recevront aucune indemnité si, au moment de l'accident, ils ne résidaient pas sur le territoire français.

ART. 4. Le chef d'entreprise supporte en outre les frais médicaux et pharmaceutiques et les frais funéraires. Ces derniers sont évalués à la somme de cent francs (100 fr.) au maximum.

Quant aux frais médicaux et pharmaceutiques, si la victime a fait choix elle-même de son médecin, le chef d'entreprise ne peut être tenu que jusqu'à concurrence de la somme fixée par le juge de paix du canton, conformément aux tarifs adoptés dans chaque département pour l'assistance médicale gratuite.

ART. 5. Les chefs d'entreprise peuvent se décharger pendant les trente, soixante ou quatre-vingt-dix premiers jours à partir de l'accident, de l'obligation de payer aux victimes les frais de maladie et l'indemnité temporaire, ou une partie seulement de cette indemnité, comme il est spécifié ci-après, s'ils justifient :

1° Qu'ils ont affilié leurs ouvriers à des sociétés de secours mutuels et pris à leur charge une quote-part de la cotisation qui aura été déterminée d'un commun accord, et en se conformant aux statuts-type approuvés par le Ministre compétent, mais qui ne devra pas être inférieure au tiers de cette cotisation;

2° Que ces sociétés assurent à leurs membres, en cas de blessures, pendant trente, soixante ou quatre-vingt-dix jours, les soins médicaux et pharmaceutiques et une indemnité journalière.

Si l'indemnité journalière servie par la société est inférieure à la moitié du salaire quotidien de la victime, le chef d'entreprise est tenu de lui verser la différence.

Art. 6. Les exploitants de mines, minières et carrières peuvent se décharger des frais et indemnités mentionnés à l'article précédent moyennant une subvention annuelle versée aux caisses ou sociétés de secours constituées dans ces entreprises en vertu de la loi du 29 juin 1894.

Le montant et les conditions de cette subvention devront être acceptés par la société et approuvés par le Ministre des travaux publics.

Ces deux dispositions seront applicables à tous autres chefs d'industrie qui auront créé en faveur de leurs ouvriers des caisses particulières de secours en conformité du titre III de la loi du 29 juin 1894. L'approbation prévue ci-dessus sera, en ce qui les concerne, donnée par le Ministre du commerce et de l'industrie.

Art. 7. Indépendamment de l'action résultant de la présente loi, la victime ou ses représentants conservent, contre les auteurs de l'accident autres que le patron ou ses ouvriers et préposés, le droit de réclamer la réparation du préjudice causé, conformément aux règles du droit commun.

L'indemnité qui leur sera allouée exonèrera à due concurrence le chef d'entreprise des obligations mises à sa charge.

Cette action contre les tiers responsables pourra même être exercée par le chef d'entreprise, à ses risques et périls, au lieu et place de la victime ou de ses ayants droit, si ceux-ci négligent d'en faire usage.

Art. 8. Le salaire qui servira de base à la fixation de l'indemnité allouée à l'ouvrier âgé de moins de seize ans ou à l'apprenti victime d'un accident ne sera pas inférieur au salaire le plus bas des ouvriers valides de la même catégorie occupés dans l'entreprise.

Toutefois, dans le cas d'incapacité temporaire, l'indemnité de l'ouvrier âgé de moins de seize ans ne pourra pas dépasser le montant de son salaire.

Art. 9. Lors du règlement définitif de la rente viagère, après le délai de révision prévue à l'article 19, la victime peut demander que le quart au plus du capital nécessaire à l'établissement de cette rente, calculé d'après les tarifs dressés pour les victimes d'accidents par la Caisse des retraites pour la vieillesse, lui soit attribué en espèces.

Elle peut aussi demander que ce capital, ou ce capital réduit du quart au plus comme il vient d'être dit, serve à constituer sur sa tête une rente viagère réversible, pour moitié au plus, sur la tête de son conjoint. Dans ce cas, la rente viagère sera diminuée de façon qu'il ne résulte de la réversibilité aucune augmentation de charges pour le chef de l'entreprise.

Le tribunal, en chambre du conseil, statuera sur ces demandes.

Art. 10. Le salaire servant de base à la fixation des rentes s'entend, pour l'ouvrier occupé dans l'entreprise pendant les douze mois écoulés avant l'accident, de la rémunération effective qui lui a été allouée pendant ce temps, soit en argent, soit en nature.

Pour les ouvriers occupés pendant moins de douze mois avant l'accident, il doit s'entendre de la rémunération effective qu'ils ont reçue depuis leur entrée dans l'entreprise, augmentée de la rémunération moyenne qu'ont reçue, pendant la période nécessaire pour compléter les douze mois, les ouvriers de la même catégorie.

Si le travail n'est pas continu, le salaire annuel est calculé tant d'après la rémunération reçue pendant la période d'activité que d'après le gain de l'ouvrier pendant le reste de l'année.

TITRE II.

DÉCLARATION DES ACCIDENTS ET ENQUÊTE.

ART. 11. Tout accident ayant occasionné une incapacité de travail doit être déclaré, dans les quarante-huit heures, par le chef d'entreprise ou ses préposés, au maire de la commune qui en dresse procès-verbal.

Cette déclaration doit contenir les noms et adresses des témoins de l'accident. Il y est joint un certificat de médecin indiquant l'état de la victime, les suites probables de l'accident et l'époque à laquelle il sera possible d'en connaître le résultat définitif.

La même déclaration pourra être faite par la victime ou ses représentants.

Récépissé de la déclaration et du certificat du médecin est remis par le maire au déclarant.

Avis de l'accident est donné immédiatement par le maire à l'inspecteur divisionnaire ou départemental du travail ou à l'ingénieur ordinaire des mines chargé de la surveillance de l'entreprise.

L'article 15 de la loi du 2 novembre 1892 et l'article 11 de la loi du 12 juin 1893 cessent d'être applicables dans les cas visés par la présente loi.

ART. 12. Lorsque, d'après le certificat médical, la blessure paraît devoir entraîner la mort ou une incapacité permanente absolue ou partielle de travail, le maire transmet immédiatement copie de la déclaration et le certificat médical au juge de paix du canton où l'accident s'est produit.

Dans les vingt-quatre heures de la réception de cet avis, le juge de paix procède à une enquête à l'effet de rechercher :

1° La cause, la nature et les circonstances de l'accident;

2° Les personnes victimes et le lieu où elles se trouvent;

3° La nature des lésions;

4° Les ayants droit pouvant, le cas échéant, prétendre à une indemnité;

5° Le salaire quotidien et le salaire annuel des victimes.

ART. 13. L'enquête a lieu contradictoirement dans les formes prescrites par les articles 35, 36, 37, 38 et 39 du Code de procédure civile, en présence des parties intéressées ou celles-ci convoquées d'urgence par lettre recommandée.

Le juge de paix doit se transporter auprès de la victime de l'accident qui se trouve dans l'impossibilité d'assister à l'enquête.

Lorsque le certificat médical ne lui paraîtra pas suffisant, le juge de paix pourra désigner un médecin pour examiner le blessé.

Il peut aussi commettre un expert pour l'assister dans l'enquête.

Il n'y a pas lieu, toutefois, à nomination d'expert dans les entreprises administrativement surveillées, ni dans celles de l'État placées sous le contrôle d'un service distinct du service de gestion, ni dans les établissements nationaux où s'effectuent des travaux que la sécurité publique oblige à tenir secrets. Dans ces divers cas, les fonctionnaires chargés de la surveillance ou du contrôle de ces établissements ou entreprises et, en ce qui concerne les exploitations minières, les délégués à la sécurité des ouvriers mineurs, transmettent au juge de paix, pour être joint au procès-verbal d'enquête, un exemplaire de leur rapport.

Sauf les cas d'impossibilité matérielle dûment constatés dans le procès-verbal, l'enquête doit être close dans le plus bref délai et, au plus tard, dans les dix jours à partir de l'accident. Le juge de paix avertit, par lettre recommandée, les parties de la clôture de l'enquête et du dépôt de la minute au greffe, où elles pourront, pendant un délai de cinq jours, en prendre connaissance et s'en faire délivrer une expédition, affranchie du timbre et de l'enregistrement. A l'expiration de ce délai de cinq jours, le dossier de l'enquête est transmis au président du tribunal civil de l'arrondissement.

ART. 14. Sont punis d'une amende de un à quinze francs (1 à 15 fr.) les chefs d'industrie ou leurs préposés qui ont contrevenu aux dispositions de l'article 11.

En cas de récidive dans l'année, l'amende peut être élevée de seize à trois cents francs (16 à 300 fr.).

L'article 463 du Code pénal est applicable aux contraventions prévues par le présent article.

TITRE III.

COMPÉTENCE. — JURIDICTIONS. — PROCÉDURE. — RÉVISION.

ART. 15. Les contestations entre les victimes d'accidents et les chefs d'entreprise, relatives aux frais funéraires, aux frais de maladie ou aux indemnités temporaires, sont jugées en dernier ressort par le juge de paix du canton où l'accident s'est produit, à quelque chiffre que la demande puisse s'élever.

ART. 16. En ce qui touche les autres indemnités prévues par la présente loi, le président du tribunal de l'arrondissement convoque, dans les cinq jours à partir de la transmission du dossier, la victime ou ses ayants droit et le chef d'entreprise, qui peut se faire représenter.

S'il y a accord des parties intéressées, l'indemnité est définitivement fixée par l'ordonnance du président, qui donne acte de cet accord.

Si l'accord n'a pas lieu, l'affaire est renvoyée devant le tribunal, qui statue comme en matière sommaire, conformément au titre XXIV du livre II du Code de procédure civile.

Si la cause n'est pas en état, le tribunal surseoit à statuer et l'indemnité temporaire continuera à être servie jusqu'à la décision définitive.

Le tribunal pourra condamner le chef d'entreprise à payer une provision; sa décision sur ce point sera exécutoire nonobstant appel.

ART. 17. Les jugements rendus en vertu de la présente loi sont susceptibles d'appel selon les règles du droit commun. Toutefois, l'appel devra être interjeté dans les quinze jours de la date du jugement s'il est contradictoire et, s'il est par défaut, dans la quinzaine à partir du jour où l'opposition ne sera plus recevable.

L'opposition ne sera plus recevable en cas de jugement par défaut contre partie, lorsque le jugement aura été signifié à personne, passé le délai de quinze jours à partir de cette signification.

La cour statuera d'urgence dans le mois de l'acte d'appel. Les parties pourront se pourvoir en cassation.

ART. 18. L'action en indemnité prévue par la présente loi se prescrit par un an à dater du jour de l'accident.

ART. 19. La demande en revision de l'indemnité fondée sur une aggravation ou une atténuation de l'infirmité de la victime ou son décès par suite des conséquences de l'accident, est ouverte pendant trois ans à dater de l'accord intervenu entre les parties ou de la décision définitive.

Le titre de pension n'est remis à la victime qu'à l'expiration des trois ans.

ART. 20. Aucune des indemnités déterminées par la présente loi ne peut être attribuée à la victime qui a intentionnellement provoqué l'accident.

Le tribunal a le droit, s'il est prouvé que l'accident est dû à une faute inexcusable de l'ouvrier, de diminuer la pension fixée au titre Ier.

Lorsqu'il est prouvé que l'accident est dû à la faute inexcusable du patron ou de ceux qu'il s'est substitué dans la direction, l'indemnité pourra être majorée, mais sans que la rente ou le total des rentes allouées puisse dépasser soit la réduction, soit le montant du salaire annuel.

ART. 21. Les parties peuvent toujours, après détermination du chiffre de l'indemnité due à la victime de l'accident, décider que le service de la pension sera suspendu et remplacé, tant que l'accord subsistera, par tout autre mode de réparation.

Sauf dans le cas prévu à l'article 3, paragraphe A, la pension ne pourra être remplacée par le payement d'un capital que si elle n'est pas supérieure à 100 francs.

ART. 22. Le bénéfice de l'assistance judiciaire est accordé de plein droit, sur le visa du procureur de la République, à la victime de l'accident ou à ses ayants droit, devant le tribunal.

A cet effet, le président du tribunal adresse au procureur de la République, dans les trois jours de la comparution des parties prévue par l'article 16, un extrait de son procès-verbal de non-conciliation; il y joint les pièces de l'affaire.

Le procureur de la République procède comme il est prescrit à l'article 13 (paragraphes 2 et suivants) de la loi du 22 janvier 1851.

Le bénéfice de l'assistance judiciaire s'étend de plein droit aux instances devant le juge de paix, à tous les actes d'exécution mobilière et immobilière, et à toute contestation incidente à l'exécution des décisions judiciaires.

TITRE IV.

GARANTIES.

ART. 23. La créance de la victime de l'accident ou de ses ayants droit relative aux frais médicaux, pharmaceutiques et funéraires ainsi qu'aux indemnités allouées à la suite de l'incapacité temporaire de travail, est garantie par le privilège de l'article 2101 du Code civil et y sera inscrite sous le n° 6.

Le payement des indemnités pour incapacité permanente de travail ou accidents suivis de mort est garanti conformément aux dispositions des articles suivants.

ART. 24. A défaut, soit par les chefs d'entreprise débiteurs, soit par les sociétés d'assurances à primes fixes ou mutuelles, ou les syndicats de garantie liant solidairement tous leurs adhérents, de s'acquitter, au moment de leur exigibilité, des indemnités mises à leur charge à la suite d'accidents ayant entraîné la mort ou une incapacité permanente de travail, le payement en sera assuré aux intéressés par les soins de la Caisse nationale des retraites pour la vieillesse, au moyen d'un fonds spécial de garantie constitué comme il va être dit et dont la gestion sera confiée à ladite Caisse.

ART. 25. Pour la constitution du fonds spécial de garantie, il sera ajouté au principal de la contribution des patentes des industriels visés par l'article Ier, quatre centimes (o fr. o4) additionnels. Il sera perçu sur les mines une taxe de cinq centimes (o fr. o5) par hectare concédé.

Ces taxes pourront, suivant les besoins, être majorées ou réduites par la loi de finances.

Art. 26. La Caisse nationale des retraites exercera un recours contre les chefs d'entreprise débiteurs, pour le compte desquels des sommes auront été payées par elle, conformément aux dispositions qui précèdent.

En cas d'assurance du chef d'entreprise, elle jouira, pour le remboursement de ses avances, du privilège de l'article 2102 du Code civil sur l'indemnité due par l'assureur et n'aura plus de recours contre le chef d'entreprise.

Un règlement d'administration publique déterminera les conditions d'organisation et de fonctionnement du service conféré par les dispositions précédentes à la Caisse nationale des retraites et, notamment, les formes du recours à exercer contre les chefs d'entreprise débiteurs ou les sociétés d'assurances et les syndicats de garantie, ainsi que les conditions dans lesquelles les victimes d'accidents ou leurs ayants droit seront admis à réclamer à la Caisse le payement de leurs indemnités.

Les décisions judiciaires n'emporteront hypothèque que si elles sont rendues au profit de la Caisse des retraites exerçant son recours contre les chefs d'entreprise ou les compagnies d'assurances.

Art. 27. Les compagnies d'assurances mutuelles ou à primes fixes contre les accidents, françaises ou étrangères, sont soumises à la surveillance et au contrôle de l'État et astreintes à constituer des réserves ou cautionnements dans les conditions déterminées par un règlement d'administration publique.

Le montant des réserves ou cautionnements sera affecté par privilège au payement des pensions et indemnités.

Les syndicats de garantie seront soumis à la même surveillance et un règlement d'administration publique déterminera les conditions de leur création et de leur fonctionnement.

Les frais de toute nature résultant de la surveillance et du contrôle seront couverts au moyen de contributions proportionnelles au montant des réserves ou cautionnements, et fixés annuellement, pour chaque compagnie ou association, par arrêté du Ministre du commerce.

Art. 28. Le versement du capital représentatif des pensions allouées en vertu de la présente loi ne peut être exigé des débiteurs.

Toutefois, les débiteurs qui désireront se libérer en une fois pourront verser le capital représentatif de ces pensions à la Caisse nationale des retraites, qui établira à cet effet, dans les six mois de la promulgation de la présente loi, un tarif tenant compte de la mortalité des victimes d'accidents et de leurs ayants droit.

Lorsqu'un chef d'entreprise cesse son industrie, soit volontairement, soit par décès, liquidation judiciaire ou faillite, soit par cession d'établissement, le capital représentatif des pensions à sa charge devient exigible de plein droit et sera versé à la Caisse nationale des retraites. Ce capital sera déterminé au jour de son exigibilité, d'après le tarif visé au paragraphe précédent.

Toutefois, le chef d'entreprise ou ses ayants droit peuvent être exonérés du versement de ce capital, s'ils fournissent des garanties qui seront à déterminer par un règlement d'administration publique.

TITRE V.

DISPOSITIONS GÉNÉRALES.

ART. 29. Les procès-verbaux, certificats, actes de notoriété, significations, jugements et autres actes faits ou rendus en vertu et pour l'exécution de la présente loi, sont délivrés gratuitement, visés pour timbre et enregistrés gratis lorsqu'il y a lieu à la formalité de l'enregistrement.

Dans les six mois de la promulgation de la présente loi, un décret déterminera les émoluments des greffiers de justice de paix pour leur assistance et la rédaction des actes de notoriété, procès-verbaux, certificats, significations, jugements, envois de lettres recommandées, extraits, dépôts de la minute d'enquête au greffe, et pour tous les actes nécessités par l'application de la présente loi, ainsi que les frais de transport auprès des victimes et d'enquête sur place.

ART. 30. Toute convention contraire à la présente loi est nulle de plein droit.

ART. 31. Les chefs d'entreprise sont tenus, sous peine d'une amende de un à quinze francs (1 à 15 fr.), de faire afficher dans chaque atelier la présente loi et les règlements d'administration relatifs à son exécution.

En cas de récidive dans la même année, l'amende sera de seize à cent francs (16 à 100 fr.).

Les infractions aux dispositions des articles 1 et 31 pourront être constatées par les inspecteurs du travail.

ART. 32. Il n'est point dérogé aux lois, ordonnances et règlements concernant les pensions des ouvriers, apprentis et journaliers appartenant aux ateliers de la Marine et celles des ouvriers immatriculés des manufactures d'armes dépendant du Ministère de la guerre.

ART. 33. La présente loi ne sera applicable que trois mois après la publication officielle des décrets d'administration publique qui doivent en régler l'exécution.

ART. 34. Un règlement d'administration publique déterminera les conditions dans lesquelles la présente loi pourra être appliquée à l'Algérie et aux colonies.

La présente loi, délibérée et adoptée par le Sénat et par la Chambre des députés, sera exécutée comme loi de l'État.

Fait à Paris, le 9 avril 1898.

FÉLIX FAURE.

Par le Président de la République :

Le Ministre du Commerce, de l'Industrie,
des Postes et des Télégraphes,

HENRY BOUCHER.

Le Ministre de l'Intérieur,

LOUIS BARTHOU.

Le Ministre des Travaux publics,

A. TURREL.

Le Garde des Sceaux,
Ministre de la Justice et des Cultes,

V. MILLIARD.

DÉCRET DU 28 FÉVRIER 1899

portant règlement d'administration publique pour l'exécution de l'article 26 de la loi du 9 avril 1898.

(Journal officiel du 1er mars 1899.)

LE PRÉSIDENT DE LA RÉPUBLIQUE FRANÇAISE,

Sur le rapport du Ministre du commerce, de l'industrie, des postes et des télégraphes;

Vu les avis du Ministre des finances, en date des 5 décembre 1898 et 21 janvier 1899;

Vu l'avis du Ministre de la justice, en date du 29 octobre 1898;

Vu la loi du 9 avril 1898 et notamment le troisième paragraphe de l'article 26 ainsi conçu : « Un règlement d'administration publique déterminera les conditions d'organisation et de fonctionnement du service conféré par les dispositions précédentes à la Caisse nationale des retraites et notamment les formes du recours à exercer contre les chefs d'entreprise débiteurs ou les sociétés d'assurances et les syndicats de garantie, ainsi que les conditions dans lesquelles les victimes d'accidents ou leurs ayants droit seront admis à réclamer à la Caisse le payement de leurs indemnités »;

Vu la loi du 20 juillet 1886 et le décret du 28 décembre 1886;

Le Conseil d'État entendu,

DÉCRÈTE :

TITRE PREMIER.

CONDITIONS DANS LESQUELLES LES VICTIMES D'ACCIDENTS OU LEURS AYANTS DROIT SONT ADMIS À RÉCLAMER LE PAYEMENT DE LEURS INDEMNITÉS.

ART. 1er. Tout bénéficiaire d'une indemnité liquidée en vertu de l'article 16 de la loi du 9 avril 1898, à la suite d'un accident ayant entraîné la mort ou une incapacité permanente de travail, qui n'aura pu obtenir le payement, lors de leur exigibilité, des sommes qui lui sont dues, doit en faire la déclaration au maire de la commune de sa résidence.

ART. 2. La déclaration est faite soit par le bénéficiaire de l'indemnité ou son représentant légal, soit par un mandataire; elle est exempte de tous frais.

ART. 3. La déclaration doit indiquer :

1° Les nom, prénoms, âge, nationalité, état civil, profession, domicile du bénéficiaire de l'indemnité;

2° Les nom et domicile du chef d'entreprise débiteur ou la désignation et l'indication du siège de la société d'assurances ou du syndicat de garantie qui aurait dû acquitter la dette à ses lieu et place;

3° La nature de l'indemnité et le montant de la créance réclamée;

4° L'ordonnance ou le jugement en vertu duquel agit le bénéficiaire;

5° Le cas échéant, les nom, prénoms, profession et domicile du représentant légal du bénéficiaire ou du mandataire.

Art. 4. La déclaration, rédigée par les soins du maire, est signée par le déclarant.

Le maire y joint toutes les pièces qui lui sont remises par le réclamant à l'effet d'établir l'origine de la créance, ses modifications ultérieures et le refus de payement opposé par le débiteur : chef d'entreprise, sociétés d'assurances ou syndicat de garantie.

Art. 5. Le récépissé de la déclaration et des pièces qui l'accompagnent est remis par le maire au déclarant.

La déclaration et les pièces produites à l'appui sont transmises par le maire au directeur général de la Caisse des dépôts et consignations dans les vingt-quatre heures.

Art. 6. Le directeur général de la Caisse des dépôts et consignations adresse dans les quarante-huit heures à partir de sa réception, le dossier au juge de paix du domicile du débiteur, en l'invitant à convoquer celui-ci d'urgence par lettre recommandée.

Art. 7. Le débiteur doit comparaître au jour fixé par le juge de paix soit en personne, soit par mandataire.

Il lui est donné connaissance de la réclamation formulée contre lui.

Procès-verbal est dressé par le juge de paix des déclarations faites par le comparant, qui appose sa signature sur le procès-verbal.

Art. 8. Le comparant qui ne conteste ni la réalité, ni le montant de la créance est invité par le juge de paix soit à s'acquitter par devant lui, soit à expédier au réclamant la somme due au moyen d'un mandat-carte et à communiquer au greffe le récépissé de cet envoi.

Cette communication doit être effectuée au plus tard le deuxième jour qui suit la comparution devant le juge de paix.

Le juge de paix statue sur le payement des frais de convocation.

Il constate, s'il y a lieu, dans son procès-verbal la libération du débiteur.

Art. 9. Dans le cas où le comparant, tout en reconnaissant la réalité et le montant de sa dette, déclare ne pas être en état de s'acquitter immédiatement, le juge de paix est autorisé, si les motifs invoqués paraissent légitimes, à lui accorder pour sa libération un délai qui ne peut excéder un mois.

Dans ce cas, en vue du payement immédiat prévu à l'article 18 ci-dessous, le procès-verbal dressé par le juge de paix constate la reconnaissance de la dette et l'engagement pris par le comparant de se libérer dans le délai qui lui a été accordé au moyen soit d'un versement entre les mains du caissier de la Caisse des dépôts et consignations à Paris ou des préposés de la Caisse dans les départements, soit de l'expédition d'un mandat-carte payable au caissier général à Paris.

Art. 10. Si le comparant déclare ne pas être débiteur du réclamant ou n'être que partiellement son débiteur, le juge de paix constate dans son procès-verbal le refus total ou partiel de payement et les motifs qui en ont été donnés.

Il est procédé pour l'acquittement de la somme non contestée, suivant les dispositions des articles 8 ou 9, tous droits restant réservés pour le surplus.

Art. 11. Au cas où le débiteur convoqué ne comparaît pas au jour fixé, le juge de paix procède dans la huitaine à une enquête à l'effet de rechercher :

1° Si le débiteur convoqué n'a pas changé de domicile ;

2° S'il a cessé son industrie soit volontairement, soit par cession d'établissement, soit par suite de faillite ou de liquidation judiciaire et, dans ce cas, quel est le syndic ou le liquidateur, soit par suite de décès et, dans l'affirmative, par qui sa succession est représentée.

Le procès-verbal dressé par le juge de paix constate la non-comparution et les résultats de l'enquête.

Art. 12. Dans les deux jours qui suivent soit la libération immédiate du débiteur, soit sa comparution devant le juge de paix au cas où il a refusé le payement ou obtenu un délai, soit la clôture de l'enquête dont il est question en l'article précédent, le juge de paix adresse au directeur général de la Caisse des dépôts et consignations le dossier et y joint le procès-verbal par lui dressé.

Art. 13. Dès la réception du dossier, s'il résulte du procès-verbal dressé par le juge de paix que le débiteur n'a pas contesté sa dette, mais ne s'en est pas libéré, ou si les motifs invoqués pour refuser le payement ne paraissent pas légitimes, le directeur général de la Caisse des dépôts et consignations remet au réclamant ou lui adresse, par mandat-carte, la somme à laquelle il a droit. Il fait parvenir également au greffier de la justice de paix le montant de ses débours et émoluments.

Il est procédé de même, si le débiteur ne s'est pas présenté devant le juge de paix et si la réclamation du bénéficiaire de l'indemnité paraît justifiée.

Art. 14. Dans le cas où les motifs invoqués par le comparant pour refuser le payement paraissent fondés ou, en cas de non-comparution, si la réclamation formulée par le bénéficiaire ne semble pas suffisamment justifiée, le directeur général de la Caisse des dépôts et consignations renvoie, par l'intermédiaire du maire, au réclamant le dossier par lui produit en lui laissant le soin d'agir contre la personne dont il se prétend le créancier, conformément aux règles du droit commun.

Le montant des déboursés et émoluments du greffier est, en ce cas, acquitté par les soins du directeur général et imputé sur les fonds de garantie.

TITRE II.

DU RECOURS DE LA CAISSE DES RETRAITES POUR LE RECOUVREMENT DE SES AVANCES ET POUR L'ENCAISSEMENT DES CAPITAUX EXIGIBLES;

Art. 15. Le recours de la Caisse nationale des retraites est exercé aux requête et diligence du directeur général de la Caisse des dépôts et consignations, dans les conditions énoncées aux articles suivants.

Art. 16. Dans les cinq jours qui suivent le payement fait au bénéficiaire de l'indemnité et au greffier de la justice de paix, conformément aux articles 13 et 14, ou à l'expiration du délai dont il est question à l'article 9, si le remboursement n'a pas été opéré dans ce délai, le directeur général de la Caisse des dépôts et consignations informe le débiteur, par lettre recommandée, du payement effectué pour son compte.

Cette lettre recommandée fait en même temps connaître que, faute par le débiteur d'avoir remboursé dans un délai de quinzaine le montant de la somme payée, d'après un des modes prévus au dernier alinéa de l'article 9, le recouvrement sera poursuivi par la voie judiciaire.

ART. 17. A l'expiration du délai imparti par le deuxième alinéa de l'article 16 ci-dessus, il est délivré par le directeur général de la Caisse des dépôts et consignations, à l'encontre du débiteur qui ne s'est pas acquitté, une contrainte pour le recouvrement.

ART. 18. La contrainte décernée par le directeur général de la Caisse des dépôts et consignations est visée et déclarée exécutoire par le juge de paix du domicile du débiteur.
Elle est signifiée par ministère d'huissier.

ART. 19. L'exécution de la contrainte ne peut être interrompue que par une opposition formée par le débiteur et contenant assignation donnée au directeur général de la Caisse des dépôts et consignations devant le tribunal civil du domicile du débiteur.

ART. 20. L'instance à laquelle donne lieu l'opposition à contrainte est suivie dans les formes et délais déterminés par l'article 65 de la loi du 22 frimaire an VII sur l'enregistrement.

ART. 21. Les frais de poursuites et dépens de l'instance auxquels a été condamné le débiteur débouté de son opposition sont recouvrés par le directeur général de la Caisse des dépôts et consignations au moyen d'un état de frais taxé sur sa demande et rendu exécutoire par le président du tribunal.

ART. 22. Lorsque le capital représentatif d'une pension est, conformément aux termes de l'article 28 de la loi du 9 avril 1898, devenu exigible par suite de la faillite ou de la liquidation judiciaire du débiteur, le directeur général de la Caisse des dépôts et consignations représentant la Caisse nationale des retraites pour la vieillesse demande l'admission au passif pour le montant de sa créance.
Il est procédé, dans ce cas, conformément aux dispositions des articles 491 et suivants du Code de commerce et de la loi du 4 mars 1889 sur la liquidation judiciaire.

ART. 23. En cas d'exigibilité du capital par suite d'une des circonstances prévues en l'article 28 de la loi du 9 avril 1898 autre que la faillite ou la liquidation judiciaire du débiteur, le directeur général de la Caisse des dépôts et consignations, par lettre recommandée, met en demeure le débiteur ou ses représentants d'opérer dans les deux mois qui suivront la réception de la lettre le versement à la Caisse nationale des retraites du capital exigible, à moins qu'il ne soit justifié que les garanties prescrites par le décret du 28 février 1899, portant règlement d'administration publique en exécution de l'article 28 de la loi ci-dessus visée, ont été fournies.

ART. 24. Si, à l'expiration du délai de deux mois, le versement n'a pas été effectué ou les garanties exigées n'ont pas été fournies, il est procédé au recouvrement dans les mêmes conditions et suivant les formes énoncées aux articles 17 à 21 du présent décret.

ART. 25. En dehors des délais fixés par les dispositions qui précèdent, le directeur général de la Caisse des dépôts et consignations peut accorder au débiteur tous délais ou toutes facilités de payement.
Le directeur général peut également transiger.

TITRE III.

ORGANISATION DU FONDS DE GARANTIE.

ART. 26. Le fonds de garantie institué par les articles 24 et 25 de la loi du 9 avril 1898 fait l'objet d'un compte spécial ouvert dans les écritures de la Caisse des dépôts et consignations.

ART. 27. Le Ministre du commerce adresse au Président de la République un rapport annuel, publié au *Journal officiel*, sur le fonctionnement général du fonds de garantie visé par les articles 24 à 26 de la loi du 9 avril 1898.

ART. 28. Les recettes du fonds de garantie comprennent:

1° Les versements effectués par le Trésor public, représentant le montant des taxes recouvrées en conformité de l'article 25 de la loi du 9 avril 1898;

2° Les recouvrements effectués sur les débiteurs d'indemnités dans les conditions prévues aux titres I et II du présent décret;

3° Les revenus et arrérages et le produit du remboursement des valeurs acquises en conformité de l'article 30 du présent décret;

4° Les intérêts du fonds de roulement prévu au deuxième alinéa du même article.

ART. 29. Les dépenses du fonds de garantie comprennent:

1° Les sommes payées aux bénéficiaires des indemnités;

2° Les sommes versées sur des livrets individuels à la Caisse nationale des retraites pour la vieillesse et représentant les capitaux de pensions exigibles dans les cas prévus par l'article 28, paragraphe 3, de la loi du 9 avril 1898;

3° Le montant des frais de toute nature auxquels donne lieu le fonctionnement du fonds de garantie.

ART. 30. Les ressources du fonds de garantie sont employées dans les conditions prescrites par l'article 22 de la loi du 20 juillet 1886.

Les sommes liquides reconnues nécessaires pour assurer le fonctionnement du fonds de garantie sont bonifiées d'un intérêt calculé à un taux égal à celui qui est adopté pour le compte courant ouvert à la Caisse des dépôts et consignations dans les écritures du Trésor public.

ART. 31. Le Ministre du commerce, de l'industrie, des postes et des télégraphes, le Ministre des finances et le Garde des sceaux, Ministre de la justice, sont chargés, chacun en ce qui le concerne, de l'exécution du présent décret, qui sera publié au *Journal officiel* de la République française et inséré au *Bulletin des lois*.

Fait à Paris, le 28 février 1899.

ÉMILE LOUBET.

Par le Président de la République :

Le Ministre du Commerce, de l'Industrie,
des Postes et des Télégraphes,

PAUL DELOMBRE.

Le Ministre des Finances,

P. PEYTRAL.

Le Garde des Sceaux, Ministre de la Justice,

GEORGES LEBRET.

DÉCRET DU 28 FÉVRIER 1899

portant règlement d'administration publique pour l'exécution
de l'article 27 de la loi du 9 avril 1898.

(Journal officiel du 1er mars 1899.)

LE PRÉSIDENT DE LA RÉPUBLIQUE FRANÇAISE,

Sur le rapport du Ministre du commerce, de l'industrie, des postes et des télégraphes;

Vu l'avis du Ministre des finances, en date du 5 décembre 1898;

Vu la loi du 9 avril 1898 et notamment l'article 27 ainsi conçu :

« Les compagnies d'assurances mutuelles ou à primes fixes contre les accidents, françaises ou étrangères, sont soumises à la surveillance et au contrôle de l'État et astreintes à constituer des réserves ou cautionnements dans les conditions déterminées par un règlement d'administration publique.

« Le montant des réserves ou cautionnements sera affecté par privilège au payement des pensions et indemnités.

« Les syndicats de garantie seront soumis à la même surveillance et un règlement d'administration publique déterminera les conditions de leur création et de leur fonctionnement.

« Les frais de toute nature résultant de la surveillance et du contrôle seront couverts au moyen de contributions proportionnelles au montant des réserves ou cautionnements et fixés annuellement, pour chaque compagnie ou association, par arrêté du Ministre du commerce»;

Vu le décret du 22 janvier 1868, portant règlement d'administration publique pour la constitution des sociétés d'assurances;

Le Conseil d'État entendu,

DÉCRÈTE :

TITRE PREMIER.

SOCIÉTÉS D'ASSURANCES MUTUELLES OU À PRIMES FIXES.

CHAPITRE PREMIER.

Cautionnements et réserves.

ART. 1er. Toutes les sociétés qui pratiquent, dans les termes de la loi du 9 avril 1898, l'assurance mutuelle ou à primes fixes contre le risque des accidents de travail ayant entraîné la mort ou une incapacité permanente sont astreintes, pour ce risque, aux dispositions du présent titre.

ART. 2. Indépendamment des garanties spécifiées aux articles 2 et 4 du décret du 22 janvier 1868 et de la réserve mathématique, les sociétés anonymes d'assurances françaises ou étrangères à primes fixes doivent justifier de la constitution préalable d'un cautionnement fixé d'après des bases que détermine le Ministre, sur l'avis du comité consultatif prévu à l'article 16 ci-après, et affecté, par privilège, au payement des pensions et indemnités, conformément à l'article 27 de la loi.

Art. 3. Le cautionnement est constitué, dans les quinze jours de la notification de la décision du Ministre, à la Caisse des dépôts et consignations en valeurs énumérées au troisième paragraphe de l'article 8 ci-dessous. Il est révisé chaque année. Les titres sont estimés au cours moyen de la Bourse de Paris au jour du dépôt.

Art. 4. Le cautionnement est versé au lieu où la Société a son siège principal, dans les conditions déterminées par les lois et règlements en vigueur sur la consignation des valeurs mobilières.

Les intérêts des valeurs déposées peuvent être retirés par la société. Il en est de même, en cas de remboursement des titres avec primes ou lots, de la différence entre le prix de remboursement et le cours moyen à la Bourse de Paris, au jour fixé pour le remboursement, de la valeur sortie au tirage.

Le montant des remboursements, déduction faite de cette différence, doit être immédiatement remployé en achat de valeurs visées au troisième paragraphe de l'article 8, sur l'ordre de la société, ou d'office en rentes sur l'État, si la société n'a pas donné d'ordres dans les quinze jours de la notification de remboursement faite, sous pli recommandé, par la Caisse des dépôts et consignations.

Il en est de même pour les fonds provenant d'aliénations de titres demandées par la société.

Art. 5. Les valeurs déposées ou les valeurs acquises en remploi de ces valeurs ne peuvent être retirées que : 1° dans le cas où le cautionnement exigible a été fixé, pour l'année courante, à un chiffre inférieur à celui de l'année précédente et jusqu'à concurrence de la différence; 2° dans le cas où la société ayant versé à la Caisse nationale des retraites les capitaux constitutifs des rentes et indemnités assurées justifie qu'elle a complètement rempli toutes ses obligations. Dans les deux cas, une décision du Ministre du Commerce est nécessaire.

Art. 6. Indépendamment des garanties spécifiées à l'article 29 du décret du 22 janvier 1868, les sociétés d'assurances mutuelles sont soumises aux dispositions des articles 2, 3, 4 et 5 ci-dessus.

Toutefois le cautionnement qu'elles auront à verser est réduit de moitié pour celles de ces sociétés dont les statuts stipulent :

1° Que la société ne peut assurer que tout ou partie des risques prévus par l'article 3 de la loi du 9 avril 1898;

2° Qu'elle assure exclusivement soit des ouvriers d'une seule profession, soit les ouvriers de professions appartenant à un même groupe d'industries, d'après une classification générale arrêtée à cet effet par le Ministre du commerce, après avis du Comité consultatif;

3° Que le maximum de contribution annuelle dont chaque sociétaire est passible pour le payement des sinistres est au moins double de la prime totale fixée par son contrat pour l'assurance de tous les risques, et triple de la prime partielle déterminée par le Ministre du commerce, après avis du Comité consultatif, pour les mêmes professions et pour les risques définis à l'article 23 de la loi.

Art. 7. Les sociétés anonymes d'assurances à primes fixes et les sociétés mu-

tuelles d'assurances sont tenues de justifier, dès la deuxième année d'exploitation, de la constitution d'une *réserve mathématique* ayant pour minimum de
valeur le montant des capitaux représentatifs des rentes et indemnités à servir à
la suite d'accidents ayant entraîné la mort ou une incapacité permanente.

Les capitaux représentatifs sont calculés d'après un barème minimum déterminé par le Ministre du commerce, après avis du Comité consultatif.

Art. 8. Le montant de la réserve mathématique est arrêté chaque année,
la société entendue, par le Ministre du commerce et à l'époque qu'il détermine.

Cette réserve reste aux mains de la société. Elle ne peut être placée que dans
les conditions suivantes :

1° Pour les deux tiers au moins de la fixation annuelle, en valeurs de l'État
ou jouissant d'une garantie de l'État; en obligations négociables et entièrement
libérées des départements, des communes et des chambres de commerce; en
obligations foncières et communales du Crédit foncier;

2° Jusqu'à concurrence du tiers au plus de la fixation annuelle, en immeubles
situés en France et en premières hypothèques sur ces immeubles, pour la moitié
au maximum de leur valeur estimative;

3° Jusqu'à concurrence d'un dixième, confondu dans le tiers précédent, en
commandites industrielles ou en prêts à des exploitations industrielles de solva-
bilité notoire.

Pour la fixation prévue au paragraphe 1ᵉʳ du présent article, les valeurs mobilières sont estimées à leur prix d'achat. Si leur valeur totale descend au-dessous
de ces prix de plus d'un dixième, un arrêté du Ministre du commerce oblige la
société à parfaire la différence en titres nouveaux, dans un délai qui ne peut
être inférieur à deux ans ni supérieur à cinq ans.

Les immeubles sont estimés à leur prix d'achat ou de revient; les prêts hypo-
thécaires, les commandites industrielles ou les prêts à des sociétés industrielles,
aux prix établis par actes authentiques.

Art. 9. Si les sociétés visées aux articles 2 et 6 ci-dessus ne font point elles-
mêmes le service des rentes et indemnités attribuables aux termes de l'article 3
de la loi du 9 avril 1898 pour les accidents ayant entraîné la mort ou une incapacité permanente de travail et si elles opèrent immédiatement le versement
des capitaux constitutifs de ces rentes et indemnités à la Caisse nationale des
retraites, il n'y a pas lieu pour elles à constitution de réserve mathématique.

Si ces sociétés versent seulement, dans les conditions susdésignées, une partie
des capitaux constitutifs dont il s'agit, leur réserve mathématique est réduite
proportionnellement.

CHAPITRE II.

Surveillance et contrôle.

Art. 10. Les sociétés visées à l'article 1ᵉʳ qui assurent d'autres risques que
celui résultant de l'application de la loi du 9 avril 1898 pour le cas de mort ou
d'incapacité permanente ou qui assurent concurremment un risque analogue dans
des pays étrangers doivent établir, pour les opérations se rattachant à ce risque
en France, une gestion et une comptabilité absolument distinctes.

Art. 11. Toutes les sociétés doivent communiquer immédiatement au Ministre du commerce dix exemplaires de tous les règlements, tarifs, polices, prospectus et imprimés distribués ou utilisés par elles.

Les polices doivent :

1° Reproduire textuellement les articles 3, 9, 19 et 30 de la loi du 9 avril 1898;

2° Spécifier qu'aucune clause de déchéance ne pourra être opposée aux ouvriers créanciers;

3° Stipuler que les contrats se trouveraient résiliés de plein droit dans le cas où la société cesserait de remplir les conditions fixées par la loi et le présent décret.

ART. 12. Les sociétés doivent produire au Ministre du commerce, aux dates fixées par lui :

1° Le compte rendu détaillé annuel de leurs opérations, avec des tableaux financiers et statistiques annexes dans les conditions déterminées par arrêté ministériel, après avis du comité consultatif. Ce compte rendu doit être délivré par les sociétés intéressées à toute personne qui en fait la demande, moyennant payement d'une somme qui ne peut excéder 1 franc;

2° L'état des salaires assurés et l'état des rentes et indemnités correspondant au risque spécifié à l'article 1er, ainsi que tous autres états ou documents manuscrits que le Ministre juge nécessaires à l'exercice du contrôle.

ART. 13. Elles sont soumises à la surveillance permanente de commissaires-contrôleurs, sous l'autorité du Ministre du commerce, et peuvent être en outre contrôlées par toute personne spécialement déléguée à cet effet par le Ministre.

ART. 14. Les commissaires-contrôleurs sont recrutés, dans les conditions déterminées, par arrêté du Ministre du commerce, après avis du comité consultatif.

Ils prêtent serment de ne pas divulguer les secrets commerciaux dont ils auraient connaissance dans l'exercice de leurs fonctions.

Ils sont spécialement accrédités, pour des périodes fixées, auprès des sociétés qu'ils ont mission de surveiller.

Ils vérifient, au siège des sociétés, l'état des assurés et des salaires assurés, les contrats intervenus, les écritures et pièces comptables, la caisse, le portefeuille, les calculs des réserves et tous les éléments de contrôle propres, soit à établir les opérations dont résultent des obligations pour les sociétés, soit à constater la régulière exécution tant des statuts que des prescriptions contenues dans le décret du 22 janvier 1868, dans le présent décret et dans les arrêtés ministériels qu'il prévoit.

Ils se bornent à ces vérifications et constatations, sans pouvoir donner aux sociétés aucune instruction ni apporter à leur fonctionnement aucune entrave.

Ils rendent compte au Ministre du commerce, qui seul prescrit, dans les formes et délais qu'il fixe, les redressements nécessaires.

ART. 15. A l'aide des rapports de vérification et des contre-vérifications auxquelles il peut faire procéder soit d'office, soit à la demande des sociétés intéressées, le Ministre du commerce présente chaque année au Président de la République un rapport d'ensemble établissant la situation de toutes les sociétés soumises à la surveillance.

Il adresse, le cas échéant, à chacune des sociétés les injonctions nécessaires et la met en demeure de s'y conformer.

2

Art. 16. Il est constitué auprès du Ministre du commerce un « Comité consultatif des assurances contre les accidents du travail » dont l'organisation est réglée par arrêté du Ministre.

Ce Comité doit être consulté dans les cas spécifiés par le présent décret et par les décrets du même jour, rendus en exécution des articles 26 et 28 de la loi du 9 avril 1898. Il peut être saisi par le Ministre de toutes autres questions relatives à l'application de ladite loi.

Art. 17. Le décret du 22 janvier 1868 demeure applicable aux sociétés régies par le présent décret, en toutes celles de ses dispositions qui ne lui sont pas contraires.

Art. 18. Chaque année, avant le 1ᵉʳ décembre, le Ministre du commerce arrête, après avis du Comité consultatif, et publie au *Journal officiel* la liste des sociétés mutuelles ou à primes fixes, françaises ou étrangères, qui fonctionnent dans les conditions prévues par les articles 26 et 27 de la loi du 9 avril 1898 et par le présent décret.

Art. 19. Dès que, après fixation du cautionnement, dans les conditions déterminées par les articles 2 et 6 ci-dessus, chaque société actuellement existante aura effectué à la Caisse des dépôts et consignations le versement du montant de ce cautionnement, mention de cette formalité sera faite au *Journal officiel* par les soins du Ministre du commerce, en attendant la publication de la première liste générale prévue à l'article 18.

Il en sera de même ultérieurement pour les sociétés constituées après publication de la liste générale annuelle.

Art. 20. Les sociétés étrangères doivent accréditer auprès du Ministre du commerce et de la Caisse des dépôts et consignations un agent spécialement préposé à la direction de toutes les opérations faites en France pour les assurances visées à l'article 1ᵉʳ.

Cet agent représente seul la société auprès de l'Administration. Il doit être domicilié en France.

TITRE II.

SYNDICATS DE GARANTIE.

Art. 21. Les syndicats de garantie prévus par la loi du 9 avril 1898 lient solidairement tous leurs adhérents pour le payement des rentes et indemnités attribuables en vertu de la même loi à la suite d'accidents ayant entraîné la mort ou une incapacité permanente.

La solidarité ne prend fin que lorsque le syndicat de garantie a liquidé entièrement ses opérations soit directement, soit en versant à la Caisse nationale des retraites l'intégralité des capitaux constitutifs des rentes et indemnités dues.

La liquidation peut être périodique.

Art. 22. Ces syndicats de garantie doivent comprendre au moins 5,000 ouvriers assurés et 10 chefs d'entreprise adhérents, dont 5 ayant au moins chacun 300 ouvriers.

Art. 23. Le fonctionnement de chaque syndicat est réglé par des statuts, qui doivent être soumis, avant toute opération, à l'approbation du Gouvernement.

Il est statué, par décret rendu en Conseil d'État, sur le rapport du Ministre du commerce, après avis du Comité consultatif des assurances contre les accidents du travail, au vu des actes souscrits et des pièces justifiant des conditions et des engagements prévus aux articles 21 et 22 ci-dessus.

ART. 24. Le décret portant approbation des statuts règle :

1° Le fonctionnement de la surveillance et du contrôle, dans des conditions analogues à celles que détermine le chapitre II du titre 1er du présent décret.

2° Les conditions dans lesquelles l'approbation peut être révoquée et les mesures à prendre, en ce cas, pour le versement des capitaux constitutifs des pensions et indemnités en cours.

ART. 25. Les contributions pour frais de surveillance sont fixées d'après le montant du cautionnement auquel serait astreinte une société d'assurance pour le même chiffre de salaires assurés.

ART. 26. Le Ministre du commerce, de l'industrie, des postes et des télégraphes et le Ministre des finances sont chargés, chacun en ce qui le concerne, de l'exécution du présent décret, qui sera publié au *Journal officiel de la République française* et inséré au *Bulletin des lois*.

Fait à Paris, le 28 février 1899.

ÉMILE LOUBET.

Par le Président de la République :

Le Ministre du Commerce, de l'Industrie,
des Postes et des Télégraphes,
PAUL DELOMBRE.

Le Ministre des Finances
P. PEYTRAL.

DÉCRET DU 28 FÉVRIER 1899

portant règlement d'administration publique pour l'exécution de l'article 28 de la loi du 9 avril 1898.

(Journal officiel du 1ᵉʳ mars 1899.)

LE PRÉSIDENT DE LA RÉPUBLIQUE FRANÇAISE,

Sur le rapport du Ministre du commerce, de l'industrie, des postes et des télégraphes;

Vu l'avis du Ministre des finances, en date du 2 février 1899;

Vu la loi du 9 avril 1898 et notamment les deux derniers alinéas de son article 28 ainsi conçus :

« Lorsqu'un chef d'entreprise cesse son industrie, soit volontairement, soit par décès, liquidation judiciaire ou faillite, soit par cession d'établissement, le capital représentatif des pensions à sa charge devient exigible de plein droit et sera versé à la Caisse nationale des retraites. Ce capital sera déterminé au jour de son exigibilité, d'après le tarif visé au paragraphe précédent.

« Toutefois le chef d'entreprise ou ses ayants droit peuvent être exonérés du versement de ce capital, s'ils fournissent des garanties qui seront à déterminer par un règlement d'administration publique »;

Vu le décret du 28 février 1899, portant règlement d'administration publique en exécution de l'article 26 de la loi ci-dessus visée, et notamment les articles 22 à 25 dudit décret relatifs à l'exigibilité des capitaux représentatifs des pensions dues en vertu de la loi du 9 avril 1898;

Vu le décret du même jour, portant règlement d'administration publique en exécution de l'article 27 de la loi ci-dessus visée, et notamment le titre II relatif aux syndicats de garantie prévus par ladite loi;

Le Conseil d'État entendu,

DÉCRÈTE :

ART. 1ᵉʳ. Lorsqu'un chef d'entreprise cesse son industrie dans les cas prévus par l'avant-dernier alinéa de l'article 28 de la loi du 9 avril 1898, ce chef d'entreprise ou ses ayants droit peuvent être exonérés du versement à la Caisse nationale des retraites du capital représentatif des pensions à leur charge s'ils justifient :

1° Soit du versement de ce capital à une des sociétés visées à l'article 18 du décret du 28 février 1899, portant règlement d'administration publique en exécution de l'article 27 de la loi ci-dessus visée;

2° Soit de l'immatriculation d'un titre de rente pour l'usufruit au nom des titulaires de pensions, le montant de la rente devant être au moins égal à celui de la pension;

3° Soit du dépôt à la Caisse des dépôts et consignations, avec affectation à la garantie des pensions, de titres spécifiés au paragraphe 3 de l'article 8 du décret précité. La valeur de ces titres, établie d'après le cours moyen de la Bourse de

Paris au jour du dépôt, doit correspondre au chiffre maximum qu'est susceptible d'atteindre le capital constitutif exigible par la Caisse nationale des retraites. Elle peut être revisée tous les trois ans à la valeur actuelle des pensions, d'après le cours moyen des titres au jour de la revision;

4° Soit de l'affiliation du chef d'entreprise à un syndicat de garantie liant solidairement tous ses membres et garantissant le payement des pensions;

5° Soit, en cas de cession d'établissement, de l'engagement pris par le cessionnaire, vis-à-vis du directeur général de la Caisse des dépôts et consignations, d'acquitter les pensions dues et de rester solidairement responsable avec le chef d'entreprise.

ART. 2. Des arrêtés du Ministre du commerce, pris après avis du comité consultatif des assurances contre les accidents, règlent les mesures nécessaires à l'application du présent décret.

ART. 3. Le Ministre du commerce, de l'industrie, des postes et des télégraphes et le Ministre des finances sont chargés, chacun en ce qui le concerne, de l'exécution du présent décret, qui sera publié au *Journal officiel de la République française* et inséré au *Bulletin des lois.*

Fait à Paris, le 28 février 1899.

ÉMILE LOUBET.

Par le Président de la République :

Le Ministre du Commerce, de l'Industrie,
des Postes et des Télégraphes,

PAUL DELOMBRE.

Le Ministre des Finances,

P. PEYTRAL.

ARRÊTÉ MINISTÉRIEL DU 1er MARS 1899

instituant un Comité consultatif des assurances contre les accidents
du travail (1).

(Journal officiel du 2 mars 1899.)

LE MINISTRE DU COMMERCE, DE L'INDUSTRIE, DES POSTES ET DES TÉLÉGRAPHES,

Vu la loi du 9 avril 1898, concernant la responsabilité des accidents dont les ouvriers sont victimes dans leur travail;

Vu le décret du 28 février 1899, portant règlement d'administration publique pour l'exécution de l'article 27 de ladite loi et notamment le premier alinéa de l'article 16 ainsi conçu : « Il est constitué auprès du Ministre du commerce un comité consultatif des assurances contre les accidents du travail, dont l'organisation est réglée par arrêté du Ministre »;

Vu le décret du même jour, portant règlement d'administration publique pour l'exécution de l'article 26 de la loi;

Sur la proposition du Conseiller d'État, Directeur du travail et de l'industrie,

ARRÊTE :

ART. 1er. Le comité consultatif des assurances contre les accidents du travail institué auprès du Ministre du commerce est composé de vingt-quatre membres, savoir :

1° Deux sénateurs;

2° Trois députés;

3° Quatre personnes spécialement désignées par leur compétence juridique ou statistique en matière d'accidents;

4° Trois membres agrégés de l'Institut des actuaires français;

5° L'actuaire de la Caisse des dépôts et consignations;

6° Un membre du comité permanent international du congrès des accidents du travail et des assurances sociales;

7° Le président du tribunal de commerce de la Seine ou un président de section délégué par lui;

8° Le président de la chambre de commerce de Paris ou un membre de la chambre délégué par lui;

9° Un président ou administrateur de société d'assurances mutuelles contre les accidents;

10° Le président du syndicat des compagnies d'assurances à primes fixes contre les accidents;

11° Un ouvrier membre du conseil supérieur du travail;

12° Le président d'un syndicat professionnel ouvrier;

---

(1) Cet arrêté est modifié par un arrêté du 10 octobre 1900 (page 172).
Voir la composition actuelle du Comité consultatif, ci-après, p. 201.

13° Le Conseiller d'État, directeur du travail et de l'industrie, ou, en son absence, le sous-directeur;

14° Le directeur de l'office du travail, ou, en son absence, le sous-directeur;

15° Le directeur du personnel, de la comptabilité et de l'enseignement technique;

16° Le chef du bureau des caisses d'épargne, des assurances, des retraites et de la coopération.

Art. 2. Les membres ci-dessus désignés sous les numéros 1° à 4°, 6°, 9°, 11° et 12° sont nommés par le Ministre pour quatre ans. Par exception, le premier renouvellement a lieu au bout de deux ans par moitié, à la suite d'un tirage au sort. Les membres sortants peuvent être renommés.

Sont remplacés immédiatement les membres du comité qui perdent la qualité en raison de laquelle ils avaient été nommés.

Art. 3. Le Ministre nomme le président du comité parmi ses membres et désigne les secrétaires.

En cas de partage, la voix du président est prépondérante.

Art. 4. Le comité peut, avec l'autorisation spéciale du Ministre, procéder à des enquêtes et entendre les personnes qu'il jugerait en état de l'éclairer sur les questions qui lui sont soumises.

Paris, le 1er mars 1899.

Paul DELOMBRE.

Nota. — Un arrêté ministériel du 14 décembre 1899 a décidé que, lorsque l'ordre du jour du Comité consultatif comporte l'examen de questions techniques relatives à l'exercice du contrôle des sociétés d'assurances, un commissaire-contrôleur, désigné par le directeur de l'assurance et de la prévoyance sociales, assiste à la séance, avec voix consultative.

DÉCRET DU 5 MARS 1899

fixant les émoluments alloués aux greffiers des justices de paix pour l'assistance aux actes de notoriété et pour les actes de la procédure réglée par la loi du 9 avril 1898.

(*Journal officiel du 7 mars 1899.*)

Le Président de la République française,

Sur le rapport du Garde des sceaux, Ministre de la justice,

Vu l'article 29 de la loi du 9 avril 1898, ainsi conçu :

« Les procès-verbaux, certificats, actes de notoriété, significations, jugements et autres actes faits ou rendus en vertu et pour l'exécution de la présente loi seront délivrés gratuitement, visés pour timbre et enregistrés gratis lorsqu'il y aura lieu à la formalité de l'enregistrement.

« Dans les six mois de la promulgation de la présente loi, un décret déterminera les émoluments des greffiers de justice de paix pour leur assistance et la rédaction des actes de notoriété, procès-verbaux, certificats, significations, jugements, envois de lettres recommandées, extraits, dépôts de la minute d'enquête au greffe, et pour tous les actes nécessités par l'application de la présente loi, ainsi que les frais de transports auprès des victimes et d'enquête sur place »;

Le Conseil d'État entendu,

DÉCRÈTE :

Art. 1er. Il est alloué aux greffiers des justices de paix :

1° Pour assistance aux actes de notoriété, 4 francs;

2° Pour assistance aux enquêtes sur place, ainsi qu'aux constatations auxquelles il est procédé par le juge de paix, non compris le temps de voyage, pour chaque vacation de trois heures, 4 francs;

3° Pour assistance à l'ensemble des opérations prévues par le règlement d'administration publique rendu en exécution de l'article 26 de la loi du 9 avril 1898, 2 francs;

4° Pour chaque envoi de lettre recommandée, déboursés non compris, 50 centimes;

5° Pour dépôt de rapport d'expert ou de pièces, 2 francs;

6° Pour transmission de l'enquête au président du tribunal, tous frais de port compris, 4 francs;

7° Pour toute mention au répertoire, 10 centimes;

8° Pour transport à plus de 2 kilomètres du chef-lieu de canton, par kilomètre parcouru, en allant et en revenant, si le transport est effectué par chemin de fer, 20 centimes; si le transport a eu lieu autrement, 40 centimes.

Art. 2. Le Garde des sceaux, Ministre de la justice, est chargé de l'exécution du présent décret, qui sera publié au *Journal officiel* et inséré au *Bulletin des lois.*

Fait à Paris, le 5 mars 1899.

ÉMILE LOUBET.

Par le Président de la République :

Le Garde des sceaux, Ministre de la justice,

Georges LEBRET.

ARRÊTÉ MINISTÉRIEL DU 29 MARS 1899

déterminant les bases des cautionnements que doivent constituer
les sociétés d'assurances contre les accidents du travail (1).

(Journal officiel du 2 avril 1899.)

Le Ministre du commerce, de l'industrie, des postes et des télégraphes,

Vu la loi du 9 avril 1898, concernant les responsabilités des accidents dont les ouvriers sont victimes dans leur travail;

Vu le décret du 28 février 1899, portant règlement d'administration publique pour l'exécution de l'article 27 de ladite loi, et notamment l'article 2 dudit décret, ainsi conçu :

« Indépendamment des garanties spécifiées aux articles 2 et 4 du décret du 22 janvier 1868 et de la réserve mathématique, les sociétés anonymes d'assurances françaises ou étrangères à primes fixes doivent justifier de la constitution préalable d'un cautionnement fixé d'après des bases que détermine le Ministre, sur l'avis du Comité consultatif prévu à l'article 16 ci-après, et affecté, par privilège, au payement des pensions et indemnités, conformément à l'article 27 de la loi »;

Vu l'avis du Comité consultatif des assurances contre les accidents du travail;

Sur la proposition du Conseiller d'État, Directeur du travail et de l'industrie;

Arrête :

Art. 1er. Le cautionnement dont la constitution préalable est prévue par l'article 2 du décret du 28 février 1899 susvisé doit représenter pour les sociétés françaises :

1° La première année de fonctionnement sous le régime dudit décret, 400,000 francs;

2° Les années ultérieures, 2 p. o/o du total des salaires ayant servi de base aux assurances pendant la dernière année, sans que toutefois la somme ainsi calculée puisse être inférieure à 400,000 francs ni supérieure à 2 millions.

Art. 2. Si la société, d'après ses statuts, n'assure que des ouvriers d'une même profession ou de plusieurs professions présentant un risque identique, le cautionnement doit représenter, sauf application du minimum et du maximum fixés à l'article précédent, une fois et demie la valeur des primes brutes à verser pour couvrir le risque d'accidents ayant entraîné la mort ou une incapacité permanente, à moins toutefois que la prime adoptée par la société se trouve inférieure à la prime déterminée par arrêté ministériel, en exécution du dernier alinéa de l'article 6 du décret du 28 février 1899 susvisé. Dans ce dernier cas, la prime déterminée par l'arrêté ministériel sert de base au calcul du cautionnement.

---

(1) Cet arrêté a été complété par un arrêté du 5 mai 1899, inséré ci-après, p. 70.

Art. 3. Pour les sociétés dont les statuts stipulent que les capitaux constitutifs de toutes les rentes ou indemnités prévues par la loi du 9 avril 1898 en cas d'accident ayant entraîné la mort ou une incapacité permanente doivent être immédiatement versés à la Caisse nationale des retraites, le cautionnement ne doit représenter que la moitié de la somme spécifiée, suivant les cas, soit à l'article 1er, soit à l'article 2 du présent arrêté, le minimum étant alors réduit à 200,000 francs et le maximum à 1 million.

Art. 4. Pour les sociétés étrangères, le cautionnement est fixé sur les bases respectivement déterminées par les articles 1er, 2 et 3 ci-dessus, avec majoration de 50 p. o/o, le minimum étant alors de 600,000 francs ou de 300,000 francs et le maximum de 3 millions ou de 1,500,000 francs, suivant le cas.

Paris, le 29 mars 1899.

PAUL DELOMBRE.

ARRÊTÉ MINISTÉRIEL DU 30 MARS 1899

déterminant les groupements d'industries prévus par l'article 6 du décret du 28 février 1899, en ce qui concerne les sociétés mutuelles d'assurances contre les accidents du travail.

(Journal officiel du 2 avril 1899.)

LE MINISTRE DU COMMERCE, DE L'INDUSTRIE, DES POSTES ET DES TÉLÉGRAPHES,

Vu la loi du 9 avril 1898, concernant les responsabilités des accidents dont les ouvriers sont victimes dans leur travail;

Vu le décret du 28 février 1899, portant règlement d'administration publique pour l'exécution de l'article 27 de la loi, et notamment le quatrième alinéa de l'article 6 dudit décret;

Vu l'arrêté ministériel du 29 mars 1899, déterminant les bases des cautionnements que doivent constituer les sociétés d'assurances contre les accidents du travail;

Vu l'avis du Comité consultatif des assurances contre les accidents du travail;

Sur la proposition du Conseiller d'État, Directeur du travail et de l'industrie,

ARRÊTE :

ART. 1er. — Pour être admises à la réduction de cautionnement prévue par l'article 6 du décret du 28 février 1899 susvisé, les sociétés d'assurances mutuelles contre les accidents du travail devront, indépendamment des autres conditions visées audit article, justifier que les ouvriers assurés par elles appartiennent à des professions comprises dans un seul des neuf groupes ci-après :

1° Mines et minières;

2° Industries agricoles et forestières. Meunerie. Sucrerie. Distillerie. Industries se rapportant à l'alimentation;

3° Hauts fourneaux. Forges et aciéries. Travail des métaux. Mécanique. Chaudronnerie. Fonderie;

4° Produits chimiques et dérivés. Usines d'éclairage et d'électricité. Cuirs et peaux. Papier et industries de transformation. Imprimerie;

5° Carrières. Matériaux de construction. Bâtiment. Chantiers. Travaux publics;

6° Travail du bois. Ébénisterie. Tabletterie. Brosserie. Vannerie. Article de Paris;

7° Poterie. Céramique. Verrerie;

8° Industries textiles. Habillement;

9° Transports par terre et par eau. Entreprises de chargement et de déchargement.

ART. 2. — Au point de vue de l'application du présent arrêté, lorsqu'une industrie emploie accessoirement pour son exploitation des ouvriers appartenant à une profession comprise dans un autre groupe que l'industrie principale, ces ouvriers peuvent être néanmoins assurés à la même mutualité.

Paris, le 30 mars 1899.

PAUL DELOMBRE.

ARRÊTÉ MINISTÉRIEL DU 30 MARS 1899

déterminant les primes prévues à l'article 6 du décret du 28 février 1899 et à l'article 2 de l'arrêté ministériel du 29 mars 1899, relatifs aux sociétés d'assurances contre les accidents du travail(1).

(*Journal officiel* du 2 avril 1899.)

LE MINISTRE DU COMMERCE, DE L'INDUSTRIE, DES POSTES ET DES TÉLÉGRAPHES,

Vu la loi du 9 avril 1898, concernant les responsabilités des accidents dont les ouvriers sont victimes dans leur travail;

Vu le décret du 28 février 1899, portant règlement d'administration publique pour l'exécution de l'article 27 de cette loi, spécialement l'article 6, ainsi conçu :

« Indépendamment des garanties spécifiées à l'article 29 du décret du 22 janvier 1868, les sociétés d'assurances mutuelles sont soumises aux dispositions des articles 2, 3, 4 et 5 ci-dessus.

« Toutefois le cautionnement qu'elles auront à verser est réduit de moitié pour celles de ces sociétés dont les statuts stipulent : ....

« 1° Que la société ne peut assurer que tout ou partie des risques prévus par l'article 3 de la loi du 9 avril 1898;

« 2° Qu'elle assure exclusivement soit les ouvriers d'une seule profession, soit les ouvriers de professions appartenant à un même groupe d'industries, d'après une classification générale arrêtée à cet effet par le Ministre du commerce, après avis du Comité consultatif;

« 3° Que le maximum de contribution annuelle dont chaque sociétaire est passible pour le payement des sinistres est au moins double de la prime totale fixée par son contrat pour l'assurance de tous les risques, et triple de la prime partielle déterminée par le Ministre du commerce, après avis du Comité consultatif, pour les mêmes professions et pour les risques définis à l'article 23 de la loi »;

Vu l'arrêté ministériel du 29 mars 1899, déterminant les bases des cautionnements que doivent constituer les sociétés d'assurances contre les accidents du travail, et spécialement l'article 2, ainsi conçu : ....

« Si la société, d'après ses statuts, n'assure que des ouvriers d'une même

---

(1) Les primes provisoires déterminées par cet arrêté ne sont pas des primes *réelles*. Elles sont *exclusivement* destinées à mesurer la valeur de l'engagement à prendre par les membres des sociétés d'assurances mutuelles professionnelles pour constituer le *fonds de garantie* prévu par l'article 29 du décret du 22 janvier 1868 et fixé par l'article 6 du décret du 28 février 1899 (*voir ci-dessus*, p. 15).

Elles représentent, non la *cotisation effective* des sociétaires, qui reste librement calculée par eux, mais le tiers du *maximum* de contribution annuelle qui pourrait théoriquement leur être demandée, si leurs prévisions se rencontraient inférieures aux risques réels.

Ces bases provisoires d'engagement peuvent, d'ailleurs, être revisées, même avant le 1er janvier 1901, si les intéressés démontrent qu'elles sont supérieures aux besoins. *Voir ci-après l'arrêté du 5 mai 1899 (p. 70), l'arrêté du 26 décembre 1899 (p. 156) et l'arrêté du 22 décembre 1900 (p. 175).*

Il convient de rappeler, au surplus, que l'arrêté provisoire du 30 mars 1899 a été exclusivement préparé au point de vue de l'application immédiate de l'article 6 du décret du 28 février 1899 aux risques les plus usuels : on ne saurait donc considérer la liste qu'il contient comme une liste des professions assujetties à la loi.

profession ou de plusieurs professions présentant un risque identique, le cautionnement doit représenter, sauf application du minimum et du maximum fixés à l'article précédent, une fois et demie la valeur des primes brutes à verser pour couvrir le risque d'accidents ayant entraîné la mort ou une incapacité permanente, à moins toutefois que la prime adoptée par la société ne se trouve inférieure à la prime déterminée par arrêté ministériel en exécution du dernier alinéa de l'article 6 du décret du 28 février 1899 susvisé. Dans ce dernier cas, la prime déterminée par l'arrêté ministériel sert de base au calcul du cautionnement »;

Vu l'avis du Comité consultatif des assurances contre les accidents du travail;

Sur la proposition du Conseiller d'État, Directeur du travail et de l'industrie,

ARRÊTE :

Art. 1ᵉʳ. La prime visée au dernier alinéa de l'article 6 du décret du 28 février 1899 et à l'article 2 de l'arrêté ministériel du 29 mars 1899 est fixée dans les conditions suivantes pour les professions ci-après déterminées (1) :

Aciéries	2ᶠ 51	Bateaux sur rivières (Équipages des)	3ᶠ 00
Affineurs de métaux	2 12	Bateaux à vapeur (Personnel)	3 00
Agrafes	1 46	Bateliers	3 00
Aiguilles	1 46	Bâtiment (Entreprise générale du)	2 96
Aiguiseurs	2 50	Battage de tapis	1 72
Air comprimé	2 36	Bétons	3 04
Allumettes	5 91	Beurre (Fabrique de)	2 66
Aluminium	1 63	Bijouterie	0 33
Alun	1 57	Biscuiterie	1 27
Ambre (Objets d')	1 64	Blanc d'Espagne	1 57
Amidonneries	1 73	Blanc de zinc	1 57
Appareils de chauffage	0 75	Blanchiment de fil, laine ou coton	0 94
Appareils d'éclairage	0 75	Blanchisserie	0 94
Apprêts	0 94	Bleu	1 57
Aqueducs	4 21	Bois (Fabrique d'objets en), articles de Saint-Claude	1 64
Ardoisières	3 72	Bois et charbons (Chantiers avec transport)	2 83
Argile	3 70	Bois de construction	1 46
Argenture	1 63	Bois de teinture	4 08
Armateurs	3 00	Boissellerie	0 80
Armes	2 12	Boîtes de conserves	1 99
Arrimeurs	5 09	Bonneterie	0 35
Artificiers	5 38	Bouchons (Fabrique de)	0 63
Ascenseurs (Construction d')	2 12	Boucles	1 46
Asphaltes	2 50	Bougies	1 74
Assainissement	1 87	Boulangeries à vapeur	1 27
Automobiles (Construction d')	2 12	Boulons	2 12
Bâches	0 98	Bourreliers	0 87
Badigeonneurs	4 74	Boutons	1 64
Bains et lavoirs	0 76	Brasseries	2 23
Balayage	1 87	Briqueteries	1 92
Baleines	1 64		
Ballast	4 21		
Bardeurs	2 91		
Bas et chaussettes	0 35		
Bassins maritimes	4 21		

(1) *Par cent francs de salaires assurés.*

Encres	1 57
Engrais	3 33
Enlèvement des boues	4 20
Enveloppes	2 05
Épiceries	0 73
Épingles	1 46
Équipements militaires	0 94
Essieux	2 12
Estampeurs	1 69
Exploitation de bois en forêt	2 73
Facteurs d'instruments de musique	0 86
Faïences	0 45
Faux (Fabrique de)	2 50
Féculeries	1 73
Ferblanterie	1 99
Ferronnerie	2 12
Ferrures (Fabricants de)	0 85
Fers et métaux	1 69
Feutrerie	1 31
Filatures	0 99
Fil de fer	2 51
Fonderies de suif	1 74
Fonderies et forges	2 51
Foudriers	2 76
Foulonnerie	1 31
Fromages	2 66
Fumisterie	1 07
Futailles	2 76
Galoches	5 91
Galvanisation	1 63
Galvanoplastie	1 63
Gants (Fabrique de)	0 94
Gaz	4 21
Gaz et coke (Usines à)	1 44
Gaze (Fabrique de)	0 19
Gélatine	1 57
Glaces (Fabrique et étamage de)	0 60
Glace artificielle	3 10
Grains et fourrages	2 60
Graisses	1 74
Gravatiers	3 58
Gravure	0 33
Guano	3 33
Gutta-percha	0 90
Halage de bateaux	5 09
Hauts fourneaux	2 51
Horlogerie	0 33
Huiles	1 74
Impression sur étoffes	0 52
Imprimerie	0 81
Injection de bois	1 57
Instruments d'optique	0 33
Jalousies	5 91
Joailleries	0 33
Jouets	2 97
Kaolin	3 70
Laiteries	2 66
Laiton	2 51
Laminoirs	2 51
Lampisterie	1 99
Lapidaires	0 88
Lavage des laines et peaux	0 94
Lestage de navires	5 09
Levures	2 23
Limes	1 69
Liqueurs	1 57
Literie	1 69
Lithographie	0 81
Loueurs de voitures	2 50
Lunetterie	0 33
Machines agricoles	2 12
Machines à coudre	2 12
Maçonnerie (avec ou sans terrassement)	2 91
Maillechort	1 69
Malles	2 18
Malteries	2 23
Manèges	2 50
Manœuvres	5 09
Marbriers	1 06
Maréchalerie et forge	2 12
Margarine	2 66
Maroquinerie	0 25
Matériaux de constructions sans démolition	2 96
Matières colorantes	1 57
Mégisserie	0 25
Menuiserie (avec ou sans scie)	1 30
Mercerie	0 19
Messageries	4 20
Meubles	1 30
Meules	2 26
Mines et minerais	7 47
Minoteries	2 60
Miroiterie	0 60
Modeleurs en bois	1 76
Monteurs de boîtes de montre	0 33
Moulinage	0 99
Moulins à eau	2 60
Moulures	2 97
Moutarde	0 73
Nacre (avec scierie)	1 64
Nickelage	1 63
Noir animal	1 57
Objets en étain	1 99
Objets en os	1 64
Ocre	1 57
Œillets métalliques	1 46
Omnibus	4 20

Orfèvrerie	0 33
Orgues	0 86
Ouate	1 97
Outils	2 12
Ouvriers des ports	5 09
Pain d'épice	1 27
Palefreniers	2 50
Panification mécanique	1 27
Panne (Fabricant de) [Briqueterie]	1 93
Papier	2 05
Papier de luxe	2 05
Papier de verre	1 57
Papiers peints	0 94
Parfumerie	2 07
Parquets	2 97
Passementerie	0 19
Pâtes alimentaires	1 27
Pâtes de paille	4 14
Pavage	4 39
Peignage	0 99
Peignes en écaille	1 64
Peintres	1 18
Pelleteries	0 25
Pesage (Appareils de)	2 12
Pétrole	1 74
Phosphates	3 70
Pianos	0 86
Pipes (Fabriques de)	1 64
Plafonneurs	1 18
Plâtre (Fabrique de)	3 12
Plâtriers	1 18
Plombiers	3 85
Plumes métalliques	1 46
Plumes pour parures	0 19
Poêliers	0 75
Pointes	0 35
Polissage	1 63
Pompes	2 12
Ponts	4 21
Ponts métalliques	4 21
Porcelaines	0 45
Portefaix	5 09
Potasse	1 57
Poterie	0 45
Poudrette	3 33
Pressage de foins	3 59
Produits chimiques	1 57
Produits et conserves alimentaires	0 73
Produits pharmaceutiques	1 57
Puisatiers	9 07
Pulvérisateurs	2 26
Quincaillerie	1 99
Raffineries	1 73
Ramonage	1 07
Ravalement	4 74
Relieurs	0 41
Retorderies	0 99
Robinets	1 99
Roues métalliques	2 22
Roulage	4 00
Rubans	0 19
Sable	3 70
Sabots	5 91
Salines	1 08
Satineurs sur papier	0 41
Savons	1 74
Scierie de long	2 73
Scierie de marbre et de pierre	2 91
Scierie de sucre	1 73
Scierie mécanique	5 91
Sculpture (Bois ou pierre)	1 76
Sel	1 08
Sellerie	0 87
Serrurerie	1 69
Serrures	0 85
Soierie	0 19
Sondages	9 07
Sonnettes	1 99
Soude	1 57
Soufre	1 57
Stores	1 60
Stucateurs	1 76
Sucre	1 73
Sulfate d'ammoniaque	1 57
Tabletterie	1 64
Taillandiers	2 50
Taille de pierres	2 91
Tannerie	0 94
Tapis (Fabrique de)	1 72
Teinturerie	0 94
Téléphone	2 36
Terrassements	3 58
Terre glaise	3 70
Tissage	0 45
Toiles cirées	0 94
Toiles métalliques	2 51
Tôliers	0 75
Tourneurs	1 60
Tonnellerie	2 76
Tramways	4 20
Transports	4 20
Transports par eau	3 00
Travaux publics	4 21
Tréfilerie	2 51
Treillageurs	5 91
Tresses et lacets	0 35
Trituration	4 08
Tuilerie	1 93

Tulle	0ᶠ 19		Vidanges	3ᶠ 33
Typographie	0 81		Vinaigre (Fabrique de)	1 73
Ustensiles de ménage	1 99		Vins et chais	1 73
Vannerie	0 80		Vitrerie	0 60
Vélocipèdes	2 12		Voitures (Fabrique de)	0 62
Velours	0 19		Voitures et diligences	4 20
Verrerie	0 60		Wagons	2 12

Art. 2. — Les primes comprises au tableau ci-dessus seront revisées pour le 1ᵉʳ janvier 1900 (1).

Art. 3. — Pour les professions non déterminées audit tableau, la prime sera fixée, le cas échéant, par décision ministérielle spéciale, d'après l'analogie des risques.

Paris, le 30 mars 1899.

Paul DELOMBRE.

---

(1) Ces primes ont été maintenues, pour l'année 1900, par arrêté du 16 décembre 1899 (*page 156*) et, pour 1901, par arrêté du 22 décembre 1900 (*page 175*).

ARRÊTÉ MINISTÉRIEL DU 30 MARS 1899

déterminant le barème minimum pour la vérification des réserves mathématiques des sociétés d'assurances contre les accidents du travail (1).

(Journal officiel du 2 avril 1899.)

Le Ministre du commerce, de l'industrie, des postes et des télégraphes,

Vu la loi du 9 avril 1898, concernant les responsabilités des accidents dont les ouvriers sont victimes dans leur travail ;

Vu le décret du 28 février 1899 portant règlement d'administration publique pour l'exécution de l'article 27 de cette loi, spécialement l'article 7, ainsi conçu :

« Art. 7. — Les sociétés anonymes d'assurances à primes fixes et les sociétés mutuelles d'assurances sont tenues de justifier, dès la deuxième année d'exploitation, de la constitution d'une réserve mathématique ayant pour minimum de valeur le montant des capitaux représentatifs des rentes et indemnités à servir à la suite d'accidents ayant entraîné la mort ou une incapacité permanente.

« Les capitaux représentatifs sont calculés d'après un barème minimum déterminé par le Ministre du commerce, après avis du Comité consultatif » :

Vu l'avis du Comité consultatif des assurances contre les accidents du travail,

Sur la proposition du Conseiller d'État, Directeur du travail et de l'industrie,

Arrête :

Art. 1er. — Les capitaux représentatifs des rentes et indemnités à servir à la suite d'accidents ayant entraîné la mort ou une incapacité permanente seront calculés, pour la vérification des réserves mathématiques prévue à l'article 7 du décret susvisé, d'après le barème minimum annexé au présent arrêté.

Art. 2. — Ledit barème sera revisé pour le 1er janvier 1900 (2).

Paris, le 30 mars 1899.

Paul DELOMBRE.

---

(1) Voir ci-après, p. 60, la *Note explicative* sur l'emploi de ces barèmes.

(2) Ce barème a été maintenu provisoirement pour l'année 1900, par arrêté du 26 décembre 1899 *(page 156)* et pour l'année 1901 par arrêté du 22 décembre 1900 *(page 178)*.

3.

ANNEXE À L'ARRÊTÉ MINISTÉRIEL DU 30 MARS 1899

(*Journal officiel* du 8 avril 1899.)

BARÈME MINIMUM

POUR LE CALCUL

DES RÉSERVES MATHÉMATIQUES

DES SOCIÉTÉS D'ASSURANCES CONTRE LES ACCIDENTS DU TRAVAIL

(DÉCRET DU 28 FÉVRIER 1899, ART. 7.)

TABLEAU I. — *Prix d'une rente viagère d'UN FRANC au profit des veuves et ascendants de victimes d'accidents* (Loi du 9 avril 1898, art. 3.)

(TABLE DE MORTALITÉ C. R. — TAUX : 3 P. 0/0.)

ÂGE.	PRIX d'une RENTE viagère d'un franc	ÂGE.	PRIX d'une RENTE viagère d'un franc	ÂGE.	PRIX d'une RENTE viagère d'un franc	ÂGE.	PRIX d'une RENTE viagère d'un franc
12 ans...	24,134	35 ans...	19,589	58 ans...	11,901	81 ans...	4,094
13......	23,931	36......	19,314	59......	11,527	82......	3,864
14......	23,733	37......	19,033	60......	11,150	83......	3,648
15......	23,544	38......	18,744	61......	10,770	84......	3,440
16......	23,363	39......	18,449	62......	10,388	85......	3,261
17......	23,189	40......	18,148	63......	10,005	86......	3,091
18......	23,022	41......	17,841	64......	9,622	87......	2,938
19......	22,861	42......	17,527	65......	9,240	88......	2,800
20......	22,704	43......	17,206	66......	8,860	89......	2,673
21......	22,549	44......	16,878	67......	8,484	90......	2,556
22......	22,393	45......	16,541	68......	8,112	91......	2,440
23......	22,233	46......	16,198	69......	7,747	92......	2,323
24......	22,065	47......	15,849	70......	7,388	93......	2,197
25......	21,886	48......	15,496	71......	7,036	94......	2,065
26......	21,697	49......	15,141	72......	6,693	95......	1,918
27......	21,496	50......	14,786	73......	6,359	96......	1,759
28......	21,285	51......	14,431	74......	6,035	97......	1,583
29......	21,065	52......	14,076	75......	5,723	98......	1,383
30......	20,838	53......	13,720	76......	5,421	99......	1,132
31......	20,603	54......	13,362	77......	5,132	100......	0,824
32......	20,361	55......	13,002	78......	4,855	101......	0,551
33......	20,112	56......	12,638	79......	4,589	102......	,
34......	19,854	57......	12,271	80......	4,336		

TABLEAU II. — *Prix d'une rente viagère et temporaire d'UN FRANC au profit des orphelins.* (Loi du 9 avril 1898, art. 3.)

(TABLE DE MORTALITÉ C. R. — TAUX : 3 P. 0/0.)

ÂGE.	PRIX d'une RENTE TEMPORAIRE d'un franc.
0 (naissance)	10ᶠ 079
1 an	11 194
2 ans..	10 972
3..	10 467
4..	9 845
5..	9 186
6..	8 493
7..	7 769
8..	7 015
9..	6 233
10...	5 424
11...	4 589
12...	3 728
13...	2 841
14...	1 925
15...	0 979

TABLEAU III. — *Prix d'une rente viagère d'UN FRANC au profit des victimes d'accidents ayant entraîné l'incapacité permanente absolue* (1). [Loi du 9 avril 1898, art. 3.]

(TABLE DE MORTALITÉ I. C. F. — TAUX : 3 P. 0/0.)

(1) En ce qui concerne les ouvriers atteints d'incapacité permanente *partielle*, le capital représentatif des pensions doit être calculé par interpolation entre ce barème et le barème 1, dans la mesure de la réduction subie par le salaire.

ÂGE ACTUEL.	ÂGE AU MOMENT DE L'ACCIDENT.								
	12 ANS.	13 ANS.	14 ANS.	15 ANS.	16 ANS.	17 ANS.	18 ANS.	19 ANS.	20 ANS.
12 ans............	17,302								
13...............	19,221	17,099							
14...............	20,311	19,023	16,901						
15...............	20,976	20,122	18,834	16,712					
16...............	21,441	20,795	19,941	18,653	16,531				
17...............	21,773	21,267	20,621	19,767	18,479	16,357			
18...............	22,001	21,606	21,100	20,454	19,600	18,312	16,190		
19...............	22,151	21,840	21,445	20,939	20,293	19,439	18,151	16,029	
20...............	22,238	21,994	21,683	21,288	20,782	20,136	19,282	17,994	15,872
21...............	22,255	22,083	21,839	21,528	21,133	20,627	19,981	19,127	17,839
22...............	22,210	22,097	21,927	21,683	21,372	20,977	20,471	19,825	18,971
23...............	22,123	22,050	21,937	21,767	21,523	21,212	20,817	20,311	19,665
24...............	22,007	21,955	21,882	21,769	21,599	21,355	21,044	20,649	20,143
25...............	21,858	21,828	21,776	21,703	21,590	21,420	21,176	20,805	20,470
26...............	21,694	21,669	21,639	21,587	21,514	21,401	21,231	20,987	20,676
27...............	21,496	21,493	21,468	21,438	21,386	21,313	21,200	21,030	20,786
28...............	21,285	21,285	21,282	21,257	21,227	21,175	21,102	20,989	20,819
29...............	21,065	21,065	21,065	21,062	21,037	21,007	20,955	20,882	20,769
30...............	20,838	20,838	20,838	20,838	20,835	20,810	20,780	20,728	20,659
31...............	20,603	20,603	20,603	20,603	20,603	20,600	20,575	20,545	20,493
32...............	20,361	20,361	20,361	20,361	20,361	20,361	20,358	20,333	20,303
33...............	20,112	20,112	20,112	20,112	20,112	20,112	20,112	20,109	20,084
34...............	19,854	19,854	19,854	19,854	19,854	19,854	19,854	19,854	19,851
35...............	19,589	19,589	19,589	19,589	19,589	19,589	19,589	19,589	19,589
36...............	19,314	19,314	19,314	19,314	19,314	19,314	19,314	19,314	19,314
37...............	19,033	19,033	19,033	19,033	19,033	19,033	19,033	19,033	19,033
38...............	18,744	18,744	18,744	18,744	18,744	18,744	18,744	18,744	18,744
39...............	18,449	18,449	18,449	18,449	18,449	18,449	18,449	18,449	18,449
40...............	18,148	18,148	18,148	18,148	18,148	18,148	18,148	18,148	18,148
41...............	17,841	17,841	17,841	17,841	17,841	17,841	17,841	17,841	17,841

ÂGE ACTUEL.	ÂGE AU MOMENT DE L'ACCIDENT.								
	12 ANS.	13 ANS.	14 ANS.	15 ANS.	16 ANS.	17 ANS.	18 ANS.	19 ANS.	20 ANS.
42 ans	17,527	17,527	17,527	17,527	17,527	17,527	17,527	17,527	17,527
43	17,206	17,206	17,206	17,206	17,206	17,206	17,206	17,206	17,206
44	16,878	16,878	16,878	16,878	16,878	16,878	16,878	16,878	16,878
45	16,541	16,541	16,541	16,541	16,541	16,541	16,541	16,541	16,541
46	16,198	16,198	16,198	16,198	16,198	16,198	16,198	16,198	16,198
47	15,849	15,849	15,849	15,849	15,849	15,849	15,849	15,849	15,849
48	15,496	15,496	15,496	15,496	15,496	15,496	15,496	15,496	15,496
49	15,141	15,141	15,141	15,141	15,141	15,141	15,141	15,141	15,141
50	14,786	14,786	14,786	14,786	14,786	14,786	14,786	14,786	14,786
51	14,431	14,431	14,431	14,431	14,431	14,431	14,431	14,431	14,431
52	14,076	14,076	14,076	14,076	14,076	14,076	14,076	14,076	14,076
53	13,720	13,720	13,720	13,720	13,720	13,720	13,720	13,720	13,720
54	13,362	13,362	13,362	13,362	13,362	13,362	13,362	13,362	13,362
55	13,002	13,002	13,002	13,002	13,002	13,002	13,002	13,002	13,002
56	12,638	12,638	12,638	12,638	12,638	12,638	12,638	12,638	12,638
57	12,271	12,271	12,271	12,271	12,271	12,271	12,271	12,271	12,271
58	11,901	11,901	11,901	11,901	11,901	11,901	11,901	11,901	11,901
59	11,527	11,527	11,527	11,527	11,527	11,527	11,527	11,527	11,527
60	11,150	11,150	11,150	11,150	11,150	11,150	11,150	11,150	11,150
61	10,770	10,770	10,770	10,770	10,770	10,770	10,770	10,770	10,770
62	10,388	10,388	10,388	10,388	10,388	10,388	10,388	10,388	10,388
63	10,005	10,005	10,005	10,005	10,005	10,005	10,005	10,005	10,005
64	9,622	9,622	9,622	9,622	9,622	9,622	9,622	9,622	9,622
65	9,240	9,240	9,240	9,240	9,240	9,240	9,240	9,240	9,240
66	8,860	8,860	8,860	8,860	8,860	8,860	8,860	8,860	8,860
67	8,484	8,484	8,484	8,484	8,484	8,484	8,484	8,484	8,484
68	8,112	8,112	8,112	8,112	8,112	8,112	8,112	8,112	8,112
69	7,747	7,747	7,747	7,747	7,747	7,747	7,747	7,747	7,747
70	7,388	7,388	7,388	7,388	7,388	7,388	7,388	7,388	7,388
71	7,036	7,036	7,036	7,036	7,036	7,036	7,036	7,036	7,036

AGE ACTUEL.	AGE AU MOMENT DE L'ACCIDENT.								
	12 ANS.	13 ANS.	14 ANS.	15 ANS.	16 ANS.	17 ANS.	18 ANS.	19 ANS.	20 ANS.
72 ans	6,693	6,693	6,693	6,693	6,693	6,693	6,693	6,693	6,693
73	6,359	6,359	6,359	6,359	6,359	6,359	6,359	6,359	6,359
74	6,035	6,035	6,035	6,035	6,035	6,035	6,035	6,035	6,035
75	5,723	5,723	5,723	5,723	5,723	5,723	5,723	5,723	5,723
76	5,421	5,421	5,421	5,421	5,421	5,421	5,421	5,421	5,421
77	5,132	5,132	5,132	5,132	5,132	5,132	5,132	5,132	5,132
78	4,855	4,855	4,855	4,855	4,855	4,855	4,855	4,855	4,855
79	4,589	4,589	4,589	4,589	4,589	4,589	4,589	4,589	4,589
80	4,336	4,336	4,336	4,336	4,336	4,336	4,336	4,336	4,336
81	4,094	4,094	4,094	4,094	4,094	4,094	4,094	4,094	4,094
82	3,864	3,864	3,864	3,864	3,864	3,864	3,864	3,864	3,864
83	3,648	3,648	3,648	3,648	3,648	3,648	3,648	3,648	3,648
84	3,446	3,446	3,446	3,446	3,446	3,446	3,446	3,446	3,446
85	3,261	3,261	3,261	3,261	3,261	3,261	3,261	3,261	3,261
86	3,091	3,091	3,091	3,091	3,091	3,091	3,091	3,091	3,091
87	2,938	2,938	2,938	2,938	2,938	2,938	2,938	2,938	2,938
88	2,800	2,800	2,800	2,800	2,800	2,800	2,800	2,800	2,800
89	2,673	2,673	2,673	2,673	2,673	2,673	2,673	2,673	2,673
90	2,556	2,556	2,556	2,556	2,556	2,556	2,556	2,556	2,556
91	2,440	2,440	2,440	2,440	2,440	2,440	2,440	2,440	2,440
92	2,323	2,323	2,323	2,323	2,323	2,323	2,323	2,323	2,323
93	2,197	2,197	2,197	2,197	2,197	2,197	2,197	2,197	2,197
94	2,065	2,065	2,065	2,065	2,065	2,065	2,065	2,065	2,065
95	1,918	1,918	1,918	1,918	1,918	1,918	1,918	1,918	1,918
96	1,759	1,759	1,759	1,759	1,759	1,759	1,759	1,759	1,759
97	1,583	1,583	1,583	1,583	1,583	1,583	1,583	1,583	1,583
98	1,383	1,383	1,383	1,383	1,383	1,383	1,383	1,383	1,383
99	1,132	1,132	1,132	1,132	1,132	1,132	1,132	1,132	1,132
100	0,824	0,824	0,824	0,824	0,824	0,824	0,824	0,824	0,824
101	0,551	0,551	0,551	0,551	0,551	0,551	0,551	0,551	0,551
102									

ÂGE ACTUEL.	ÂGE AU MOMENT DE L'ACCIDENT.								
	21 ANS.	22 ANS.	23 ANS.	24 ANS.	25 ANS.	26 ANS.	27 ANS.	28 ANS.	29 ANS.
12 ans									
13									
14									
15									
16									
17									
18									
19									
20									
21	15,717								
22	17,683	15,561							
23	18,811	17,523	15,401						
24	19,497	18,643	17,355	15,233					
25	19,964	19,318	18,461	17,176	15,054				
26	20,281	19,775	19,129	18,275	16,987	14,865			
27	20,475	20,080	19,574	18,928	18,074	16,786	14,664		
28	20,575	20,264	19,869	19,363	18,717	17,863	16,575	14,453	
29	20,599	20,355	20,044	19,649	19,143	18,497	17,643	16,355	14,233
30	20,542	20,372	20,128	19,817	19,422	18,916	18,270	17,116	16,128
31	20,420	20,307	20,137	19,893	19,582	19,187	18,681	18,035	17,181
32	20,251	20,178	20,005	19,895	19,651	19,340	18,945	18,439	17,793
33	20,054	20,002	19,929	19,816	19,646	19,402	19,091	18,696	18,190
34	19,826	19,796	19,744	19,671	19,558	19,388	19,144	18,833	18,438
35	19,586	19,561	19,531	19,479	19,406	19,293	19,123	18,870	18,568
36	19,314	19,311	19,286	19,256	19,204	19,131	19,018	18,848	18,604
37	19,033	19,033	19,030	19,005	18,975	18,923	18,850	18,737	18,567
38	18,744	18,744	18,744	18,741	18,716	18,686	18,634	18,561	18,448
39	18,449	18,449	18,449	18,449	18,446	18,421	18,391	18,339	18,266
40	18,148	18,148	18,148	18,148	18,148	18,145	18,120	18,090	18,038
41	17,841	17,841	17,841	17,841	17,841	17,841	17,836	17,813	17,783

ÂGE ACTUEL.	ÂGE AU MOMENT DE L'ACCIDENT.								
	21 ANS.	22 ANS.	23 ANS.	24 ANS.	25 ANS.	26 ANS.	27 ANS.	28 ANS.	29 ANS.
42 ans	17,527	17,527	17,527	17,527	17,527	17,527	17,527	17,524	17,499
43	17,206	17,206	17,206	17,206	17,206	17,206	17,206	17,206	17,205
44	16,878	16,878	16,878	16,878	16,878	16,878	16,878	16,878	16,878
45	16,541	16,541	16,541	16,541	16,541	16,541	16,541	16,541	16,541
46	16,198	16,198	16,198	16,198	16,198	16,198	16,198	16,198	16,198
47	15,849	15,849	15,849	15,849	15,849	15,849	15,849	15,849	15,849
48	15,496	15,496	15,496	15,496	15,496	15,496	15,496	15,496	15,496
49	15,141	15,141	15,141	15,141	15,141	15,141	15,141	15,141	15,141
50	14,786	14,786	14,786	14,786	14,786	14,786	14,786	14,786	14,786
51	14,431	14,431	14,431	14,431	14,431	14,431	14,431	14,431	14,431
52	14,076	14,076	14,076	14,076	14,076	14,076	14,076	14,076	14,076
53	13,720	13,720	13,720	13,720	13,720	13,720	13,720	13,720	13,720
54	13,362	13,362	13,362	13,362	13,362	13,362	13,362	13,362	13,362
55	13,002	13,002	13,002	13,002	13,002	13,002	13,002	13,002	13,002
56	12,638	12,638	12,638	12,638	12,638	12,638	12,638	12,638	12,638
57	12,271	12,271	12,271	12,271	12,271	12,271	12,271	12,271	12,271
58	11,901	11,901	11,001	11,901	11,901	11,901	11,901	11,901	11,901
59	11,527	11,527	11,527	11,527	11,527	11,527	11,527	11,527	11,527
60	11,150	11,150	11,150	11,150	11,150	11,150	11,150	11,150	11,150
61	10,770	10,770	10,770	10,770	10,770	10,770	10,770	10,770	10,770
62	10,388	10,388	10,388	10,388	10,388	10,388	10,388	10,388	10,388
63	10,005	10,005	10,005	10,005	10,005	10,005	10,005	10,005	10,005
64	9,622	9,622	9,622	9,622	9,622	9,622	9,622	9,622	9,622
65	9,240	9,240	9,240	9,240	9,240	9,240	9,240	9,240	9,240
66	8,860	8,860	8,860	8,860	8,860	8,860	8,860	8,860	8,860
67	8,484	8,484	8,484	8,484	8,484	8,484	8,484	8,484	8,484
68	8,112	8,112	8,112	8,112	8,112	8,112	8,112	8,112	8,112
69	7,747	7,747	7,747	7,747	7,747	7,747	7,747	7,747	7,747
70	7,388	7,388	7,388	7,388	7,388	7,388	7,388	7,388	7,388
71	7,036	7,036	7,036	7,036	7,036	7,036	7,036	7,036	7,036

ÂGE ACTUEL.	ÂGE AU MOMENT DE L'ACCIDENT.								
	21 ANS.	22 ANS.	23 ANS.	24 ANS.	25 ANS.	26 ANS.	27 ANS.	28 ANS.	29 ANS.
72 ans	6,693	6,693	6,693	6,693	6,693	6,693	6,693	6,693	6,693
73	6,359	6,359	6,359	6,359	6,359	6,359	6,359	6,359	6,359
74	6,035	6,035	6,035	6,035	6,035	6,035	6,035	6,035	6,035
75	5,723	5,723	5,723	5,723	5,723	5,723	5,723	5,723	5,723
76	5,421	5,421	5,421	5,421	5,421	5,421	5,421	5,421	5,421
77	5,132	5,132	5,132	5,132	5,132	5,132	5,132	5,132	5,132
78	4,855	4,855	4,855	4,855	4,855	4,855	4,855	4,855	4,855
79	4,589	4,589	4,589	4,589	4,589	4,589	4,589	4,589	4,589
80	4,336	4,336	4,336	4,336	4,336	4,336	4,336	4,336	4,336
81	4,094	4,094	4,094	4,094	4,094	4,094	4,094	4,094	4,094
82	3,864	3,864	3,864	3,864	3,864	3,864	3,864	3,864	3,864
83	3,648	3,648	3,648	3,648	3,648	3,648	3,648	3,648	3,648
84	3,446	3,446	3,446	3,446	3,446	3,446	3,446	3,446	3,446
85	3,261	3,261	3,261	3,261	3,261	3,261	3,261	3,261	3,261
86	3,091	3,091	3,091	3,091	3,091	3,091	3,091	3,091	3,091
87	2,938	2,938	2,938	2,938	2,938	2,938	2,938	2,938	2,938
88	2,800	2,800	2,800	2,800	2,800	2,800	2,800	2,800	2,800
89	2,673	2,673	2,673	2,673	2,673	2,673	2,673	2,673	2,673
90	2,556	2,556	2,556	2,556	2,556	2,556	2,556	2,556	2,556
91	2,440	2,440	2,440	2,440	2,440	2,440	2,440	2,440	2,440
92	2,323	2,323	2,323	2,323	2,323	2,323	2,323	2,323	2,323
93	2,197	2,197	2,197	2,197	2,197	2,197	2,197	2,197	2,197
94	2,065	2,065	2,065	2,065	2,065	2,065	2,065	2,065	2,065
95	1,918	1,918	1,918	1,918	1,918	1,918	1,918	1,918	1,918
96	1,759	1,759	1,759	1,759	1,759	1,759	1,759	1,759	1,759
97	1,583	1,583	1,583	1,583	1,583	1,583	1,583	1,583	1,583
98	1,383	1,383	1,383	1,383	1,383	1,383	1,383	1,383	1,383
99	1,132	1,132	1,132	1,132	1,132	1,132	1,132	1,132	1,132
100	0,824	0,824	0,824	0,824	0,824	0,824	0,824	0,824	0,824
101	0,551	0,551	0,551	0,551	0,551	0,551	0,551	0,551	0,551
102	»	»	»	»	»	»	»	»	»

AGE ACTUEL.	AGE AU MOMENT DE L'ACCIDENT.								
	30 ANS.	31 ANS.	32 ANS.	33 ANS.	34 ANS.	35 ANS.	36 ANS.	37 ANS.	38 ANS.
12 ans									
13									
14									
15									
16									
17									
18									
19									
20									
21									
22									
23									
24									
25									
26									
27									
28									
29									
30	14,006								
31	15,893	13,865							
32	18,939	15,721	13,714						
33	17,544	16,745	15,539	13,581					
34	17,932	17,331	16,539	15,377	13,434				
35	18,173	17,701	17,105	16,355	15,199	13,289			
36	18,293	17,945	17,476	16,904	16,154	15,024	15,138		
37	18,323	18,052	17,704	17,258	16,683	15,956	14,841	12,982	
38	18,278	18,068	17,795	17,470	17,020	16,466	15,740	14,651	12,824
39	18,153	18,009	17,706	17,547	17,215	16,784	16,238	15,534	14,461
40	17,965	17,871	17,722	17,534	17,275	16,962	16,538	16,003	15,318
41	17,731	17,670	17,570	17,446	17,246	17,006	16,699	16,284	15,766

ÂGE ACTUEL.	ÂGE AU MOMENT DE L'ACCIDENT.								
	30 ANS.	31 ANS.	32 ANS.	33 ANS.	34 ANS.	35 ANS.	36 ANS.	37 ANS.	38 ANS.
42 ans..........	17,469	17,423	17,356	17,281	17,143	16,962	16,726	16,450	16,028
43...........	17,178	17,148	17,096	17,053	16,963	16,844	16,666	16,436	16,151
44...........	16,875	16,861	16,824	16,797	16,738	16,649	16,532	16,359	16,144
45...........	16,541	16,534	16,523	16,513	16,469	16,410	16,322	16,209	16,051
46...........	16,198	16,198	16,193	16,189	16,170	16,126	16,068	15,983	15,884
47...........	15,849	15,849	15,849	15,847	15,841	15,813	15,768	15,713	15,643
48...........	15,496	15,496	15,496	15,496	15,495	15,485	15,455	15,414	15,373
49...........	15,141	15,141	15,141	15,141	15,141	15,138	15,128	15,100	15,074
50...........	14,786	14,786	14,786	14,786	14,786	14,786	14,786	14,773	14,761
51...........	14,431	14,431	14,431	14,431	14,431	14,431	14,431	14,431	14,428
52...........	14,076	14,076	14,076	14,076	14,076	14,076	14,076	14,076	14,076
53...........	13,720	13,720	13,720	13,720	13,720	13,720	13,720	13,720	13,720
54...........	13,362	13,362	13,362	13,362	13,362	13,362	13,362	13,362	13,362
55...........	13,002	13,002	13,002	13,002	13,002	13,002	13,002	13,002	13,002
56...........	12,638	12,638	12,638	12,638	12,638	12,638	12,638	12,638	12,638
57...........	12,271	12,271	12,271	12,271	12,271	12,271	12,271	12,271	12,271
58...........	11,901	11,901	11,901	11,901	11,901	11,901	11,901	11,901	11,901
59...........	11,527	11,527	11,527	11,527	11,527	11,527	11,527	11,527	11,527
60...........	11,150	11,150	11,150	11,150	11,150	11,150	11,150	11,150	11,150
61...........	10,770	10,770	10,770	10,770	10,770	10,770	10,770	10,770	10,770
62...........	10,388	10,388	10,388	10,388	10,388	10,388	10,388	10,388	10,388
63...........	10,005	10,005	10,005	10,005	10,005	10,005	10,005	10,005	10,005
64...........	9,622	9,622	9,622	9,622	9,622	9,622	9,622	9,622	9,622
65...........	9,240	9,240	9,240	9,240	9,240	9,240	9,240	9,240	9,240
66...........	8,860	8,860	8,860	8,860	8,860	8,860	8,860	8,860	8,860
67...........	8,484	8,484	8,484	8,484	8,484	8,484	8,484	8,484	8,484
68...........	8,112	8,112	8,112	8,112	8,112	8,112	8,112	8,112	8,112
69...........	7,747	7,747	7,747	7,747	7,747	7,747	7,747	7,747	7,747
70...........	7,388	7,388	7,388	7,388	7,388	7,388	7,388	7,388	7,388
71...........	7,036	7,036	7,036	7,036	7,036	7,036	7,036	7,036	7,036

ÂGE ACTUEL.	ÂGE AU MOMENT DE L'ACCIDENT.								
	30 ANS.	31 ANS.	32 ANS.	33 ANS.	34 ANS.	35 ANS.	36 ANS.	37 ANS.	38 ANS.
72 ans.........	6,693	6,693	6,693	6,693	6,693	6,693	6,693	6,693	6,693
73.............	6,359	6,359	6,359	6,359	6,359	6,359	6,359	6,359	6,359
74.............	6,035	6,035	6,035	6,035	6,035	6,035	6,035	6,035	6,035
75.............	5,723	5,723	5,723	5,723	5,723	5,723	5,723	5,723	5,723
76.............	5,421	5,421	5,421	5,421	5,421	5,421	5,421	5,421	5,421
77.............	5,132	5,132	5,132	5,132	5,132	5,132	5,132	5,132	5,132
78.............	4,855	4,855	4,855	4,855	4,855	4,855	4,855	4,855	4,855
79.............	4,589	4,589	4,589	4,589	4,589	4,589	4,589	4,589	4,589
80.............	4,336	4,336	4,336	4,336	4,336	4,336	4,336	4,336	4,336
81.............	4,094	4,094	4,094	4,094	4,094	4,094	4,094	4,094	4,094
82.............	3,864	3,864	3,864	3,864	3,864	3,864	3,864	3,864	3,864
83.............	3,648	3,648	3,648	3,648	3,648	3,648	3,648	3,648	3,648
84.............	3,446	3,446	3,446	3,446	3,446	3,446	3,446	3,446	3,446
85.............	3,261	3,261	3,261	3,261	3,261	3,261	3,261	3,261	3,261
86.............	3,091	3,091	3,091	3,091	3,091	3,091	3,091	3,091	3,091
87.............	2,938	2,938	2,938	2,938	2,938	2,938	2,938	2,938	2,938
88.............	2,800	2,800	2,800	2,800	2,800	2,800	2,800	2,800	2,800
89.............	2,673	2,673	2,673	2,673	2,673	2,673	2,673	2,673	2,673
90.............	2,556	2,556	2,556	2,556	2,556	2,556	2,556	2,556	2,556
91.............	2,440	2,440	2,440	2,440	2,440	2,440	2,440	2,440	2,440
92.............	2,323	2,323	2,323	2,323	2,323	2,323	2,323	2,323	2,323
93.............	2,197	2,197	2,197	2,197	2,197	2,197	2,197	2,197	2,197
94.............	2,065	2,065	2,065	2,065	2,065	2,065	2,065	2,065	2,065
95.............	1,918	1,918	1,918	1,918	1,918	1,918	1,918	1,918	1,918
96.............	1,759	1,759	1,759	1,759	1,759	1,759	1,759	1,759	1,759
97.............	1,583	1,583	1,583	1,583	1,583	1,583	1,583	1,583	1,583
98.............	1,383	1,383	1,383	1,383	1,383	1,383	1,383	1,383	1,383
99.............	1,132	1,132	1,132	1,132	1,132	1,132	1,132	1,132	1,132
100.............	0,824	0,824	0,824	0,824	0,824	0,824	0,824	0,824	0,824
101.............	0,551	0,551	0,551	0,551	0,551	0,551	0,551	0,551	0,551
102.............	.	.	.	.	.	.	.	.	.

ÂGE ACTUEL.	ÂGE AU MOMENT DE L'ACCIDENT.								
	39 ANS.	40 ANS.	41 ANS.	42 ANS.	43 ANS.	44 ANS.	45 ANS.	46 ANS.	47 ANS.
39 ans	12,661								
40	14,263	12,409							
41	15,094	14,066	12,338						
42	15,521	14,872	13,871	12,168					
43	15,762	15,277	14,651	13,665	11,992				
44	15,267	15,498	15,034	14,418	13,452	11,817			
45	15,842	15,584	15,236	14,779	14,177	13,241	11,645		
46	15,731	15,541	15,302	14,959	14,515	13,937	13,031	11,461	
47	15,547	15,418	15,242	15,006	14,675	14,251	13,700	12,809	11,282
48	15,305	15,213	15,096	14,927	14,700	14,388	13,991	13,448	12,591
49	15,035	14,970	14,880	14,763	14,601	14,394	14,107	13,715	13,202
50	14,736	14,699	14,635	14,544	14,435	14,292	14,093	13,808	13,445
51	14,422	14,399	14,363	14,297	14,213	14,108	13,971	13,772	13,516
52	14,075	14,069	14,046	14,008	13,949	13,867	13,768	13,631	13,445
53	13,720	13,718	13,715	13,689	13,650	13,599	13,523	13,422	13,297
54	13,362	13,362	13,357	13,354	13,333	13,305	13,251	13,172	13,082
55	13,002	13,002	13,002	13,002	12,994	12,976	12,949	12,894	12,826
56	12,638	12,638	12,638	12,638	12,638	12,633	12,617	12,594	12,542
57	12,271	12,271	12,271	12,271	12,271	12,271	12,268	12,257	12,229
58	11,901	11,901	11,901	11,901	11,901	11,901	11,901	11,896	11,884
59	11,527	11,527	11,527	11,527	11,527	11,527	11,527	11,527	11,521
60	11,150	11,150	11,150	11,150	11,150	11,150	11,150	11,150	11,150
61	10,770	10,770	10,770	10,770	10,770	10,770	10,770	10,770	10,770
62	10,388	10,388	10,388	10,388	10,388	10,388	10,388	10,388	10,388
63	10,005	10,005	10,005	10,005	10,005	10,005	10,005	10,005	10,005
64	9,622	9,622	9,622	9,622	9,622	9,622	9,622	9,622	9,622
65	9,240	9,240	9,240	9,240	9,240	9,240	9,240	9,240	9,240
66	8,860	8,860	8,860	8,860	8,860	8,860	8,860	8,860	8,860
67	8,484	8,484	8,484	8,484	8,484	8,484	8,484	8,484	8,484
68	8,112	8,112	8,112	8,112	8,112	8,112	8,112	8,112	8,112
69	7,747	7,747	7,747	7,747	7,747	7,747	7,747	7,747	7,747
70	7,388	7,388	7,388	7,388	7,388	7,388	7,388	7,388	7,388
71	7,036	7,036	7,036	7,036	7,036	7,036	7,036	7,036	7,030

AGE ACTUEL.	AGE AU MOMENT DE L'ACCIDENT.								
	39 ANS.	40 ANS.	41 ANS.	42 ANS.	43 ANS.	44 ANS.	45 ANS.	46 ANS.	47 ANS.
72 ans	6,693	6,693	6,693	6,693	6,693	6,693	6,693	6,693	6,693
73	6,359	6,359	6,359	6,359	6,359	6,359	6,359	6,359	6,359
74	6,035	6,035	6,035	6,035	6,035	6,035	6,035	6,035	6,035
75	5,723	5,723	5,723	5,723	5,723	5,723	5,723	5,723	5,723
76	5,421	5,421	5,421	5,421	5,421	5,421	5,421	5,421	5,421
77	5,132	5,132	5,132	5,132	5,132	5,132	5,132	5,132	5,132
78	4,855	4,855	4,855	4,855	4,855	4,855	4,855	4,855	4,855
79	4,589	4,589	4,589	4,589	4,589	4,589	4,589	4,589	4,589
80	4,336	4,336	4,336	4,336	4,336	4,336	4,336	4,336	4,336
81	4,094	4,094	4,094	4,094	4,094	4,094	4,094	4,094	4,094
82	3,864	3,864	3,864	3,864	3,864	3,864	3,864	3,864	3,864
83	3,648	3,648	3,648	3,648	3,648	3,648	3,648	3,648	3,648
84	3,446	3,446	3,446	3,446	3,446	3,446	3,446	3,446	3,446
85	3,261	3,261	3,261	3,261	3,261	3,261	3,261	3,261	3,261
86	3,091	3,091	3,091	3,091	3,091	3,091	3,091	3,091	3,091
87	2,938	2,938	2,938	2,938	2,938	2,938	2,938	2,938	2,938
88	2,800	2,800	2,800	2,800	2,800	2,800	2,800	2,800	2,800
89	2,673	2,673	2,673	2,673	2,673	2,673	2,673	2,673	2,673
90	2,556	2,556	2,556	2,556	2,556	2,556	2,556	2,556	2,556
91	2,440	2,440	2,440	2,440	2,440	2,440	2,440	2,440	2,440
92	2,323	2,323	2,323	2,323	2,323	2,323	2,323	2,323	2,323
93	2,197	2,197	2,197	2,197	2,197	2,197	2,197	2,197	2,197
94	2,065	2,065	2,065	2,065	2,065	2,065	2,065	2,065	2,065
95	1,918	1,918	1,918	1,918	1,918	1,918	1,918	1,918	1,918
96	1,759	1,759	1,759	1,759	1,759	1,759	1,759	1,759	1,759
97	1,583	1,583	1,583	1,583	1,583	1,583	1,583	1,583	1,583
98	1,383	1,383	1,383	1,383	1,383	1,383	1,383	1,383	1,383
99	1,132	1,132	1,132	1,132	1,132	1,132	1,132	1,132	1,132
100	0,824	0,824	0,824	0,824	0,824	0,824	0,824	0,824	0,824
101	0,551	0,551	0,551	0,551	0,551	0,551	0,551	0,551	0,551
102	»	»	»	»	»	»	»	»	»

ÂGE ACTUEL.	ÂGE AU MOMENT DE L'ACCIDENT.								
	48 ANS.	49 ANS.	50 ANS.	51 ANS.	52 ANS.	53 ANS.	54 ANS.	55 ANS.	56 ANS.
42 ans									
43									
44									
45									
46									
47									
48	11,092								
49	12,362	10,894							
50	12,943	12,122	10,690						
51	13,161	12,671	11,875	10,473					
52	13,194	12,848	12,377	11,612	10,263				
53	13,114	12,870	12,540	12,093	11,357	10,059			
54	12,958	12,781	12,551	12,243	11,819	11,123	9,861		
55	12,737	12,617	12,452	12,228	11,941	11,554	10,870	9,746	
56	12,474	12,388	12,279	12,112	11,915	11,651	11,215	10,612	9,417
57	12,183	12,117	12,042	11,818	11,795	11,510	11,309	10,975	10,345
58	11,862	11,818	11,763	11,690	11,590	11,456	11,272	11,027	10,672
59	11,510	11,489	11,455	11,402	11,333	11,240	11,114	10,937	10,706
60	11,150	11,140	11,117	11,084	11,035	10,970	10,885	10,766	10,599
61	10,770	10,770	10,758	10,735	10,706	10,662	10,605	10,524	10,414
62	10,388	10,388	10,388	10,376	10,356	10,332	10,294	10,241	10,168
63	10,005	10,005	10,005	10,005	9,995	9,981	9,962	9,928	9,872
64	9,622	9,622	9,622	9,622	9,622	9,617	9,608	9,592	9,554
65	9,240	9,240	9,240	9,240	9,240	9,240	9,240	9,234	9,213
66	8,860	8,860	8,860	8,860	8,860	8,860	8,860	8,860	8,847
67	8,484	8,484	8,484	8,484	8,484	8,484	8,484	8,484	8,484
68	8,112	8,112	8,112	8,112	8,112	8,112	8,112	8,112	8,112
69	7,747	7,747	7,747	7,747	7,747	7,747	7,747	7,747	7,747
70	7,388	7,388	7,388	7,388	7,388	7,388	7,388	7,388	7,388
71	7,036	7,036	7,036	7,036	7,036	7,036	7,036	7,036	7,036

ÂGE ACTUEL.	ÂGE AU MOMENT DE L'ACCIDENT.								
	48 ANS.	49 ANS.	50 ANS.	51 ANS.	52 ANS.	53 ANS.	54 ANS.	55 ANS.	56 ANS.
72 ans	6,693	6,693	6,693	6,693	6,693	6,693	6,693	6,693	6,693
73..........	6,359	6,359	6,359	6,359	6,359	6,359	6,359	6,359	6,359
74..........	6,035	6,035	6,035	6,035	6,035	6,035	6,035	6,035	6,035
75..........	5,723	5,723	5,723	5,723	5,723	5,723	5,723	5,723	5,723
76..........	5,421	5,421	5,421	5,421	5,421	5,421	5,421	5,421	5,421
77..........	5,132	5,132	5,132	5,132	5,132	5,132	5,132	5,132	5,132
78..........	4,855	4,855	4,855	4,855	4,855	4,855	4,855	4,855	4,855
79..........	4,589	4,589	4,589	4,589	4,589	4,589	4,589	4,589	4,589
80..........	4,336	4,336	4,336	4,336	4,336	4,336	4,336	4,336	4,336
81..........	4,094	4,094	4,094	4,094	4,094	4,094	4,094	4,094	4,094
82..........	3,864	3,864	3,864	3,864	3,864	3,864	3,864	3,864	3,864
83..........	3,648	3,648	3,648	3,648	3,648	3,648	3,648	3,648	3,648
84..........	3,446	3,446	3,446	3,446	3,446	3,446	3,446	3,446	3,446
85..........	3,261	3,261	3,261	3,261	3,261	3,261	3,261	3,261	3,261
86..........	3,091	3,091	3,091	3,091	3,091	3,091	3,091	3,091	3,091
87..........	2,938	2,938	2,938	2,938	2,938	2,938	2,938	2,938	2,938
88..........	2,800	2,800	2,800	2,800	2,800	2,800	2,800	2,800	2,800
89..........	2,673	2,673	2,673	2,673	2,673	2,673	2,673	2,673	2,673
90..........	2,556	2,556	2,556	2,556	2,556	2,556	2,556	2,556	2,556
91..........	2,440	2,440	2,440	2,440	2,440	2,440	2,440	2,440	2,440
92..........	2,323	2,323	2,323	2,323	2,323	2,323	2,323	2,323	2,323
93..........	2,197	2,197	2,197	2,197	2,197	2,197	2,197	2,197	2,197
94..........	2,065	2,065	2,065	2,065	2,065	2,065	2,065	2,065	2,065
95..........	1,918	1,918	1,918	1,918	1,918	1,918	1,918	1,918	1,918
96..........	1,759	1,759	1,759	1,759	1,759	1,759	1,759	1,759	1,759
97..........	1,583	1,583	1,583	1,583	1,583	1,583	1,583	1,583	1,583
98..........	1,383	1,383	1,383	1,383	1,383	1,383	1,383	1,383	1,383
99..........	1,132	1,132	1,132	1,132	1,132	1,132	1,132	1,132	1,132
100..........	0,824	0,824	0,824	0,824	0,824	0,824	0,824	0,824	0,824
101..........	0,551	0,551	0,551	0,551	0,551	0,551	0,551	0,551	0,551
102..........	"	"	"	"	"	"	"	"	"

ÂGE ACTUEL.	ÂGE AU MOMENT DE L'ACCIDENT.								
	57 ANS.	58 ANS.	59 ANS.	60 ANS.	61 ANS.	62 ANS.	63 ANS.	64 ANS.	65 ANS.
42 ans	[illegible]	[illegible]	[illegible]	[illegible]	[illegible]	[illegible]			
43	[illegible]	[illegible]	[illegible]	[illegible]	[illegible]	[illegible]			
44	[illegible]	[illegible]	[illegible]	[illegible]	[illegible]	[illegible]			
45	[illegible]	[illegible]	[illegible]	[illegible]	[illegible]	[illegible]			
46	[illegible]	[illegible]	[illegible]	[illegible]	[illegible]	[illegible]			
47	[illegible]	[illegible]	[illegible]	[illegible]	[illegible]	[illegible]			
48	[illegible]	[illegible]	[illegible]	[illegible]	[illegible]	[illegible]			[illegible]
49	[illegible]	[illegible]	[illegible]	[illegible]	[illegible]	[illegible]			
50	[illegible]	[illegible]	[illegible]	[illegible]	[illegible]	[illegible]			[illegible]
51	[illegible]	[illegible]	[illegible]	[illegible]	[illegible]	[illegible]			
52	[illegible]	[illegible]	[illegible]	[illegible]	[illegible]	[illegible]			
53	[illegible]	[illegible]	[illegible]	[illegible]	[illegible]	[illegible]			
54	[illegible]	[illegible]	[illegible]	[illegible]	[illegible]	[illegible]			
55	[illegible]	[illegible]	[illegible]	[illegible]	[illegible]	[illegible]			[illegible]
56	[illegible]	[illegible]	[illegible]	[illegible]	[illegible]				
57	9,189								
58	10,068	8,886							
59	10,370	9,790	8,707						
60	10,386	10,066	9,507	8,479					
61	10,265	10,051	9,746	9,230	8,232				
62	10,075	9,921	9,720	9,450	8,941	7,982			
63	9,815	9,714	9,571	9,594	9,124	8,647	7,734		
64	9,512	9,448	9,346	9,226	9,056	8,800	8,356	7,476	
65	9,188	9,140	9,070	8,991	8,877	8,716	8,478	8,051	7,208
66	8,831	8,799	8,763	8,717	8,642	8,534	8,379	8,150	7,743
67	8,470	8,460	8,441	8,410	8,360	8,296	8,192	8,042	7,827
68	8,112	8,104	8,092	8,077	8,032	8,009	7,941	7,839	7,699
69	7,747	7,747	7,742	7,784	7,721	7,695	7,656	7,589	7,496
70	7,388	7,388	7,388	7,388	7,382	7,371	7,345	7,305	7,244
71	7,036	7,036	7,036	7,036	7,036	7,032	7,020	6,992	6,959

AGE ACTUEL.	AGE AU MOMENT DE L'ACCIDENT.								
	57 ANS.	58 ANS.	59 ANS.	60 ANS.	61 ANS.	62 ANS.	63 ANS.	64 ANS.	65 ANS.
72 ans.........	6,693	6,693	6,693	6,693	6,693	6,693	6,688	6,673	6,651
73..........	6,359	6,359	6,359	6,359	6,359	6,359	6,359	6,350	6,341
74..........	6,035	6,035	6,035	035	6,035	6,035	6,035	6,035	6,032
75..........	5,723	5,723	5,723	5,723	5,723	5,723	5,723	5,723	5,723
76..........	5,421	5,421	5,421	5,421	5,421	5,421	5,421	5,421	5,421
77..........	5,132	5,132	5,132	5,132	5,132	5,132	5,132	5,132	5,132
78..........	4,855	4,855	4,855	4,855	4,855	4,855	4,855	4,855	4,855
79..........	4,589	4,589	4,589	4,589	4,589	4,589	4,589	4,589	4,589
80..........	4,336	4,336	4,336	4,336	4,336	4,336	4,336	4,336	4,336
81..........	4,094	4,094	4,094	4,094	4,094	4,094	4,094	4,094	4,094
82..........	3,864	3,864	3,864	3,864	3,864	3,864	3,864	3,864	3,864
83..........	3,648	3,648	3,648	3,648	3,648	3,648	3,648	3,648	3,648
84..........	3,446	3,446	3,446	3,446	3,446	3,446	3,446	3,446	3,446
85..........	3,261	3,261	3,261	3,261	3,261	3,261	3,261	3,261	3,261
86..........	3,091	3,091	3,091	3,091	3,091	3,091	3,091	3,091	3,091
87..........	2,938	2,938	2,938	2,938	2,938	2,938	2,938	2,938	2,938
88..........	2,800	2,800	2,800	2,800	2,800	2,800	2,800	2,800	2,800
89..........	2,673	2,673	2,673	2,673	2,673	2,673	2,673	2,673	2,673
90..........	2,556	2,556	2,556	2,556	2,556	2,556	2,556	2,556	2,556
91..........	2,440	2,440	2,440	2,440	2,440	2,440	2,440	2,440	2,440
92..........	2,323	2,323	2,323	2,323	2,323	2,323	2,323	2,323	2,323
93..........	2,197	2,197	2,197	2,197	2,197	2,197	2,197	2,197	2,197
94..........	2,065	2,065	2,005	2,065	2,065	2,065	2,065	2,065	2,065
95..........	1,918	1,918	1,918	1,918	1,918	1,918	1,918	1,918	1,918
96..........	1,759	1,759	1,759	1,759	1,759	1,759	1,759	1,759	1,759
97..........	1,583	1,583	1,583	1,583	1,583	1,583	1,583	1,583	1,583
98..........	1,383	1,383	1,383	1,383	1,383	1,383	1,383	1,383	1,383
99..........	1,132	1,132	1,132	1,132	1,132	1,132	1,132	1,132	1,132
100..........	0,824	0,824	0,824	0,824	0,824	0,824	0,824	0,824	0,824
101..........	0,551	0,551	0,551	0,551	0,551	0,551	0,551	0,551	0,551
102..........	"	"	"	"	"	"	"	"	"

Tableau IV. — *Complément de réserve destiné à faire face aux charges résultant du décès de la victime d'accident pendant le délai de revision pour 100 francs de salaire annuel. (Loi du 9 avril 1898, art. 19.)*

(Table de mortalité C. R. ou I. C. F. — Taux 3 p. 0/0.)

ÂGE	TABLE C R COMPLÉMENT DE RÉSERVE au début			TABLE I C F COMPLÉMENT DE RÉSERVE au début		
AU MOMENT DE L'ACCIDENT.	de la 1re année.	de la 2e année.	de la 3e année.	de la 1re année.	de la 2e année.	de la 3e année.
12 ans....................	4,15	3,02	1,64	80,11	42,42	17,86
13....................	4,76	3,44	1,86	81,39	43,24	18,25
14....................	5,38	3,86	2,07	82,66	44 .	18,60
15....................	5,98	4,26	2,27	83,91	44,76	18,95
16....................	6,56	4,64	2,46	85,09	45,48	19,29
17....................	7,08	4,98	2,61	86,23	46,16	19,60
18....................	7,52	5,25	2,73	87,29	46,77	19,87
19....................	7,86	5,44	2,81	88,20	47,27	20,07
20....................	8,08	5,54	2,84	89,05	47,72	20,25
21....................	8,14	5,53	2,80	89,78	48,07	20,36
22....................	8,08	5,44	2,74	90,36	48,31	20,44
23....................	7,93	5,32	2,68	90,94	48,58	20,54
24....................	7,75	5,19	2,61	91,51	48,86	20,64
25....................	7,57	5,08	2,56	92,19	49,20	20,79
26....................	7,45	5,02	2,55	92,93	49,62	20,97
27....................	7,40	5,02	2,56	93,83	50,14	21,22
28....................	7,42	5,04	2,58	94,87	50,73	21,47
29....................	7,47	5,09	2,61	95,97	51,33	21,75
30....................	7,54	5,15	2,63	97,18	52,03	22,06
31....................	7,61	5,19	2,65	97,19	52,04	22,06
32....................	7,68	5,24	2,68	97,16	52,03	22,06
33....................	7,76	5,20	2,71	97,18	52,03	22,06
34....................	7,86	5,37	2,76	97,18	52,03	22,06
35....................	8 .	5,49	2,83	97,18	52,03	22,06
36....................	8,19	5,64	2,92	97,18	52,03	22,06
37....................	8,44	5,83	3,02	97,18	52,03	22,06
38....................	8,73	6,04	3,13	97,18	52,03	22,06

| ÂGE | TABLE C R COMPLÉMENT DE RÉSERVE au début | | | TABLE I C F COMPLÉMENT DE RÉSERVE au début | | |
AU MOMENT DE L'ACCIDENT.	de la 1re année.	de la 2e année.	de la 3e année.	de la 1re année.	de la 2e année.	de la 3e année.
39 ans	9,03	6,24	3,23	97,18	52,03	22,06
40	9,33	6,44	3,33	97,18	52,03	22,06
41	9,63	6,64	3,44	97,18	52,03	22,06
42	9,92	6,85	3,55	97,18	52,04	22,06
43	10,26	7,09	3,69	97,18	52,04	22,06
44	10,67	7,41	3,87	97,18	52,03	22,06
45	11,20	7,81	4,11	97,18	52,04	22,06
46	11,87	8,33	4,40	97,18	52,03	22,06
47	12,68	8,93	4,73	97,18	52,04	22,06
48	13,63	9,62	5,10	97,19	52,04	22,06
49	14,66	10,36	5,49	96,92	51,71	21,70
50	15,73	11,10	5,87	96,90	51,69	22,06
51	16,82	11,85	6,26	97,44	52,35	22,42
52	17,90	12,59	6,64	97,73	52,69	22,42
53	18,98	13,33	7,02	98,04	52,69	22,42
54	20,07	14,10	7,43	97,98	53,01	22,78
55	21,23	14,92	7,87	95,22	53,03	22,81
56	22,45	15,79	8,34	98,56	53,33	23,14
57	23,77	16,74	8,86	99,10	53,99	23,45
58	25,21	17,70	9,43	99,69	54,32	23,50
59	26,80	18,94	10,06	100,52	54,96	24,23
60	28,55	20,22	10,77	101,01	55,55	24,23
61	30,51	21,67	11,57	101,95	56,33	25,00
62	32,71	23,29	12,47	103,02	57,25	25,68
63	35,18	25,12	13,50	104,12	58,22	26,40
64	37,97	27,21	14,67	105,75	59,84	27,48
65	41,09	29,52	15,95	107,69	61,47	28,20

NOTE EXPLICATIVE

sur l'emploi du Barème annexé à l'arrêté ministériel du 30 mars 1899.

L'article 7 du décret du 28 février 1899, qui porte règlement d'administration publique pour l'exécution de l'article 27 de la loi du 9 avril 1898, prescrit à toutes les Sociétés d'assurances contre les accidents, mutuelles ou à primes fixes, la constitution d'une réserve mathématique, afin de garantir le service des rentes mises à leur charge. Le montant de cette réserve n'est pas déterminé. Mais il doit égaler au moins un minimum dont on calculera facilement la valeur, en suivant les indications contenues dans la présente note et en utilisant les données du Barème annexé à l'arrêté ministériel du 30 mars 1899.

1ᵉʳ cas. — Rentes dues aux veuves et ascendants des victimes d'accidents mortels.

Le tableau I du barème indique le minimum de réserve pour 1 franc de rente viagère. Il suffit donc de calculer l'âge de l'ayant droit au moment où s'effectue la détermination de la réserve ; de lire, dans le tableau I, le prix de 1 franc de rente à cet âge ; et de multiplier ce prix par le montant de la rente à servir. On obtiendra ainsi le minimum de la somme à mettre en réserve.

Ainsi, pour une rente de 300 francs, dont le titulaire est âgé de 47 ans, le minimum de réserve sera de $300 \times 15,849 = 4,754$ fr. 70.

Dans ce cas, comme d'ailleurs dans tous les suivants, si l'âge de l'ayant droit est fractionnaire, il faut tout d'abord déterminer le prix correspondant au moyen d'une proportion. Par exemple :

à 47 ans, le prix est de......................	15,849
à 48 ans, le prix est de......................	15,496
Différence......................	0,353
dont le douzième est de......................	0,0294

Par conséquent,

à 47 ans 1 mois, le prix sera de...............	15,8196
à 47 ans 2 mois, le prix sera de...............	15,7902

Mais lorsqu'on calculera le minimum de réserve afférent à un groupe nombreux de rentiers, le calcul pourra se trouver simplifié par l'emploi d'âges arrondis. On négligera toute fraction d'année inférieure à 6 mois et on comptera pour une unité pleine toute fraction égale ou supérieure à la demi-année. Les petites erreurs commises se compenseront mutuellement et le résultat d'ensemble sera très suffisamment exact.

2ᵉ cas. — Rentes dues aux orphelins.

Dans ce second cas, on utilisera le tableau II, comme on a utilisé le tableau I dans le cas précédent.

Mais les rentes dues aux orphelins ne sont pas invariables comme celles que reçoivent les veuves et les ascendants. Elles se modifient, au contraire, suivant le nombre d'enfants appelés au partage de l'indemnité fixée par l'article 3 de la loi. Par exemple, si le salaire de la victime était de 1,000 francs, un groupe de 4 orphelins de père ou de mère reçoit 400 francs, soit 100 francs par tête. Mais dès qu'un des enfants vient à dépasser l'âge de 16 ans ou à décéder, les trois autres ne reçoivent plus que 350 francs, soit 116 fr. 66 par tête. Puis, le groupe de 2 touche 250 francs ou 125 francs par tête, et, enfin, le dernier ayant droit à une rente de 150 francs.

La détermination rigoureuse de la réserve minima convenant à un groupe donné exigerait des calculs longs et compliqués. On peut se contenter d'une approximation obtenue par la méthode suivante.

On supposera que chaque orphelin reçoit une rente égale à 15 p. 100 du salaire de la victime décédée, si l'enfant est orphelin de père ou de mère, et à 20 p. 100 de ce salaire, si l'enfant est orphelin de père et de mère. On multipliera cette rente (fictive lorsque le nombre des orphelins est supérieur à 1) par le prix correspondant à l'âge, d'après le tableau II. Puis on réduira le résultat, en moyenne, de

9 p. 100 pour tous les orphelins faisant partie d'un groupe de 2	—	—	3
16 —	—	—	3
24 —	—	—	4
33 —	—	—	5 ou plus.

Soit, par exemple, un groupe de trois orphelins de père ou de mère, respectivement âgés de 3, 7 et 9 ans, dont le père décédé touchait un salaire de 2,000 francs. Le calcul s'effectuera de la façon suivante :

$$300 \times 10,467 = 3,140 \text{ fr. } 10$$
$$300 \times 7,769 = 2,330 \text{ fr. } 70$$
$$300 \times 6,233 = 1,869 \text{ fr. } 90$$

Total . . . . 7,340 fr. 70
Moins 16 p. 100 . . . . 1,174 fr. 51
Reste . . . . 6,166 fr. 19

4° cas. — Rentes dues aux victimes atteintes d'une incapacité absolue et permanente de travail.

La valeur de ces rentes ne dépend pas seulement de l'âge atteint par le titulaire au moment de la détermination de la réserve, mais encore du temps écoulé depuis la date de l'accident qui a causé l'incapacité. Le tableau n° 3 qui indique le prix de la rente de 1 franc est donc beaucoup plus développé que les précédents. Pour l'utiliser, il faut d'abord chercher la colonne en tête de laquelle figure l'âge de la victime au moment où l'accident s'est produit. Dans cette colonne on cherche ensuite la ligne qui correspond à l'âge atteint au moment où l'on veut déterminer la réserve. On obtient ainsi le prix de 1 franc de rente, qu'on doit multiplier par le montant de la rente due.

Supposons qu'un ouvrier, blessé à l'âge de 27 ans, ait atteint l'âge de 34 ans, et soit en possession d'une rente de 800 francs. La valeur minima de la réserve à constituer pour lui sera de : 19,144 × 800 = 15,315 fr. 20.

Mais cette réserve doit être augmentée d'un certain complément pendant les trois premières années, parce que le décès du titulaire pendant cette période amènerait la constitution de rentes nouvelles au profit de ses ayants droit, en vertu de l'article 19 de la loi. Le minimum du complément est fourni par le tableau 4 (colonnes intitulées *Table I C F*), pour un salaire annuel de 100 francs. Ainsi un ouvrier âgé de 38 ans est blessé, atteint d'incapacité absolue et permanente, et reçoit une rente des deux tiers de son salaire, supposé égal à 1,200 francs, c'est-à-dire une rente de 800 francs. Le minimum de réserve à constituer pour lui sera, la première année, de :

$$800 \times 12{,}824 + 12 \times 97{,}18 = 10{,}259^f 20 + 1{,}166^f 16 = 11{,}425^f 36.$$

la 2ᵉ année de (1) :

$$800 \times 14{,}461 + 12 \times 52{,}03 = 11{,}568^f 80 + 624^f 36 = 12{,}193^f 16$$

la 3ᵉ année de :

$$800 \times 15{,}318 + 12 \times 22{,}06 = 12{,}254^f 40 + 264^f 72 = 12{,}519^f 12.$$

la 4ᵉ année de :

$$800 \times 15{,}766 \qquad (\text{plus de complément}) \qquad = 12{,}612^f 80$$

et ainsi de suite.

5ᵉ cas. — *Rentes dues aux victimes atteintes d'une incapacité partielle et permanente de travail.*

Dans ce dernier cas, la valeur de la rente dépend encore d'un nouvel élément, qui est l'importance de l'infirmité subie, mesurée par l'importance de la réduction de salaire ayant servi de base à la fixation de la rente. Le calcul de la Réserve minima doit alors être d'abord effectué comme si l'incapacité était absolue, en suivant la méthode exposée ci-dessus. Puis, il est effectué de nouveau comme si l'ayant droit était valide, en utilisant le tableau I pour la partie principale et le tableau IV (colonnes intitulées *Table CR*) pour le complément.

On obtient ainsi deux valeurs entre lesquelles il suffit enfin d'intercaler la valeur cherchée, au moyen d'une proportion, en modifiant la seconde d'une fraction de la différence égale à la fraction dont le salaire a été déclaré réduit par suite de l'accident.

Soit, par exemple, un ouvrier de 30 ans, recevant un salaire de 1,000 francs et atteint d'une incapacité qui a été jugée capable de réduire son salaire à 750 francs. La pension qui lui est attribuée est de 125 francs. Quel sera le minimum de réserve à constituer pour lui la première année?

S'il était atteint d'incapacité absolue, ce minimum serait de :

$$14{,}006 \times 125 + 97{,}18 \times 10 = 1{,}750^f 75 + 971^f 80 = 2{,}722^f 55$$

Si, au contraire, il était valide, sa rente et les rentes éventuelles de ses ayants droit devraient être estimées à :

$$20{,}888 \times 125 + 7{,}54 \times 10 = 2{,}604^f 75 + 75^f 40 = 2{,}680^f 15.$$

La différence entre ces deux valeurs est de 42 fr. 40.

La réduction de salaire étant de un quart, il faut ajouter le quart de 42 fr. 40 ou 10 fr. 60 à 2,680 fr. 15, ce qui donne 2,690 fr. 75.

On aurait de même pour la seconde année :

$$15{,}893 \times 125 + 52{,}03 \times 10 = 1{,}986^f 62 + 520^f 30 = 2{,}506^f 92$$
$$20{,}603 \times 125 + 5{,}15 \times 10 = 2{,}575^f 37 + 51^f 50 = 2{,}626^f 87$$

Différence............	119^f 95
1/4...................	29 99
Valeur cherchée.......	2,596 88

et ainsi de suite.

---

(1) L'accroissement de la réserve dans le cours des premières années est dû à la très grande mortalité qui décime à ce moment les victimes d'accidents graves et qui diminue bientôt pour faire place à la mortalité normale, chez les survivants.

ARRÊTÉ MINISTÉRIEL DU 31 MARS 1899

déterminant les conditions de recrutement des commissaires-contrôleurs des sociétés d'assurances contre les accidents du travail.

(Journal officiel du 2 avril 1899.)

LE MINISTRE DU COMMERCE, DE L'INDUSTRIE, DES POSTES ET DES TÉLÉGRAPHES,

Vu la loi du 9 avril 1898, concernant les responsabilités des accidents dont les ouvriers sont victimes dans leur travail ;

Vu le décret du 28 février 1899 portant règlement d'administration publique pour l'exécution de l'article 27 de cette loi et disposant notamment que les sociétés d'assurances contre les accidents du travail « sont soumises à la surveillance permanente de commissaires-contrôleurs sous l'autorité du Ministre du commerce » ;

Vu spécialement le premier alinéa de l'article 14 dudit décret, ainsi conçu :

« Les commissaires-contrôleurs sont recrutés dans les conditions déterminées par arrêté du Ministre du commerce, après avis du comité consultatif » ;

Vu l'avis du comité consultatif des assurances contre les accidents du travail ;

Sur la proposition du Conseiller d'État, directeur du travail et de l'industrie ;

ARRÊTE :

ART. 1er. Les commissaires-contrôleurs des sociétés d'assurances contre les accidents du travail sont recrutés au concours.

Les concours ont lieu suivant les besoins du service. Un arrêté ministériel détermine la date des épreuves et le délai dans lequel les demandes d'admission doivent être adressées au Ministère du Commerce. Le même arrêté fixe le nombre des places mises au concours et leur répartition entre les candidats ayant respectivement satisfait à l'une ou à l'autre des épreuves écrites prévues par l'article 5 ci-après (§ 1er. — C).

ART. 2. Nul ne peut être admis à prendre part au concours :

1° S'il ne justifie de la qualité de Français ;

2° S'il n'est âgé de plus de vingt-cinq ans et de moins de cinquante ans au 1er janvier de l'année pendant laquelle s'ouvre le concours.

Nul candidat ne peut être admis à prendre part à plus de deux concours.

ART. 3. Les demandes d'admission au concours doivent être accompagnées :

1° D'un extrait d'acte de naissance ;

2° D'un certificat de moralité dûment légalisé et d'un extrait du casier judiciaire, ces deux pièces datant de moins de trois mois ;

3° D'un acte constatant que le candidat a satisfait à la loi sur le recrutement ou, en cas d'exemption du service militaire, d'une pièce faisant foi de cette exemption et de ses causes ;

4° D'une note signée du candidat et faisant connaître les études auxquelles il s'est livré, ainsi que les différents emplois successivement occupés par lui;

5° Si le candidat appartient ou a appartenu à un service public, d'un relevé certifié de ses services;

6° Des diplômes, brevets ou certificats que le candidat aurait obtenus, ou de copies certifiées de ces pièces.

Art. 4. Le Ministre arrête la liste des candidats admis à concourir après avis d'une commission instituée pour chaque concours et composée :

1° De deux fonctionnaires du Ministère du commerce, dont l'un président;

2° De deux membres du comité consultatif des assurances contre les accidents du travail.

Les membres de cette commission sont nommés par le Ministre, qui désigne le président.

La Commission statue à la majorité des voix. En cas de partage, son avis est considéré comme défavorable à l'admissibilité.

Art. 5. Les épreuves ont lieu au Ministère du commerce et sont distribuées comme suit :

1° Épreuves écrites :

Coefficients.

A. — Rapport administratif (sur une question d'ordre général se rattachant à l'application de la législation sur les accidents du travail).................. 3

B. — Composition de comptabilité (Principes généraux de la comptabilité. Comptabilité spéciale des assurances).................................. 2

C. — Au choix du candidat, d'après la déclaration faite par lui dans sa demande d'admission au concours :

Composition juridique (Principes généraux de droit civil, commercial et administratif. Législation des accidents du travail, des assurances, des sociétés, des liquidations judiciaires et des faillites)..............................
Ou bien :
Composition financière (Théorie générale des opérations financières à long terme. Assurances sur la vie. Assurances contre les accidents)............... 2

2° Épreuve orale (sur deux sujets tirés au sort une heure avant les interrogations, parmi les matières des épreuves écrites obligatoires pour le candidat et préparés sans aucun livre ni document).............................. 2

3° Appréciation des titres, des certificats et de la carrière du candidat, dans leur rapport avec les fonctions de commissaire-contrôleur 2

Total................................... 11

Art. 6. Chacune des épreuves est appréciée par une note qui varie de 0 à 20 et qui est affectée du coefficient ci-dessus déterminé.

Nul candidat ne peut être déclaré admissible s'il n'a obtenu au moins la moitié du maximum des points pour chacune des épreuves et en même temps un total de 154 points.

Si plusieurs candidats ont, dans ces conditions, le même total de points, la priorité est assurée à celui d'entre eux qui a obtenu le plus grand nombre de points pour le *Rapport administratif.*

Art. 7. Le jury de chaque concours est composé :

1° De deux fonctionnaires du Ministère du commerce, dont l'un président ;

2° D'un professeur de faculté de droit ;

3° D'un membre agrégé de l'Institut des actuaires français ;

4° D'un professeur de comptabilité dans une école supérieure de commerce reconnue par l'État.

Les membres du jury sont nommés par le Ministre, qui désigne le président. Le jury statue à la majorité des voix. En cas de partage la voix du président est prépondérante.

Art. 8. Dans les cinq jours de la clôture des épreuves, le procès-verbal du concours et la liste de classement sont soumis au Ministre, qui prononce l'admissibilité suivant l'ordre de classement et pourvoit, au fur et à mesure des besoins, à la nomination de commissaires-contrôleurs adjoints.

Nul ne peut être nommé commissaire-contrôleur qu'après un stage d'une année dans les fonctions de commissaire-contrôleur adjoint.

Cette année expirée, le commissaire-contrôleur adjoint cesse son service, si, au vu de ses principaux rapports et travaux, le Ministre ne le nomme pas commissaire-contrôleur.

Art. 9. Par dérogation aux dispositions qui précèdent et en vue de permettre l'exécution du service au 1er juin prochain, les nominations à faire avant cette date seront arrêtées par le Ministre à la suite d'un concours sur titres, jugé par une commission constituée dans les conditions prévues à l'article 4 ci-dessus.

Pourront se présenter à ce concours tous les candidats âgés de plus de vingt-cinq ans et de moins de cinquante-cinq ans à la date de l'ouverture du concours, qui produiront les pièces visées à l'article 3 et justifieront des titres ou emplois ci-après : membre de l'Institut des actuaires français, ancien élève de l'École polytechnique ou de l'École normale supérieure (sciences), licencié en droit, chef de bureau au Ministère du commerce, au Ministère des finances ou à la Caisse des dépôts et consignations, membre de la Commission de surveillance des sociétés tontinières, ingénieur des arts et manufactures, ingénieur civil des mines, diplômé supérieur d'une école supérieure de commerce reconnue par l'État.

Art. 10. La commission visée par l'article précédent arrêtera la liste des candidats reconnus admissibles et désignera ceux qui, d'après leurs études et leur carrière antérieure, pourraient être dispensés du stage de commissaire-contrôleur adjoint.

Le Ministre statuera, suivant les besoins présumés du service, sans pouvoir nommer dans ces conditions exceptionnelles plus de trois commissaires-contrôleurs et de deux commissaires-contrôleurs adjoints, dans l'ordre de classement (1).

Paris, le 31 mars 1899.

PAUL DELOMBRE.

___

(1) Un arrêté du 15 juillet 1899 a toutefois décidé qu'en sus des nominations prévues au second alinéa de l'article 10 de l'arrêté du 31 mars 1899, le Ministre pourra nommer, au fur et à mesure des besoins du service, cinq commissaires-contrôleurs adjoints, dans l'ordre de classement arrêté par la Commission visée audit article ».

ARRÊTÉ MINISTÉRIEL DU 9 AVRIL 1899

fixant le cadre et les conditions d'avancement des commissaires-contrôleurs des sociétés d'assurances contre les accidents du travail.

(Journal officiel du 10 avril 1898.)

———

Le Ministre du Commerce, de l'Industrie, des Postes et des Télégraphes,

Vu la loi du 9 avril 1898, concernant les responsabilités des accidents dont les ouvriers sont victimes dans leur travail, spécialement le dernier alinéa de l'article 27;

Vu le décret du 28 février 1899, portant règlement d'administration publique pour l'exécution dudit article 27;

Vu l'arrêté ministériel du 31 mars 1899, déterminant les conditions de recrutement des commissaires-contrôleurs des sociétés d'assurances contre les accidents du travail;

Sur la proposition du Conseiller d'État, directeur du travail et de l'industrie;

Arrête :

Art. 1er. Le cadre des commissaires-contrôleurs des sociétés d'assurances contre les accidents du travail est fixé par le Ministre, suivant les besoins du service. Il comporte les classes et émoluments ci-après :

Commissaire-contrôleur adjoint, 4,500 francs;
Commissaire-contrôleur de 4e classe, 6,000 francs;
Commissaire-contrôleur de 3e classe, 7,000 francs;
Commissaire-contrôleur de 2e classe, 8,000 francs;
Commissaire-contrôleur de 1re classe, 10,000 francs;
Ces émoluments ne sont point soumis à retenues pour pensions civiles.

Art. 2. A l'expiration de leur première année de service, les commissaires-contrôleurs adjoints sont l'objet d'un rapport adressé par leur chef de service au Ministre. Ce rapport rend compte de leurs aptitudes, de leur conduite et de leur manière de servir; il est accompagné de leurs principaux travaux.

Le Ministre statue dans les conditions prévues par l'article 8 de l'arrêté du 31 mars 1899 susvisé.

Art. 3. La nomination à l'emploi de commissaire-contrôleur se fait à la dernière classe de cet emploi.

Les avancements de classe ont lieu au choix et sont effectués d'une classe à la classe immédiatement supérieure.

Nul ne peut être promu s'il ne compte au moins trois ans d'exercice dans la classe qu'il occupe.

Art. 4. Les avancements sont effectués d'après un tableau d'avancement arrêté à la fin de chaque année par le Ministre après avis du conseil visé à l'article 6 ci-après.

Ce tableau n'est valable que pour les promotions à faire pendant l'année suivante.

Art. 5. Les tournées d'inspection et les séances de service au ministère sont réglées par le Ministre, sur la proposition du chef de service.

Un congé d'un mois, au maximum, avec émoluments, peut être accordé chaque année.

Art. 6. Les mesures disciplinaires applicables aux commissaires-contrôleurs adjoints et aux commissaires-contrôleurs sont les suivantes :

La réprimande ministérielle;

La retenue d'émoluments, sans que cette retenue puisse excéder la moitié desdits émoluments pendant deux mois au plus;

La révocation.

La première de ces mesures est prononcée directement par le Ministre, sur le rapport du chef de service.

Les deux autres sont prononcées par le Ministre, après avis d'un conseil spécial composé du chef de service, d'un autre fonctionnaire de l'administration centrale du ministère du commerce, du chef du cabinet et du commissaire-contrôleur le plus ancien dans la classe la plus élevée. Le Ministre préside ce conseil ou en désigne le président.

L'intéressé doit être entendu par le conseil dans ses moyens de défense ou dûment appelé. Le procès-verbal de la séance dans laquelle l'intéressé a comparu ou, s'il y a lieu, sa défense écrite accompagne le rapport soumis au Ministre par le conseil.

Art. 7. Les commissaires-contrôleurs et les commissaires-contrôleurs adjoints doivent avoir leur résidence dans le département de la Seine ou dans le département de Seine-et-Oise.

Ils ne peuvent remplir aucun autre emploi ni se livrer à aucun travail rémunéré sans l'agrément de l'Administration.

Art. 8. Les inspections à Paris, dans le département de la Seine ou dans le département de Seine-et-Oise ne comportent pas de frais de tournée.

Pour les inspections dans les autres départements, les frais de déplacement et de séjour sont déterminés par décision ministérielle, et réglés sur états justificatifs.

Art. 9. Par dérogation aux dispositions de l'article 3 du présent arrêté, les commissaires-contrôleurs nommés avant le 1ᵉʳ juin 1899 dans les conditions exceptionnelles visées à l'article 10 de l'arrêté du 31 mars 1899 pourront être immédiatement nommés à l'une quelconque des classes ci-dessus prévues, en raison de leur situation et de leurs services antérieurs.

Paris, le 9 avril 1899.

PAUL DELOMBRE.

DÉCRET DU 2 MAI 1899

instituant une Commission consultative chargée d'examiner les questions relatives à l'application de l'article 5 de la loi du 9 avril 1898 (1).

(*Journal officiel* du 3 mai 1899.)

Le Président de la République française,

Sur le rapport du Président du Conseil, Ministre de l'intérieur et des cultes et du Ministre du commerce, de l'industrie, des postes et des télégraphes ;

Vu la loi du 9 avril 1898, concernant les responsabilités des accidents dont les ouvriers sont victimes dans leur travail, et notamment son article 5, qui prévoit pour les chefs d'entreprise la faculté de se décharger, pendant les trente, soixante ou quatre-vingt-dix premiers jours à partir de l'accident, de l'obligation de payer aux victimes les frais de maladie et l'indemnité temporaire, moyennant affiliation de leurs ouvriers à des sociétés de secours mutuels et acquitté-

---

(1) A l'appui de ce décret, le président du Conseil, Ministre de l'intérieur, et le Ministre du commerce soumettaient au Président de la République le rapport ci-après :

« Monsieur le Président, notre collègue, M. le Ministre des travaux publics, a récemment demandé au Ministère du commerce d'interpréter la portée de l'article 5 de la loi du 9 avril 1898, concernant les responsabilités des accidents dont les ouvriers sont victimes dans leur travail, en ce qui concerne la faculté, pour les chefs d'entreprise, de se décharger sur les sociétés de secours mutuels des frais médicaux et pharmaceutiques et de l'indemnité temporaire, pendant la première période consécutive aux accidents, selon que les victimes paraissent dès l'abord atteintes soit d'incapacité temporaire, soit d'incapacité permanente.

La gravité de cette question appelait une étude concertée entre le département du commerce, qui a mission de surveiller l'application générale de la loi du 9 avril 1898 sur les accidents, et le département de l'intérieur, qui a dans ses attributions l'exécution de la loi du 1er avril 1898 sur les sociétés de secours mutuels.

La difficulté ainsi soulevée ne semble d'ailleurs pas devoir être la seule, et il paraît certain que, sur bien des points, un accord préalable entre les deux départements s'imposera.

Dans cette prévision, vous voudrez bien sans doute apprécier avec nous, Monsieur le Président, l'intérêt que présenterait la constitution immédiate d'une commission interministérielle, qui pourrait comprendre, en outre du président, désigné par nos deux Ministères, six membres désignés directement, pour moitié, par chacun d'eux.

Cette commission, qui serait rattachée au Ministère du commerce, aurait mandat de coordonner rapidement, dans une orientation commune et avec le souci de solutions pratiques et simples, les mesures concertées qu'appelle l'application de l'article 5 de la loi du 9 avril 1898.

Nos deux départements, sans rien abandonner des initiatives et des responsabilités respectives qui leur incombent en la matière, trouveraient dans cette procédure, qui n'est pas sans précédents, un moyen efficace de prévenir des résolutions contradictoires ou divergentes et d'assurer, au mieux des multiples intérêts en jeu, une combinaison d'efforts également profitable et à la mutualité et à l'industrie..... »

ment d'une quote-part de la cotisation, déterminée d'un commun accord en conformité des statuts-types approuvés par le Ministre compétent ;

Vu la loi du 1ᵉʳ avril 1898, relative aux sociétés de secours mutuels,

Décrète :

Art. 1ᵉʳ. Il est institué une commission consultative chargée d'examiner les questions qui lui sont soumises, soit par le Ministre de l'intérieur, soit par le Ministre du commerce, en vue de l'application de l'article 5 de la loi du 9 avril 1898, susvisée.

Art. 2. Cette commission a son siège au Ministère du commerce.

Elle est composée de trois membres désignés par le Ministre de l'intérieur, de trois membres désignés par le Ministre du commerce et d'un président désigné de concert par les deux ministres (1).

Art. 3. Un arrêté du Ministre du commerce désigne le secrétaire de la commission.

Art. 4. Le président du Conseil, Ministre de l'intérieur et des cultes, et le Ministre du commerce, de l'industrie, des postes et des télégraphes sont chargés, chacun en ce qui le concerne, de l'exécution du présent décret, qui sera publié au *Journal officiel de la République française* et inséré au *Bulletin des lois.*

Fait à Paris, le 2 mai 1899.

ÉMILE LOUBET.

Par le Président de la République :

Le Président du Conseil, *Ministre de l'Intérieur et des Cultes,*	*Le Ministre du Commerce, de l'Industrie,* *des Postes et des Télégraphes,*
Charles DUPUY.	Paul DELOMBRE.

---

(1) Un second décret du 2 mai 1899 avait composé cette commission comme il suit :

1° *Président :* M. Louis Ricard, président de la commission d'assurance et de prévoyance sociales de la Chambre des députés.

2° *Membres désignés par le Ministère de l'intérieur :*

MM. Lourties, sénateur.

Barberet, chef du bureau des institutions de prévoyance au Ministère de l'intérieur.

Léon Marie, secrétaire général de l'Institut des actuaires français.

3° *Membres désignés par le Ministère du commerce :*

MM. Georges Paulet, directeur de l'assurance et de la prévoyance sociales au Ministère du commerce.

Chaufton, avocat au Conseil d'État et à la Cour de cassation.

Gruner, secrétaire général du Comité permanent du congrès international des accidents du travail et des assurances sociales.

ARRÊTÉ MINISTÉRIEL DU 5 MAI 1899

complétant les arrêtés des 29 et 30 mars 1899
relatifs aux sociétés d'assurances contre les accidents du travail.

(*Journal officiel* du 7 mai 1899.)

LE MINISTRE DU COMMERCE, DE L'INDUSTRIE, DES POSTES ET DES TÉLÉGRAPHES,

Vu la loi du 9 avril 1898, concernant les responsabilités des accidents dont les ouvriers sont victimes dans leur travail ;

Vu le décret du 28 février 1899, portant règlement d'administration publique pour l'exécution de l'article 27 de la loi, et spécialement les articles 2 et 6 dudit décret ;

Vu l'arrêté ministériel du 29 mars 1899, déterminant les bases des cautionnements que doivent constituer les sociétés d'assurances contre les accidents du travail ;

Vu l'arrêté ministériel du 30 mars 1899, déterminant les primes prévues à l'article 6 du décret du 28 février 1899 et à l'article 2 de l'arrêté du 29 mars 1899 susvisés ;

Vu l'avis du Comité consultatif des assurances contre les accidents du travail ;

Sur la proposition du conseiller d'État, directeur du travail et de l'industrie,

ARRÊTE :

ART. 1er. Pour les sociétés d'assurances dont les statuts limitent les opérations aux exploitations agricoles, viticoles et forestières, ainsi qu'aux entreprises industrielles y annexées, sous condition que ces dernières ne soient point assujetties à la patente et fassent l'objet de polices spéciales, le cautionnement prévu par l'article 2 du décret du 28 février 1899 susvisé est fixé :

1° Pour la première année de fonctionnement sous le régime dudit décret, à 40,000 francs ;

2° Pour les années ultérieures, à une somme correspondant à 10 centimes par hectare d'immeubles agricoles et à 2 p. 100 du total des salaires assurés dans les entreprises annexes, sans que ladite somme puisse toutefois être inférieure à 40,000 francs ni supérieure à 200,000 francs.

Le cautionnement peut être réduit de moitié dans le cas spécifié par l'article 3 de l'arrêté du 29 mars 1899, le minimum étant alors réduit à 20,000 francs et le maximum à 100,000 francs.

ART. 2. S'il est justifié que les primes provisoirement déterminées par l'arrêté ministériel du 30 mars 1899, en exécution de l'article 6 du décret du 28 février 1899 et de l'article 2 de l'arrêté du 29 mars suivant, sont supérieures au risque moyen réel majoré d'un chargement de 20 p. 100, des décisions ministérielles spéciales peuvent autoriser, jusqu'au 1er janvier 1900, pour les professions intéressées la substitution de la prime brute réelle à la prime déterminée par l'arrêté susvisé.

Ces décisions sont prises après avis d'une commission, qui apprécie la valeur des statistiques ou documents produits.

La commission est composée de cinq membres, choisis par le Ministre parmi les membres du comité consultatif des assurances contre les accidents du travail (1).

Paris, le 5 mai 1899.

PAUL DELOMBRE.

---

(1) En vertu d'un arrêté ministériel du 19 mai 1899 cette commission est composée comme il suit :

MM. MARUÉJOULS, député, ancien Ministre du commerce, de l'industrie, des postes et des télégraphes, *président*.

Georges PAULET, directeur de l'assurance et de la prévoyance sociales au Ministère du commerce.

GRUNER, ingénieur civil des mines, secrétaire du comité central des houillères.

MATEN, président du syndicat des compagnies d'assurances à primes fixes contre les accidents.

PINARD, administrateur délégué de la caisse d'assurances mutuelles des chambres syndicales contre les accidents du travail.

CIRCULAIRE DU MINISTRE DES TRAVAUX PUBLICS

DU 5 MAI 1899

concernant l'application aux mines, minières et carrières de la loi du 9 avril 1898.

Monsieur le Préfet, la loi du 9 avril 1898 sur les accidents du travail, qui a été publiée dans le *Journal officiel* du 10 avril, doit, en vertu de son article 33, entrer en vigueur le 1ᵉʳ juin prochain, à la suite de la promulgation, le 28 février dernier, des règlements d'administration publique nécessaires à son exécution.

Les mines, minières et carrières figurent à l'article 1ᵉʳ de cette loi parmi les établissements qui y sont assujettis. Vous recevrez de M. le Ministre du commerce, de l'industrie, des postes et des télégraphes, de qui dépend plus spécialement cette législation, ou vous aurez à lui demander les instructions générales qui peuvent vous être utiles pour son application aux exploitations minérales comme à toutes autres industries. Toutefois la loi m'a remis exceptionnellement le soin d'intervenir dans certaines circonstances : tel est le cas de l'article 6, relatif aux conventions qui peuvent être passées avec mon approbation entre les exploitants de mines, minières et carrières et les sociétés de secours constituées dans ces entreprises en vertu du titre III de la loi du 29 juin 1894.

C'est ce point que je me propose de traiter dans la présente circulaire, après m'être concerté avec M. le Ministre du commerce, de l'industrie, des postes et des télégraphes.

La loi du 9 avril 1898 a, vous le savez, Monsieur le Préfet, fixé la nature et la quotité des indemnités dues suivant les circonstances aux victimes des accidents du travail et à leurs ayants droit. Il faut distinguer à cet égard entre les rentes pour le cas de mort ou d'incapacité permanente, absolue ou partielle, d'une part, et, d'autre part, les soins médicaux et pharmaceutiques et les indemnités pécuniaires pour incapacité temporaire.

Afin de garantir le service des rentes, il est nécessaire de recourir à des combinaisons mettant en jeu le plus grand nombre possible d'intéressés ; l'expérience a montré, au contraire, que les soins médicaux et pharmaceutiques et les indemnités pour incapacité temporaire ne peuvent être assurés dans de bonnes conditions pour tous les intérêts en cause que si leur règlement dépend d'organismes locaux exerçant leur action dans un rayon relativement restreint. Cette pensée a inspiré les deux articles 5 et 6 de la loi du 9 avril 1898. Les sociétés de secours mutuels et, pour les mines, minières et carrières, les sociétés de secours du titre III de la loi du 29 juin 1894 étaient spécialement indiquées pour jouer le rôle que je viens de dire. Elles offrent à leurs participants toutes garanties pour la protection de leurs droits ; et, si les conventions entre elles et les chefs d'entreprises sont rationnellement conçues, elles évitent, — ce qui est pour tous un point capital, — les contestations si délicates entre intéressés sur la date où cesse l'incapacité temporaire et à laquelle par conséquent les indemnités ne sont plus dues. La société de secours fonctionne au regard de l'exploitant comme une société d'assurance; mais c'est une société d'assurance dont l'ouvrier connaît les sentiments de solidarité et de dévouement à son égard et à l'équité de laquelle l'exploitant peut s'en remettre.

Il appartient exclusivement à ces sociétés et aux exploitants de convenir des bases de l'accord à conclure entre eux dans ce but. J'examinerai avec le plus vif désir de les accueillir toutes les propositions rationnelles qui me seront présentées à cet effet. Je crois, toutefois, devoir attirer spécialement l'attention des intéressés sur le mode que le législateur paraît avoir visé en édictant l'article 6 dans les termes qu'il lui a donnés. Cette solution consiste à fixer la subvention de l'exploitant comme dans un système de prime à une société d'assurance; elle formerait une allocation d'une quotité à déterminer d'après les statistiques, payée à forfait et calculée, soit par participant et par an, ce qui serait la forme la plus simple, soit par journée de travail de participant, ce qui pourrait être plus exact, mais moins commode, et partant moins pratique.

L'allocation par participant pourrait comprendre en bloc, pour les cas d'incapacité temporaire, les frais médicaux, les frais pharmaceutiques et une indemnité quotidienne d'une quotité déterminée; elle pourrait aussi être fractionnée, en parties correspondant à ces divers chefs, et de la sorte l'indemnité pécuniaire pourrait varier suivant la catégorie de l'ouvrier.

La société de secours ne peut s'engager à se substituer au chef d'entreprise, aux termes de l'article 5, que pour une durée d'incapacité de quatre-vingt-dix jours au plus. Au delà, les charges doivent retomber directement sur l'exploitant. Celui-ci et la société pourraient toutefois s'entendre pour continuer le service des blessés au delà de ce terme, mais strictement alors dans le système du remboursement pur et simple des dépenses effectivement supportées à ce titre par la société.

Les statistiques qui devront servir de bases au calcul de ces subventions devront être fournies par les données des années antérieures de l'entreprise ou d'entreprises analogues. Faute de disposer de données assez exactes et pour les avoir dans l'avenir, l'exploitant et la société pourront être portés à s'entendre pour appliquer, pendant une première période d'essai, ce système du remboursement effectif, auquel il faudra toujours préférer, pour l'incapacité temporaire, suivant les intentions formelles du législateur, le système des primes ou du forfait.

Hors ces cas où, par suite de circonstances spéciales, on serait conduit à admettre le système du remboursement, toute convention qui me sera transmise pour approbation devra être accompagnée des éléments justificatifs, et notamment des statistiques, qui auront servi de base au calcul des subventions.

Pour que le système de subvention par primes puisse donner quelque certitude dans une seule entreprise, il convient que la convention ait une certaine durée, sauf à la réduire dans la première période pour mieux profiter des renseignements de l'expérience.

A raison des renouvellements qu'elle est appelée à subir, cette convention ne devra pas être insérée dans les statuts; elle formera un acte distinct qui sera une annexe des statuts.

La Société de secours devra séparer, dans sa comptabilité comme dans ses relevés statistiques annuels, tant en recettes qu'en dépenses, le service des blessés de celui des malades et infirmes, sauf à ventiler pour le mieux, entre les deux comptabilités, les dépenses communes, telles que des honoraires fixes payés à des médecins.

Il me reste deux observations spéciales à présenter :

Il est loisible à une société de secours d'astreindre les participants à ne recourir qu'au service médical par elle organisé; en ce cas, l'ouvrier perd la faculté que lui donnerait l'article 4, 2ᵉ paragraphe, de faire choix lui-même de son médecin.

Généralement l'indemnité pécuniaire que la société de secours donnera au blessé sera inférieure à celle à laquelle il a droit en vertu de l'article 3 ou de l'article 8 de la loi du 9 avril 1898. L'article 5, dernier paragraphe, stipule que le chef d'entreprise doit alors verser la différence à la victime, sauf à la lui faire parvenir par l'intermédiaire de la société de secours. Celle-ci ne doit jamais avoir à discuter avec l'exploitant, ni avec l'intéressé, la quotité de l'indemnité effectivement due à ce dernier en vertu de la loi, ce qui implique la discussion du montant exact du salaire. Une pareille contestation doit rester entre l'exploitant et l'ouvrier.

Vous trouverez ci-joint le texte de la partie des articles 1, 2, 3, 4, 5, 6 et 8 de la loi du 9 avril 1898 qu'exploitants et sociétés de secours peuvent avoir besoin de connaître pour les questions traitées dans la présente circulaire.

J'ai l'honneur de vous en envoyer un nombre d'exemplaires suffisant pour en remettre un à chaque exploitant et à chaque société de secours de votre département. J'en adresse directement ampliation aux ingénieurs des mines.

Je vous prie de vouloir bien m'accuser réception du présent envoi.

Recevez, Monsieur le Préfet, l'assurance de ma considération la plus distinguée.

Le Ministre des Travaux publics,

C. KRANTZ.

DÉCRET DU 10 MAI 1899

relatif à l'application de l'article 6 de la loi du 9 avril 1898.

(*Journal officiel* du 11 mai 1899.)

LE PRÉSIDENT DE LA RÉPUBLIQUE FRANÇAISE,

Sur le rapport du Ministre du commerce, de l'industrie, des postes et des télégraphes,

Vu l'avis du Ministre des travaux publics, en date du 3 mai 1899;

Vu la loi du 9 avril 1898, concernant les responsabilités des accidents dont les ouvriers sont victimes dans leur travail;

Vu spécialement l'article 6, prévoyant pour tous les industriels autres que les exploitants de mines, minières et carrières, la faculté de se décharger des frais et indemnités mentionnées à l'article 5 de la même loi sur des caisses particulières de secours constituées en conformité du titre III de la loi du 29 juin 1894, sous réserve de l'approbation du Ministre du commerce et de l'industrie;

Vu le décret du 28 février 1899, portant règlement d'administration publique pour l'exécution de l'article 27 de la loi, et notamment son article 16;

Vu l'avis du Comité consultatif des assurances contre les accidents du travail,

DÉCRÈTE :

ART 1ᵉʳ. Pour les caisses de secours constituées dans les industries autres que les mines, minières et carrières, en vertu de l'article 6 de la loi du 9 avril 1898 susvisée et conformément à la loi du 29 juin 1894, les attributions conférées par le titre III de cette dernière loi au conseil général des mines et aux ingénieurs des mines sont respectivement exercées, sous l'autorité du Ministre du commerce et de l'industrie, par le Comité consultatif des assurances contre les accidents du travail et par des agents de surveillance spécialement délégués à cet effet.

ART. 2. Le Ministre du commerce, de l'industrie, des postes et des télégraphes est chargé de l'exécution du présent décret, qui sera publié au *Journal officiel* de la République française et inséré au *Bulletin des lois*.

Fait à Paris, le 10 mai 1899.

ÉMILE LOUBET.

Par le Président de la République :

*Le Ministre du Commerce, de l'Industrie,
des Postes et des Télégraphes,*

PAUL DELOMBRE.

TARIF PRÉVU PAR L'ARTICLE 28
de la loi du 9 avril 1898.

(TABLE DE MORTALITÉ C. R. — TAUX 3 1/2 P. O/O.)

[*La loi du 9 avril 1898 a prévu, dans son article 28, pour le versement à la Caisse nationale des retraites du capital représentatif des pensions dues par les chefs d'entreprise ou les assureurs, l'établissement d'un tarif spécial tenant compte de la mortalité des victimes d'accidents et de leurs ayants droit.*

La Caisse nationale des retraites a élaboré ce tarif qui figure intégralement au Journal officiel du 10 mai 1899, et dont l'application se trouve précisée dans une notice annexe.]

ARRÊTÉ DU MINISTRE DE L'INTÉRIEUR

DU 16 MAI 1899

relatif aux statuts-types à insérer, pour l'exécution de l'article 5 de la loi du 9 avril 1898, dans les statuts des sociétés de secours mutuels qui se proposent de contracter avec les chefs d'entreprise dans les conditions spécifiées par ledit article.

(*Journal officiel* du 17 mai 1899.)

LE PRÉSIDENT DU CONSEIL, MINISTRE DE L'INTÉRIEUR ET DES CULTES,

Vu l'article 5 de la loi du 9 avril 1898;

Vu le décret du 2 mai 1899, instituant une commission chargée de la préparation des statuts-types prévus par cet article,

ARRÊTE :

ART. 1er. Les sociétés de secours mutuels peuvent, dans les conditions prévues à l'article 5 de la loi du 9 avril 1898, passer avec des chefs d'entreprise des conventions à l'effet de prendre à forfait, en cas d'accidents entraînant une incapacité temporaire de travail, la charge de payer à ceux de leurs membres participants occupés par ces chefs d'entreprise les frais de maladie et l'indemnité journalière ou partie seulement de cette indemnité.

La convention peut également stipuler le payement des mêmes frais ou indemnités en cas d'accidents entraînant la mort ou une incapacité permanente.

ART. 2. La convention prévue à l'article 1er est passée par le conseil, sous réserve de l'approbation par l'assemblée générale. Elle est conclue pour une durée de ... et se poursuit par la tacite reconduction, sauf aux intéressés à la dénoncer dans le délai de ...

ART. 3. Les chefs d'entreprise peuvent affilier aux sociétés, avec leur consentement et sans condition de durée de résidence, ceux de leurs ouvriers et employés qui n'en sont point encore membres participants.

ART. 4. Les allocations des chefs d'entreprise sont calculées en vue de couvrir entièrement les charges supplémentaires qu'assument les sociétés en vertu de la convention prévue à l'article 1er.

Elles ne peuvent être inférieures au tiers du montant des cotisations statutaires pour les secours en cas de maladie et pour les frais de gestion des sociétés.

ART. 5. Les allocations prévues par la convention sont payables par les chefs d'entreprise toutes les ... (quinzaines, mois, trimestres, etc.) et d'avance.

ART. 6. Les sociétés, à partir du cinquième jour après l'accident et pendant la durée fixée par la convention (30, 60 ou 90 jours), fournissent à leurs membres participants blessés par le fait ou à l'occasion du travail les soins médicaux et pharmaceutiques et l'indemnité journalière prévue dans les statuts.

Dans le cas où l'indemnité journalière statutaire n'atteint pas 50 p. 100 du salaire journalier touché au moment de l'accident, le complément est payé aux victimes, soit directement par les chefs d'entreprise, soit par les sociétés, moyennant remboursement par les chefs d'entreprise, soit directement par les sociétés, si elles ont consenti cette charge spéciale dans la convention.

Les frais et indemnités dus au delà du délai spécifié par la convention et jusqu'au moment de la guérison, de l'entrée en jouissance d'une pension ou du décès, sont payés soit directement par les chefs d'entreprise, soit par les sociétés, à charge de remboursement par les chefs d'entreprise.

Art. 7. Les sociétés doivent fournir et les participants sont tenus d'accepter les secours médicaux et pharmaceutiques dans les conditions fixées aux statuts.

En cas d'accidents régis par la loi du 9 avril 1898, ces soins, ainsi que les indemnités convenues, sont fournis pendant toute la période pour laquelle les chefs d'entreprise ont payé l'allocation stipulée au contrat, même si les participants n'ont point payé leur cotisation personnelle statutaire.

Art. 8. Les directeurs du cabinet et du personnel et du secrétariat sont chargés, chacun en ce qui le concerne, de l'exécution du présent arrêté.

Fait à Paris, le 16 mai 1899.

CHARLES DUPUY.

LOI DU 24 MAI 1899

étendant, en vue de l'application de la loi du 9 avril 1898, les opérations de la Caisse nationale d'assurances en cas d'accidents.

(Journal officiel du 25 mai 1899.)

Le Sénat et la Chambre des Députés ont adopté,

Le Président de la République promulgue la loi dont la teneur suit :

Art. 1er. Les opérations de la Caisse nationale d'assurances en cas d'accidents, créée par la loi du 11 juillet 1868, sont étendues aux risques prévus par la loi du 9 avril 1898, pour les accidents ayant entraîné la mort ou une incapacité permanente, absolue ou partielle.

Les tarifs correspondants seront, avant le 1er juin 1899, établis par la Caisse nationale d'assurances en cas d'accidents et approuvés par décret rendu sur le rapport du Ministre du commerce, de l'industrie, des postes et des télégraphes, et du Ministre des finances.

Les primes devront être calculées de manière que les risques et les frais généraux d'administration de la caisse soient entièrement couverts, sans qu'il soit nécessaire de recourir à la subvention prévue par la loi du 11 juillet 1868.

Art. 2. La loi du 9 avril 1898 ne sera appliquée qu'un mois après le jour où la caisse des accidents aura publié ses tarifs au *Journal officiel* et admis les industriels à contracter des polices, et où ces tarifs auront été approuvés par décret rendu sur le rapport du Ministre du commerce, de l'industrie, des postes et des télégraphes et du Ministre des finances.

En aucun cas, cette prorogation ne pourra excéder le 1er juillet 1899.

La présente loi, délibérée et adoptée par le Sénat et par la Chambre des députés, sera exécutée comme loi de l'État.

Fait à Paris, le 24 mai 1899.

ÉMILE LOUBET.

Par le Président de la République :

Le Ministre du Commerce, de l'Industrie,
des Postes et des Télégraphes,
PAUL DELOMBRE.

Le Ministre des Finances,
P. PEYTRAL.

DÉCRET DU 26 MAI 1899

approuvant les tarifs établis par la Caisse nationale d'assurances en cas d'accidents en conformité de la loi du 24 mai 1899 (1).

(Journal officiel du 27 mai 1899.)

Le Président de la République française,

Sur le rapport du Ministre du commerce, de l'industrie, des postes et des télégraphes, et du Ministre des finances;

Vu la loi du 11 juillet 1868, portant création de deux caisses d'assurances : l'une en cas de décès, l'autre en cas d'accidents résultant de travaux agricoles et industriels;

Vu la loi du 9 avril 1898, concernant les responsabilités des accidents dont les ouvriers sont victimes dans leur travail;

Vu la loi du 24 mai 1899, étendant les opérations de la Caisse nationale d'assurances en cas d'accidents aux risques prévus par la loi du 9 avril 1898, et spécialement l'article 1er, deuxième alinéa, de ladite loi, ainsi conçu :

« Les tarifs correspondants seront, avant le 1er juin 1899, établis par la Caisse nationale d'assurances en cas d'accidents et approuvés par décret rendu sur le rapport du Ministre du commerce, de l'industrie, des postes et des télégraphes, et du Ministre des finances »,

DÉCRÈTE :

Art. 1er. Sont approuvés, en conformité de la loi du 24 mai 1899, les tarifs établis par la Caisse nationale d'assurances en cas d'accidents, tels qu'ils sont annexés au présent décret.

Art. 2. Le Ministre du commerce, de l'industrie, des postes et des télégraphes et le Ministre des finances sont chargés, chacun en ce qui le concerne, de l'exécution du présent décret, qui sera publié au *Journal officiel* de la République française et inséré au *Bulletin des lois.*

Fait à Paris, le 26 mai 1899.

ÉMILE LOUBET.

Par le Président de la République :

<table>
<tr><td>Le Ministre du Commerce, de l'Industrie,
des Postes et des Télégraphes,
Paul DELOMBRE.</td><td>Le Ministre des Finances,
P. PEYTRAL.</td></tr>
</table>

---

(1) Ce décret est aujourd'hui remplacé par le décret du 21 août 1900.

DÉCRET DU 8 JUIN 1899

admettant à circuler en franchise certaines correspondances échangées
en exécution de la loi du 9 avril 1898 sur les accidents du travail.

(*Journal officiel* du 10 juin 1899.)

LE PRÉSIDENT DE LA RÉPUBLIQUE FRANÇAISE,

Vu les articles 1 et 2 de l'ordonnance du 17 novembre 1844 sur les franchises postales ;

Vu la loi du 9 avril 1898, concernant les responsabilités des accidents dont les ouvriers sont victimes dans leur travail ;

Vu les règlements d'administration publique du 28 février 1899, rendus pour exécution des articles 26 et 27 de la loi du 9 avril 1898 précitée ;

Sur le rapport du Ministre du commerce, de l'industrie, des postes et des télégraphes,

DÉCRÈTE :

ART. 1er. Sont admises à circuler en franchise par la poste dans toute la République :

1° La correspondance de service échangée, sous plis fermés, entre le Ministre du commerce, de l'industrie, des postes et des télégraphes et les commissaires-contrôleurs chargés de la surveillance des compagnies d'assurances mutuelles et à primes fixes contre les accidents ;

2° La correspondance officielle échangée, sous bande, entre le Directeur général de la Caisse des dépôts et consignations, d'une part, et les juges de paix, les greffiers des cours, des tribunaux et des justices de paix, d'autre part.

ART. 2. Le Ministre du commerce, de l'industrie, des postes et des télégraphes est chargé de l'exécution du présent décret, qui sera inséré au *Bulletin des lois*.

Fait à Paris, le 8 juin 1899.

ÉMILE LOUBET.

Par le Président de la République :

*Le Ministre du Commerce, de l'Industrie,
des Postes et des Télégraphes,*
PAUL DELOMBRE.

DÉCRET DU 10 JUIN 1899

admettant à la franchise postale] les correspondances échangées entre la Caisse des dépôts et consignations et les ingénieurs en chef des mines et des ponts et chaussées.

(Journal officiel du 11 juin 1899.)

Le Président de la République française,

Vu les articles 1 et 2 de l'ordonnance du 17 novembre 1844 sur les franchises postales;

Sur le rapport du Ministre du commerce, de l'industrie, des postes et des télégraphes,

Décrète :

Art. 1er. Est admise à circuler en franchise, par la poste, dans toute la République, la correspondance, sous plis fermés, échangée entre le Directeur général des Caisses d'amortissement et des dépôts et consignations, d'une part, et les ingénieurs en chef des mines et des ponts et chaussées, d'autre part.

Art. 2. Le Ministre du commerce, de l'industrie, des postes et des télégraphes est chargé de l'exécution du présent décret, qui sera inséré au *Bulletin des lois*.

Paris, le 10 juin 1899.

ÉMILE LOUBET.

Par le Président de la République :

Le Ministre du Commerce, de l'Industrie,
des Postes et des Télégraphes,
Paul DELOMBRE.

CIRCULAIRE DU GARDE DES SCEAUX

DU 10 JUIN 1899.

Monsieur le Procureur général, les responsabilités encourues à l'occasion des accidents du travail étaient réglées, jusqu'à ce jour, par les articles 1382 et suivants du Code civil. L'ouvrier victime de l'accident ou ses ayants droit, en cas de décès, n'obtenaient une indemnité qu'à la condition de prouver qu'il y avait eu faute du chef d'entreprise ou de ses préposés. Dans le cas où cette preuve était administrée, la réparation devait être intégrale, à moins qu'il n'y eût, à la fois, faute du patron et faute de la victime, entraînant un partage de responsabilité et, par voie de suite, une atténuation de l'indemnité.

Cet état de choses avait pour conséquence de subordonner fréquemment la réparation du préjudice aux résultats, toujours incertains, d'un procès long et difficile pendant lequel la victime restait dénuée de ressources. A un autre point de vue, il plaçait la victime dans une situation encore plus douloureuse et contraire à l'équité. Un grand nombre d'accidents sont dus, en effet, à des causes qui déjouent toutes les prévisions; elles tiennent aux forces mises en œuvre par l'industrie moderne, et que l'homme ne peut pas toujours maîtriser. Il n'était pas juste que ce risque fût entièrement supporté par l'ouvrier.

La statistique a permis d'établir que, sur cent accidents, vingt-cinq peuvent être attribués à la faute de l'ouvrier, vingt à la faute du patron, huit à la faute combinée du patron et de l'ouvrier, quarante-sept à des cas fortuits ou de force majeure ou à des causes indéterminées. L'ouvrier subissait non seulement la charge de sa faute, faute bien souvent excusable, mais encore celle des cas fortuits ou de force majeure, ou encore des accidents dans lesquels la faute du patron ne pouvait pas être établie. Dans les deux tiers des cas, il était donc déchu de tout droit à une indemnité.

Cette constatation suffit pour démontrer que l'application du droit commun ne répondait plus aux conditions du travail, et aux risques résultant de la transformation de l'industrie et du développement de l'outillage. A une situation nouvelle, il fallait un droit nouveau. Brisant avec les formules anciennes, le législateur y a pourvu en introduisant dans cette matière le principe du risque professionnel et de l'indemnité forfaitaire.

En vertu du risque professionnel, le chef d'industrie est de plein droit responsable de l'accident, en dehors de toute idée de faute. Mais par une juste compensation qu'il fallait admettre sous peine de faire supporter à l'industrie une charge trop lourde, l'indemnité n'est que partielle; elle est établie à forfait, d'après un tarif qui a pour base le salaire de la victime.

Toutes les infortunes résultant du travail seront désormais secourues dans la mesure compatible avec le souci de ménager les forces des chefs d'entreprise. Les rapports entre le capital et le travail deviennent ainsi plus équitables, et on a pu dire avec raison que la loi, qui les établit sur ces bases nouvelles, a fait œuvre d'humanité et réalisé, au point de vue social, un progrès considérable.

Cette loi a été promulguée le 9 avril 1898 et publiée au *Journal officiel* du lendemain. Elle est complétée par quatre décrets des 28 février et 5 mars 1899, dont l'un porte établissement d'un tarif applicable aux greffiers des justices de paix, et par plusieurs arrêtés ministériels.

Elle devait être mise à exécution à partir du 1ᵉʳ juin 1899, mais le point de départ de son application s'est trouvé reporté au 1ᵉʳ juillet prochain en vertu de la loi du 24 mai 1899 édictée en vue de permettre aux chefs d'industrie de s'assuter à une caisse d'État contre les risques encourus à l'occasion des accidents entraînant la mort ou une incapacité permanente. L'article 2 de cette dernière loi porte, en effet, que la loi du 9 avril 1898 ne sera appliquée qu'un mois après le jour où la caisse des accidents aura publié ses tarifs au *Journal officiel* et admis les industriels à contracter des assurances; le même article ajoute qu'en aucun cas la prorogation ne pourra excéder le 1er juillet 1899. Or les tarifs susvisés ont été publiés au *Journal officiel* du 27 mai, et une note qui y est annexée porte que les demandes des chefs d'entreprise, qui veulent contracter une assurance, sont reçues à partir du 1er juin.

Je n'entreprendrai pas de donner un commentaire, même abrégé, de la loi nouvelle. Ce travail exigerait de longs développements et ne serait pas ici à sa place. Je dois me borner à signaler les dispositions qui intéressent plus spécialement les tribunaux et, en particulier, les magistrats cantonaux. Ceux-ci ont à jouer un rôle important; la bonne exécution de la loi dépend, en partie, du zèle éclairé qu'ils apporteront dans l'accomplissement de leurs fonctions.

Dans un premier chapitre, je m'efforcerai de délimiter le champ d'application de la loi. Les chapitres suivants seront consacrés à la fixation des indemnités, à la compétence et à la procédure, à l'assistance judiciaire et aux dispositions exceptionnelles qui ont pour objet d'alléger les frais de justice. Enfin, je rechercherai si la loi nouvelle peut exercer quelque influence sur les instances déjà nées ou à naître à l'occasion d'accidents survenus avant le 1er juillet 1899.

CHAPITRE PREMIER.

DOMAINE D'APPLICATION DE LA LOI.

La loi ne s'étend pas indistinctement à toute la classe des travailleurs, non plus qu'à tous les accidents, d'une nature quelconque, dont les ouvriers ou les employés peuvent être victimes. Son champ d'application est circonscrit dans les limites qui apparaissent par la détermination de trois éléments relatifs : 1° aux industries assujetties au régime du risque professionnel; 2° aux conditions dans lesquelles doit se produire l'accident; 3° aux personnes responsables et à celles qui peuvent se prévaloir du principe de la responsabilité légale.

§ 1er.

Industries assujetties.

ART. 1er. L'article 1er de la loi du 9 avril 1898 fait une distinction : il énumère limitativement les établissements auxquels la loi s'applique toujours et sans condition; viennent ensuite les autres exploitations, en général, dans lesquelles l'application de la loi est subordonnée soit à la fabrication ou à la mise en œuvre de matières explosives, soit à l'usage d'une machine mue par une force autre que celle de l'homme ou des animaux.

Les établissements de la première catégorie comprennent :

1° *L'industrie du bâtiment.* C'est-à-dire toutes les industries qui se rattachent à la construction des édifices : taille de pierre, maçonnerie, charpenterie, menuiserie, couverture, peinture, vitrerie, serrurerie...;

2° *Les usines et manufactures.* La différence entre ces deux sortes d'établissements est assez difficile à fixer. D'une manière générale, la manufacture est l'établissement où la main-d'œuvre domine et dans lequel s'opère la fabrication d'objets déterminés. Les usines servent à la préparation des matières premières en vue de leur application à des usages industriels.

La loi s'applique-t-elle aux ateliers, par exemple, aux ateliers de tailleurs d'habits, de cordonniers, de chapeliers, d'emballeurs...., où le patron participe généralement au travail manuel des ouvriers qu'il emploie?

Sur ce point, il s'est produit, au cours de l'élaboration de la loi, des opinions contradictoires. La question est donc douteuse, et il appartiendra aux tribunaux de la trancher;

3° *Les chantiers.* Il s'agit ici du groupement, dans un emplacement déterminé, d'un certain nombre d'ouvriers employés à la préparation des matériaux, à des terrassements ou à des travaux quelconques, en vue de la construction d'édifices, de ponts, de canaux, de routes...;

4° *Les entreprises de transport par terre et par eau, de chargement ou de déchargement.* Il faut qu'il s'agisse d'une entreprise, c'est-à-dire d'opérations spécialisées par un industriel dans un but de lucre. Ainsi, le chef d'une exploitation non assujettie ne tomberait pas sous l'empire de la loi pour le transport, le chargement et le déchargement de ses produits ou des matières qui lui sont nécessaires, à moins qu'il n'employât des voitures ou des appareils mus par une force élémentaire, c'est-à-dire par une force autre que celle de l'homme ou des animaux.

L'expression *entreprise de transport par terre et par eau,* quelque générale qu'elle soit, ne s'étend pas aux transports maritimes. Les conséquences des accidents dont les marins sont victimes dans l'exercice de leur profession, sont réglées par la loi du 21 avril 1898, qui a créé, dans ce but, une caisse de prévoyance;

5° *Les magasins publics.* La loi a assujetti les docks, magasins généraux, monts-de-piété, les salles de vente publiques et les entrepôts de douane;

6° *Les mines, minières, carrières.* Leur définition se trouve dans les articles 1 à 4 de la loi du 21 avril 1810.

Les établissements non compris dans la nomenclature de la première partie de l'article 1er de la loi, notamment les exploitations agricoles (1), ne sont pas soumis, en principe, au régime du risque professionnel. Ils ne sont assujettis que lorsqu'il y est fabriqué ou mis en œuvre des matières explosives, ou encore lorsqu'il y est fait usage d'une machine mue par une autre force que celle de l'homme ou des animaux.

Le simple usage de matières explosives ne suffirait pas. Par exemple, la loi ne s'appliquerait pas à un établissement par cela seul qu'on y ferait usage du gaz ou de l'acétylène comme mode d'éclairage; il faut qu'il y ait manipulation, mise en œuvre.

Ajoutons que les exploitations qui sont susceptibles d'être soumises, sous certaines conditions, aux dispositions de la loi, ne doivent s'entendre que des établissements ayant un caractère commercial ou industriel. Ainsi, un laboratoire de chimie, annexé à une faculté, échappe au régime du risque professionnel.

Il semble également que la loi ne doive pas s'appliquer au travail des détenus dans les prisons, ou des personnes internées dans les asiles d'aliénés.

Lorsque la fabrication ou la mise en œuvre de substances explosives ou l'usage d'une machine mue par une force élémentaire, a lieu dans une partie

---

(1) « La Chambre des députés a adopté, dans sa séance du 8 juin 1899, une proposition de loi qui va être transmise au Sénat et qui est relative aux conditions d'application de la loi du 9 avril 1898, en ce qui concerne les accidents causés dans les exploitations agricoles par l'emploi de machines mues par des moteurs inanimés. »

une exploitation bien délimitée, cette partie. L'exploitation est seule soumise au risque professionnel. Mais les ouvriers qui y sont attachés peuvent se prévaloir des dispositions de la loi nouvelle pour tous les accidents dont ils sont victimes par le fait ou à l'occasion du travail, alors même que la cause en serait étrangère à la manipulation des substances explosives ou au fonctionnement de la machine.

§ II.

Accidents.

Art. 1er et 20. L'accident, tel qu'il faut l'entendre dans notre matière, consiste dans une lésion corporelle provenant de l'action soudaine d'une cause extérieure.

La loi ne s'applique pas aux maladies professionnelles, provenant d'une cause lente et durable, telle que l'air vicié des locaux où s'effectue le travail, la manipulation de substances vénéneuses, l'absorption de poussières nuisibles à la santé.

L'accident n'entraîne l'application du risque professionnel, que lorsqu'il est survenu par le fait ou à l'occasion du travail, c'est-à-dire lorsque la lésion subie par la victime a une cause inhérente au travail, ou qu'elle s'y rattache par un lien plus ou moins étroit.

Cette condition étant remplie, il importe peu que l'accident se produise hors de l'établissement et même en dehors des heures de travail. Il convient, sans doute, de se garder d'un abus d'interprétation qui donnerait à la loi une trop grande extension. Ainsi, l'ouvrier qui fait une chute et se blesse en se rendant à son travail ne saurait certainement se prévaloir du risque professionnel. Mais la loi reprendrait son empire si le même accident survenait, en dehors de l'usine, à un ouvrier chargé d'une mission extérieure.

D'autre part, l'accident n'est pas à la charge du patron par cela seul qu'il est produit sur le lieu et aux heures du travail. La responsabilité du chef d'entreprise est dégagée si la cause de l'accident est complètement étrangère au travail.

Il semble qu'à ce point de vue il y ait lieu de faire une distinction entre les cas de force majeure et les cas fortuits.

L'événement de force majeure est étranger à l'exploitation; on peut citer comme exemples, la foudre, l'inondation, un tremblement de terre. Le dommage qui en résulte ne me paraît pas garanti par le risque professionnel, à moins que les effets de l'événement de force majeure n'aient été aggravés, pour les ouvriers ou employés, par l'exercice de l'industrie dans laquelle ils sont occupés.

De même que la force majeure, le cas fortuit déjoue les prévisions humaines, mais il a sa cause dans le fonctionnement même de l'exploitation. Ici, la responsabilité du chef d'entreprise est engagée. Le principal objet de la loi est de soustraire l'ouvrier aux conséquences de ces risques et des dangers inévitables qu'entraîne l'exercice d'une industrie.

Lorsque l'accident est survenu par le fait ou à l'occasion du travail, la victime a droit à une indemnité, et cette indemnité est fixée d'après un tarif qui ne tient aucun compte des circonstances de l'événement. Ce tarif invariable s'applique même lorsque l'accident résulte d'une faute du patron ou d'une faute de l'ouvrier.

Toutefois, cette règle fléchit lorsque la victime a intentionnellement provoqué l'accident ou lorsqu'il y a eu faute inexcusable, soit de l'ouvrier, soit du patron ou de ceux qu'il s'est substitués dans la direction.

Dans le premier cas, aucune indemnité ne peut être allouée à la victime. Dans les deuxième et troisième cas, les tribunaux ont la faculté de diminuer le chiffre de la pension résultant de l'application du tarif, ou de l'augmenter en restant dans la limite fixée par l'article 20.

§ III.

*Des personnes responsables
et de celles qui peuvent se prévaloir du risque professionnel.*

Art. 1er, 2, 3, 32. Les personnes responsables sont celles qui dirigent l'exploitation ou l'industrie et qui en recueillent les bénéfices, depuis les grandes sociétés qui ont dans leur dépendance un personnel considérable, jusqu'au petit patron qui n'emploie qu'un nombre restreint d'ouvriers.

La loi ne fait d'exception que pour l'ouvrier qui, travaillant seul d'ordinaire, s'adjoint accidentellement un ou plusieurs de ses camarades. Cette collaboration accidentelle ne suffit pas pour lui conférer la qualité de patron qui suppose des rapports durables de direction d'un côté et de subordination de l'autre.

Il est à peine besoin d'ajouter que le bénéfice de la loi ne peut pas être invoqué par un ouvrier qui loue son travail à un particulier. L'ouvrier est alors son propre patron, personne ne le commande dans son travail et il lui appartient de prendre lui-même toutes les précautions nécessaires pour se préserver d'un accident.

Les chefs des industries visées dans l'article 1er sont assujettis quelle que soit leur qualité. La loi s'applique non seulement aux entreprises privées, mais aussi aux entreprises similaires de l'État, des départements, des communes et des établissements publics. L'assimilation est complète même en ce qui touche les dispositions relatives à la compétence, qui échappe dans tous les cas aux tribunaux administratifs.

Toutefois, aux termes de l'article 32, il est fait exception à l'égard de deux catégories d'ouvriers, savoir :

1° Les ouvriers, apprentis et journaliers appartenant aux ateliers de la Marine ;

2° Les ouvriers immatriculés des manufactures d'armes dépendant du Ministère de la guerre.

En plaçant ce personnel sous le régime de la loi concernant les accidents, on lui aurait fait une situation moins avantageuse que celle dont il jouissait déjà.

Les personnes admises à se prévaloir du risque professionnel sont tous les ouvriers et employés occupés dans les établissements visés à l'article 1er, depuis l'ingénieur jusqu'au simple apprenti, sans distinction de sexe ni de nationalité, à la condition que l'ouvrier ou l'employé relève de la direction du chef d'industrie. Ainsi, l'ouvrier qui exécute chez lui des travaux à la tâche, en dehors de la surveillance de celui qui l'emploie, n'a aucune action contre ce dernier.

Toutefois, l'importance du salaire et la nationalité de la victime ne sont pas toujours sans influence sur le mode de règlement de l'indemnité.

Lorsque le salaire annuel dépasse 2,400 francs, le tarif établi par la loi ne fonctionne pleinement que jusqu'à concurrence de cette somme. Au delà, l'ouvrier n'a droit, à moins de convention contraire, qu'au quart des rentes et indemnités allouées par l'article 3. Cette disposition a pour objet d'alléger les charges de l'industrie, tout en fournissant à la victime ce qui lui est indispensable pour assurer sa subsistance et celle de sa famille.

L'ouvrier étranger, victime d'un accident, qui cesse de résider sur le territoire français, reçoit, à ce moment, pour toute indemnité, un capital égal à trois fois la rente qui lui avait été allouée. En cas de décès, ses représentants ne reçoivent aucune indemnité s'ils ne résidaient pas en France au moment de l'accident.

CHAPITRE II.

DES INDEMNITÉS.

ART. 3 à 10 et 23 à 27. Les accidents peuvent avoir des conséquences plus ou moins graves. La loi les a classés dans quatre catégories, selon qu'ils entraînent: 1° une incapacité absolue et permanente; 2° une incapacité partielle et permanente; 3° la mort de la victime; 4° une incapacité temporaire.

Tout d'abord, le chef d'entreprise supporte les frais médicaux et pharmaceutiques, et, le cas échéant, les frais funéraires.

Les frais médicaux et pharmaceutiques sont payés, en entier, par le patron, lorsque ce dernier a désigné le médecin ou que la victime est soignée dans un hôpital. Rien ne s'oppose d'ailleurs à ce que l'ouvrier blessé choisisse lui-même son médecin; mais, pour éviter des abus, la loi a décidé que, dans ce cas, le chef d'entreprise ne serait plus tenu que jusqu'à concurrence de la somme fixée par le juge de paix, conformément aux tarifs adoptés dans chaque département en exécution de la loi du 15 juillet 1893, sur l'assistance médicale et gratuite.

Les frais funéraires sont évalués à une somme de cent francs, au maximum.

A ce premier élément de réparation vient s'en joindre un autre, de beaucoup le plus important, qui consiste dans l'allocation de pensions ou d'indemnités, fixées d'après un tarif réglé par les articles 3, 8 et 10 de la loi.

L'article 3 fixe le taux de la pension ou de l'indemnité eu égard au salaire et en tenant compte des conséquences de l'accident. Les articles 8 et 10 sont relatifs à la détermination du salaire, qui sert de base à la pension ou à l'indemnité.

S I.

TAUX DES PENSIONS OU INDEMNITÉS.

ART. 3, 5 et 6. Il convient de distinguer selon que l'accident est classé, en raison de sa gravité, dans une des quatre catégories que nous avons indiquées au début de ce chapitre.

Incapacité absolue et permanente. C'est l'incapacité qui rend l'ouvrier impotent et l'empêche de se livrer à tout jamais à un travail utile. C'est, par exemple, la perte de la vue.

La victime reçoit une pension viagère égale aux deux tiers de son salaire annuel.

Incapacité partielle et permanente. Dans ce cas, la capacité de la victime ne disparaît pas complètement; elle est seulement diminuée.

La pension allouée est égale à la moitié de la réduction que l'accident aura fait subir au salaire.

Décès de la victime. La mort de l'ouvrier laisse généralement sa famille sans ressources. La loi vient à son secours en distinguant trois catégories d'ayants droit:

1° Le conjoint;

2° Les enfants;

3° Les ascendants et les descendants autres que les enfants.

Le conjoint survivant, non divorcé ni séparé de corps, reçoit une pension viagère égale à 20 p. o/o du salaire annuel de la victime, à la condition que le mariage ait été contracté avant l'accident. Un nouveau mariage lui fait perdre le droit à la pension; mais il lui est alors alloué, à titre d'indemnité totale, une somme égale au triple de cette pension.

En ce qui concerne des enfants, la loi donne les mêmes droits aux enfants légitimes et aux enfants naturels reconnus avant l'accident. A tous ceux qui sont mineurs de 16 ans, elle assure une pension qui leur est servie jusqu'à ce qu'ils aient atteint cet âge.

Cette pension varie selon que les ayants droit restent orphelins de père et de mère ou qu'ils ont encore un de leurs auteurs.

Dans le premier cas, chacun des enfants reçoit une rente calculée sur le salaire de la victime, à raison de 20 p. o/o. L'ensemble de ces rentes ne saurait dépasser 60 p. o/o du salaire.

Dans le second cas, la rente est de 15 p. o/o du salaire s'il n'y a qu'un enfant, de 25 p. o/o s'il y en a deux, de 35 p. o/o s'il y en a trois et de 40 p. o/o s'il y en a quatre ou un plus grand nombre. Cette rente s'ajoute à celle allouée au conjoint survivant; on peut donc arriver à une allocation totale représentant 60 p. o/o du salaire; ce chiffre n'est jamais dépassé.

Si la victime laisse des enfants d'un premier lit concourant avec le conjoint survivant, il semble que les pensions leur revenant doivent être, s'il y a lieu, réduites à 40 p. o/o, de telle sorte que le conjoint conserve sa rente sans diminution et que la charge du débiteur ne dépasse pas le chiffre maximum de 60 p. o/o du salaire.

Dans l'hypothèse où il y aurait à la fois des enfants nés les uns d'un premier et les autres d'un second mariage de la victime, la pension du conjoint survivant serait encore respectée; la pension allouée à chaque groupe d'enfants en conformité des dispositions de la loi subirait une réduction proportionnelle destinée à ramener l'allocation totale dans la limite du maximum ci-dessus indiqué.

Les ascendants et les descendants n'ont droit à une pension qu'à une double condition. Il faut:

1° Qu'il n'y ait pas de conjoint survivant, ni d'enfants mineurs de seize ans;

2° Que les réclamants aient été à la charge de la victime au moment de l'accident. Il faut de plus que les descendants n'aient pas atteint l'âge de seize ans.

Il est alloué à chacun des ayants droit une rente égale à 10 p. o/o du salaire annuel de la victime, sans que le total puisse être supérieur à 30 p. o/o. Si ce chiffre était dépassé, chaque rente subirait une réduction proportionnelle.

La présence d'un conjoint divorcé ou séparé de corps n'enlèverait pas aux ascendants ou aux descendants leur droit à une indemnité. Il en serait de même dans le cas où la victime ne laisserait que des enfants tous majeurs de seize ans.

La question de savoir si les ascendants ou les descendants étaient à la charge de la victime relève de l'appréciation des tribunaux: c'est une pure question de fait.

Je rappelle que les représentants de l'ouvrier étranger n'ont rien à réclamer s'ils ne résidaient pas en France au moment où l'accident s'est produit. Mais, cette condition étant remplie, le service de la pension leur serait continué même s'ils retournaient plus tard dans leur pays.

Incapacité temporaire. La loi ne distingue pas entre l'incapacité partielle et l'incapacité absolue. L'indemnité à allouer à la victime pendant le temps que dure son état d'invalidité est toujours de la moitié du salaire touché au moment de l'accident.

v

L'indemnité n'est due que si l'incapacité de travail a duré plus de quatre jours et seulement à partir du cinquième jour. On a voulu éviter ainsi des simulations qui sont toujours plus faciles en matière d'accidents légers.

J'ai déjà indiqué qu'il n'est rien alloué à la victime qui a intentionnellement provoqué l'accident, mais la faute inexcusable du patron ou de l'ouvrier est ici sans influence sur le chiffre de l'indemnité. C'est seulement lorsqu'il s'agit de fixer la pension, due en cas de décès ou d'incapacité permanente, absolue ou partielle, que les tribunaux sont autorisés à prendre en considération la faute inexcusable du patron ou de l'ouvrier pour majorer ou diminuer le chiffre de la pension.

Aucune convention ne peut soustraire le chef d'industrie à la stricte exécution des obligations que la loi lui impose (art. 3o). Toutefois les articles 5 et 6 dérogent à ce principe.

L'article 5 permet au chef d'entreprise de se décharger, pendant les trente, soixante ou quatre-vingt-dix premiers jours de l'accident, de l'obligation de payer aux victimes les frais de maladie et l'indemnité temporaire, à la condition de justifier :

1° Qu'il a affilié ses ouvriers à une société de secours mutuels dont les statuts renferment les clauses spéciales comprises dans un statut type approuvé par le Ministre de l'intérieur;

2° Qu'il a pris à sa charge une quote-part de la cotisation, fixée d'un commun accord entre lui et ses ouvriers, mais qui ne doit jamais être inférieure au tiers de cette cotisation;

3° Que la société assure à ses membres, en cas de blessures, pendant trente soixante ou quatre-vingt-dix jours, les soins médicaux et pharmaceutiques et une indemnité journalière.

Si l'indemnité journalière servie par la Société est inférieure à la moitié du salaire quotidien de la victime, le chef d'entreprise est tenu de lui verser la différence.

L'article 6 de la loi, répondant au même ordre d'idée, vise plus spécialement les exploitants de mines, minières ou carrières.

Une loi du 29 juin 1894 a prévu et réglé, pour les entreprises d'exploitation de mines, minières ou carrières la constitution de caisses ou de sociétés de secours. Les chefs d'entreprise sont tenus de contribuer par une quote-part égale à la moitié des cotisations des ouvriers. Il leur suffira, pour se décharger des frais et indemnités mentionnés dans l'article 5 de la loi du 9 avril 1898, de verser à ces caisses une subvention annuelle. Le montant et les conditions de la subvention devront être acceptés par les sociétés et approuvés par le Ministre des travaux publics.

Dans un dernier paragraphe, l'article 6 décide que les dispositions que nous venons d'analyser et qui sont relatives aux exploitants de mines, minières ou carrières, s'appliqueront à tous autres chefs d'industrie, lorsque ceux-ci auront créé, en faveur de leurs ouvriers, des caisses particulières de secours en conformité du titre III de la loi du 29 juin 1894. Dans ce cas, le montant et les conditions de la subvention annuelle destinée à les exonérer, seront soumis à l'approbation du Ministre du commerce et de l'industrie.

§ II.

Salaire de base.

ART. 3, 8 et 10. La détermination du salaire qui sert de base à l'indemnité, varie selon que l'accident a entraîné la mort de l'ouvrier ou une incapacité permanente, ou qu'il a seulement pour effet d'infliger à la victime une incapacité temporaire. J'envisagerai successivement ces deux hypothèses.

A. *Accident suivi de mort ou d'une incapacité permanente.* L'indemnité est alors accordée sous la forme d'une pension annuelle; elle doit donc avoir pour base le salaire annuel.

Le salaire s'entend de tout ce qui est alloué à l'ouvrier en représentation de son travail, soit en argent, soit en nature. La partie du salaire payée en nature est évaluée selon l'usage du lieu.

a) Lorsque l'ouvrier a été employé dans l'industrie pendant les douze mois qui ont précédé l'accident, le salaire comprend, aux termes de l'article 10, «la rémunération effective qui lui a été allouée pendant ce temps».

L'emploi des mots «rémunération effective» soulève une difficulté. Doit-on en conclure qu'en cas de chômage de l'ouvrier, par exemple pour cause de maladie, il n'y aurait pas à tenir compte du salaire que la victime aurait pu gagner pendant la durée du chômage? Cette solution rigoureusement conforme au texte, peut être combattue par des arguments tirés des travaux préparatoires. Dans son rapport au Sénat, M. Thévenet a exprimé l'opinion qu'on remplacera le salaire qui a manqué pendant l'interruption du travail, par une appréciation qui aura pour base le salaire gagné pendant le reste de l'année.

Quoi qu'il en soit, les juges de paix devront avoir soin, en procédant à l'enquête prévue par les articles 12 et 13, de recueillir des renseignements sur la durée et les causes des chômages éprouvés par l'ouvrier pendant les douze derniers mois.

b) Lorsque l'ouvrier est occupé depuis moins de douze mois dans une industrie fonctionnant régulièrement toute l'année, le salaire annuel s'entend de la rémunération effective qu'il a reçue depuis son entrée dans l'établissement, augmentée de la rémunération moyenne qu'ont reçue, pendant la période nécessaire pour compléter les douze mois, les ouvriers de la même catégorie.

c) Certaines industries, comme les fabriques de sucre, ne travaillent qu'une partie de l'année. Il en est d'autres qui, ouvertes toute l'année, ne fonctionnent pas pendant tous les jours de la semaine. Dans ces divers cas, on obtient le salaire de base en ajoutant au salaire alloué à l'ouvrier le gain qu'il a réalisé pendant le temps du chômage. Ce gain comprend non seulement ce que l'ouvrier a pu gagner en travaillant pour autrui, mais encore les bénéfices qu'il a réalisés en travaillant pour son propre compte, par exemple en cultivant son champ s'il est propriétaire.

d) La loi renferme des dispositions spéciales applicables au cas où la victime est un ouvrier mineur de 16 ans, dont la rémunération est généralement minime ou un apprenti qui ne touche pas de salaire. Le chiffre de la pension est alors établi en prenant pour base le salaire le plus bas des ouvriers valides de la même catégorie occupés dans l'entreprise.

B. *Accident suivi d'une incapacité temporaire.* L'ouvrier atteint d'une incapacité temporaire, a droit à une indemnité quotidienne pendant la durée du chômage qui lui est imposé. C'est le salaire touché au moment de l'accident qui sert de base à cette indemnité.

Lorsque le salaire varie d'un jour à l'autre, ce qui peut se produire fréquemment, notamment lorsque le travail est payé à la tâche, le salaire de base sera une moyenne établie sur un nombre de jours suffisant pour que le résultat représente, aussi exactement que possible, les ressources dont l'ouvrier disposait quotidiennement au moment de l'accident.

En ce qui concerne l'ouvrier mineur de 16 ans et l'apprenti, le salaire de base ne doit pas être inférieur au salaire le plus bas des ouvriers valides de la même catégorie employés dans l'industrie.

Toutefois, l'indemnité de l'ouvrier âgé de moins de 16 ans ne peut pas dépasser le montant de son salaire. L'apprenti ne saurait être soumis à cette limitation puisqu'il n'est pas payé; il touchera donc quelquefois une indemnité supérieure à celle de l'ouvrier mineur de 16 ans.

Au surplus, la détermination du salaire de base pourra donner lieu dans certains cas à des difficultés d'interprétation qu'il appartiendra aux tribunaux de trancher.

§ III.

Forme de l'indemnité. — Garanties de payement. — Action contre les tiers.

A. — FORME DE L'INDEMNITÉ.

Art. 3, 9 et 21. Le législateur a voulu que la réparation due, en cas d'accident, à la victime ou à ses ayants droit, leur fût allouée sous la forme d'une pension qu'il déclare incessible et insaisissable. Il a craint qu'un capital versé à des personnes généralement peu expérimentées ne fût aisément dissipé, tandis qu'une pension fournit à celui qui la reçoit une ressource assurée.

Il y a lieu de remarquer que les dispositions de la loi sont d'ordre public; l'article 30 frappe de nullité toute convention dérogatoire.

Toutefois, les articles 21 et 9 apportent quelques exceptions à ces règles.

1° Les parties peuvent, après détermination du chiffre de l'indemnité, décider que le service de la pension sera suspendu et remplacé, tant que l'accord subsistera, par un autre mode de réparation.

Cette convention ne crée d'ailleurs qu'un état de choses essentiellement provisoire, susceptible de cesser, à tout instant, par la volonté d'une seule des parties.

2° Le conjoint survivant, bénéficiaire d'une pension, est libre de s'entendre avec le débiteur pour substituer à la rente qui lui est allouée, le payement d'un capital.

3° La même faculté est accordée à tout titulaire d'une pension, sans distinction, lorsque cette pension n'est pas supérieure à cent francs.

4° Enfin, l'article 9, § 1er, décide que lors du règlement définitif de la rente viagère, après le délai de révision prévu à l'article 19, la victime peut demander que le quart au plus du capital nécessaire à l'établissement de cette rente, calculé d'après les tarifs dressés pour les victimes d'accidents par la caisse de retraites pour la vieillesse, lui soit attribué en espèces.

Les parties intéressées ne peuvent pas s'entendre à l'amiable au sujet de cette conversion. Elle doit être demandée au tribunal qui apprécie souverainement si elle est conforme à l'intérêt sagement entendu de la victime. Il statue en chambre du Conseil.

La même procédure s'applique dans une autre hypothèse dont il me reste à parler.

L'article 9, § 2, autorise la victime à demander, toujours après l'expiration du délai de révision, que le capital nécessaire à l'établissement de la rente, ou ce capital réduit du quart au plus comme il est dit dans le premier paragraphe du même article, serve à constituer sur sa tête une rente viagère réversible, pour moitié au plus, sur la tête de son conjoint. La charge incombant au débiteur ne doit pas être aggravée; la rente viagère sera donc, en pareil cas, diminuée.

B. — GARANTIES DE PAYEMENT.

ART. 23 À 27. L'examen du titre IV de la loi, relatif à cet objet, me ferait sortir du cadre que je me suis tracé. Je signalerai seulement ce qui me paraît essentiel.

En matière d'accidents, l'hypothèque judiciaire disparaît en principe. Les seules décisions emportant hypothèque sont celles rendues au profit de la caisse nationale des retraites pour la vieillesse, lorsqu'elle exerce son recours contre les chefs d'entreprise ou les compagnies d'assurance et les syndicats de garantie, dans l'hypothèse qui sera ci-après indiquée.

Les garanties organisées par la loi sont les suivantes :

1° Les créances pour pensions ou indemnités sont, tout d'abord, privilégiées sur le cautionnement ou la réserve dont la constitution est imposée aux sociétés d'assurances mutuelles ou à primes fixes, auxquelles le chef d'industrie a pu s'adresser pour se couvrir du risque professionnel.

La réserve se distingue du cautionnement en ce qu'elle a pour objet de faire face aux risques déjà liquidés, alors que le cautionnement a trait aux risques non encore réalisés. La réserve peut donc être calculée d'une façon en quelque sorte mathématique puisqu'elle répond à des charges connues; les titulaires des pensions ou des indemnités temporaires sont sûrs d'y trouver, à tout événement, une somme suffisante pour les désintéresser. Le cautionnement ne peut être établi qu'approximativement, d'après un calcul de probabilités.

2° Les créances relatives aux frais médicaux, pharmaceutiques ou funéraires ainsi qu'aux indemnités allouées en cas d'incapacité temporaire, jouissent du privilège de l'article 2101 du Code civil sur la généralité des biens du chef d'industrie. Ce privilège est inscrit sous le n° 6, après celui accordé pour les fournitures de subsistances au débiteur et à sa famille.

3° En ce qui concerne les pensions, c'est-à-dire les indemnités allouées en cas de décès ou d'incapacité absolue, la loi met les créanciers à l'abri de tout danger.

Elle a constitué un fonds de garantie, qui est géré par la Caisse nationale des retraites pour la vieillesse et qui est alimenté par les industries assujetties au moyen de centimes additionnels à la contribution des patentes et d'une taxe spéciale sur les mines. Lorsque les chefs d'industrie et les compagnies avec lesquelles ils ont contracté, ou les syndicats de garantie auxquels ils se sont affiliés, ne payent pas les arrérages de la pension, ce payement est effectué par la Caisse des retraites pour la vieillesse sur le fonds de garantie. La caisse exerce ensuite son recours contre qui de droit.

Les conditions de payement et les formes du recours sont déterminées par le premier décret du 28 février 1899, rendu en exécution de l'article 26 de la loi. Les juges de paix ont à intervenir. La lecture du décret précité suffira, d'ailleurs, pour les renseigner complètement sur le rôle qu'ils ont à remplir.

C. — ACTION CONTRE LES TIERS.

ART. 2 ET 7. L'article 2 de la loi du 9 avril 1898 porte que « les ouvriers ou « employés désignés à l'article précédent ne peuvent se prévaloir, à raison des « accidents dont ils sont victimes dans leur travail, d'aucunes dispositions autres « que celles de la présente loi ».

Le législateur a réglé d'une façon exclusive les rapports entre patrons et ouvriers à l'occasion des accidents du travail. Il ne leur permet pas de sortir du cadre qu'il a tracé : c'est ainsi que l'ouvrier ne pourrait pas renoncer à se prévaloir des dispositions de la loi et réclamer, en vertu de l'article 1382 du Code civil, une plus forte indemnité que celle résultant du tarif dont les éléments ont été précédemment exposés.

Mais cette règle ne s'applique pas aux rapports entre la victime et les personnes autres que les chefs d'industrie, leurs préposés ou leurs ouvriers, qui seraient responsables de l'accident dans les termes du droit commun.

Dans ce cas, l'article 7 de la loi permet à la victime ou à ses représentants et, à leur défaut, au patron subrogé dans leurs droits, d'exercer contre les tiers responsables l'action du droit commun. Si l'indemnité mise à la charge des tiers est égale ou supérieure au montant de l'indemnité forfaitaire, le chef d'entreprise n'a rien à payer ; dans le cas où elle est inférieure, il est seulement tenu de parfaire la différence.

CHAPITRE III.

PRESCRIPTION, COMPÉTENCE, PROCÉDURE, REVISION DES INDEMNITÉS.

§ Ier.

Prescription.

ART. 18. L'action découlant du risque professionnel se prescrit par un an à partir du jour de l'accident.

On a voulu, au point de vue de la paix sociale, que les questions qui naissent des accidents industriels fussent résolues dans un bref délai. Il était également nécessaire de ne pas laisser les chefs d'industrie sous le coup de réclamations tardives et par cela même suspectes. La présomption de responsabilité qui pèse sur eux trouve sa contre-partie dans une courte prescription.

§ II.

Compétence.

ART. 15, 16 ET 17. Les articles 15 et 16 de la loi attribuent la connaissance des litiges au juge du lieu de l'accident. Cette compétence *ratione loci* qui déroge au droit commun se justifie par les facilités qu'elle donne pour l'instruction et l'accélération des procès.

Les actions sont portées, selon la nature de l'indemnité réclamée, devant le juge de paix ou devant le tribunal civil.

Le juge de paix connaît de toutes les demandes relatives aux frais de maladie, aux frais funéraires et aux indemnités temporaires. Par une seconde dérogation au droit commun, ses décisions sont rendues en dernier ressort à quelque chiffre que la demande puisse s'élever. Elles sont seulement susceptibles d'opposition lorsqu'elles ont été rendues par défaut. Elles peuvent aussi être attaquées par la voie de recours en cassation pour excès de pouvoir.

Les demandes tendant à l'allocation de pensions, c'est-à-dire toutes les demandes autres que celles relatives aux frais de maladie, aux frais funéraires et aux indemnités temporaires, sont soumises au tribunal civil du lieu de l'accident. Les jugements sont susceptibles d'appel, conformément au droit commun. La voie de l'opposition et celle du recours en cassation restent également ouvertes comme en toute autre matière.

§ III.

Procédure.

Avant de m'occuper de la procédure proprement dite soit devant les justices de paix, soit devant les tribunaux civils, j'ai à fournir quelques explications sur les dispositions contenues dans les articles 11, 12, 13 et 14 de la loi.

Dans tous les cas où l'accident est de nature à entraîner la mort ou une incapacité permanente, le législateur a prescrit une enquête d'office destinée à réunir tous les éléments propres à éclairer la religion du président, chargé, ainsi que nous le verrons bientôt, d'une mission de conciliation, ou du tribunal, lorsque les parties n'ont pu se mettre d'accord. Cette innovation a le double avantage d'entraîner une économie de frais et de permettre une solution plus rapide des différends nés des accidents du travail.

A. — DÉCLARATION DES ACCIDENTS ET ENQUÊTE.

ART. 11 à 14. Dans les quarante-huit heures qui suivent tout accident de nature à entraîner une incapacité quelconque de travail, le chef d'industrie ou ses préposés sont tenus de le déclarer au maire de la commune, sous peine d'encourir l'amende édictée par l'article 14.

Le maire dresse procès-verbal de cette déclaration qui doit contenir les noms et adresses des témoins de l'accident. Le déclarant produit en même temps un certificat médical indiquant l'état de la victime, les suites probables de l'accident et l'époque à laquelle il sera possible d'en connaître le résultat définitif.

Lorsque le chef d'industrie omet de faire sa déclaration, la victime ou ses représentants peuvent y suppléer.

Le maire donne toujours avis de l'accident à l'inspecteur divisionnaire ou départemental du travail ou à l'ingénieur des mines chargé de la surveillance de l'entreprise. Dans le cas où il y a eu mort d'homme ou lorsque l'accident paraît devoir entraîner la mort ou une incapacité permanente, la loi l'oblige aussi à avertir, sans délai, le juge de paix; il lui transmet une copie de la déclaration et le certificat du médecin.

Le juge de paix saisi d'une déclaration d'accident est tenu de procéder à une enquête. On ne saurait, toutefois, ne pas lui laisser une faculté d'appréciation. Il est possible que la déclaration lui ait été transmise à tort, soit que le certificat médical n'annonce qu'une incapacité temporaire, soit que les renseignements renfermés dans la déclaration démontrent que l'accident n'entraîne certainement pas l'application du risque professionnel. En pareil cas, le juge de paix s'abstiendra; mais s'il y a un doute, s'il n'est pas péremptoirement démontré que l'accident échappe aux prévisions de la loi du 9 avril 1898, le magistrat cantonal doit, sans hésitation, se mettre à l'œuvre.

L'enquête est commencée dans les vingt-quatre heures de la réception des pièces transmises par le maire. La loi a prescrit ce court délai afin que les constatations soient faites avant qu'il se soit produit dans l'état des lieux des modifications qui rendraient les recherches plus laborieuses. Au lendemain de l'accident, les témoignages seront également plus précis.

But de l'enquête. L'enquête prévue par les articles 12 et 13 de la loi a une grande importance. Elle servira de base au règlement amiable ou judiciaire qui interviendra ultérieurement entre le chef d'industrie et la victime.

Envisagée dans ses grandes lignes, elle a pour objet de fournir une réponse aux questions ci-après: l'accident est-il régi par la loi du 9 avril 1898? quelles suites aura-t-il pour la victime? quelle sera la base des pensions ou indemnités et quels sont les ayants droit?

Au surplus, le législateur a pris soin d'indiquer lui-même au magistrat instructeur tous les points sur lesquels doivent porter ses investigations. Aux termes de l'article 12, le juge de paix a pour mission de rechercher : 1° la cause, la nature et les circonstances de l'accident; 2° les personnes victimes et le lieu où elles se trouvent; 3° la nature des lésions; 4° les ayants droit pouvant, le cas échéant, prétendre à une indemnité; 5° le salaire quotidien et le salaire annuel des victimes.

Reprenons, l'une après l'autre, chacune de ces dispositions.

1° *Cause, nature et circonstances de l'accident.* Le risque professionnel n'est encouru que si l'accident est survenu par le fait du travail ou à l'occasion du travail. La détermination de la cause et de la nature de l'accident est donc essentielle.

Il conviendra aussi de rechercher s'il y a eu faute soit de l'ouvrier, soit du chef d'industrie ou de ses préposés et de mettre en lumière toutes les circonstances qui sont de nature à permettre d'apprécier la gravité de cette faute. On sait, en effet, que la faute inexcusable de l'ouvrier ou du chef d'industrie peut entraîner une majoration ou une diminution du chiffre de la pension et que la faute intentionnelle de la victime la prive de tout droit à une indemnité.

Les faits susceptibles de constituer des fautes sont trop nombreux et trop variables pour qu'il soit possible de les préciser. Ils consisteront fréquemment dans l'inobservation des règlements, l'absence de précautions, un vice de construction ou la défectuosité de l'outillage.

Enfin, il ne sera pas inutile de rechercher si l'accident ne se rattache pas à une faute commise par un tiers contre lequel l'ouvrier ou le chef d'industrie, subrogé aux droits de la victime, pourrait exercer, le cas échéant, une action en dommages-intérêts en vertu de l'article 1382 du Code civil.

La détermination des circonstances de l'accident (circonstances de temps et de lieu) a son importance, toujours pour permettre de savoir si le risque professionnel est encouru. L'heure et le lieu où l'accident s'est produit et l'occupation de l'ouvrier à ce moment, feront ressortir s'il existe ou non une relation entre le fonctionnement de l'industrie et l'accident.

Après avoir établi en quel lieu (dans l'établissement ou en dehors de l'établissement) l'ouvrier ou l'employé a été blessé, le juge enquêteur recherchera donc si la victime était dans ce lieu, soit pour son travail normal, soit pour l'exécution d'un ordre qui lui aurait été donné ou d'une mission qui lui aurait été confiée.

2° *Les personnes victimes et le lieu où elles se trouvent.* Cette recherche doit être la première préoccupation du juge de paix. La victime et, en cas de décès, ses représentants sont, en effet, appelés à l'enquête.

Lorsque la victime est dans l'impossibilité de se déplacer, le juge de paix est tenu de se rendre auprès d'elle pour recevoir sa déclaration et constater son état.

Cette prescription ne pourra pas être remplie par le magistrat instructeur en personne, lorsque la victime aura été transportée dans un autre canton. Dans ce cas, le juge chargé de l'enquête adressera à son collègue compétent une commission rogatoire dans laquelle il lui donnera toutes les indications nécessaires pour que ce dernier puisse remplir utilement son mandat. Il y joindra le certificat médical : la lecture de cette pièce, rapprochée de la constatation de l'état actuel du blessé, permettra au juge commis de savoir s'il convient de procéder à une expertise médicale. Il ne lui serait d'ailleurs possible d'ordonner cette mesure que si la commission rogatoire l'y autorisait.

3° *La nature des lésions.* Le magistrat instructeur constatera dans son procès-verbal les lésions subies par le blessé. Il vérifiera si le certificat médical, qui lui a été transmis par le maire, rend suffisamment compte de l'état de la victime et des suites probables de l'accident. Dans le cas où il le jugerait insuffisant, la loi l'autorise à désigner un médecin qui procédera à un nouvel examen, après avoir prêté serment.

Le médecin sera invité à décrire les lésions, à indiquer la date probable à laquelle la blessure sera consolidée, à dire s'il en résultera une incapacité permanente ou seulement une incapacité temporaire.

Dans le cas d'incapacité permanente partielle, le rapport s'expliquera sur la diminution d'aptitude au travail qui sera éprouvée par la victime; en cas d'incapacité temporaire, il indiquera la date probable de la guérison.

Le juge de paix n'usera qu'avec une grande réserve de la faculté qui lui est laissée de faire appel à un médecin. Le plus souvent, l'expertise n'aura aucune utilité et il conviendra de s'en tenir au certificat initial. La commission d'un médecin ne sera vraiment nécessaire que dans le cas où ce certificat n'aurait pas été dressé. On est encore trop près de l'accident pour que l'homme de l'art puisse se prononcer en connaissance de cause sur ses conséquences.

4° *Les ayants droit pouvant, le cas échéant, prétendre à une indemnité.* Cette recherche s'impose en toute hypothèse, même lorsque la victime ne paraît pas en danger de mort. L'événement peut, en effet, tromper les premières prévisions.

Je rappelle que les ayants droit sont: 1° le conjoint survivant, non divorcé ou séparé de corps, les enfants légitimes et les enfants naturels reconnus avant l'accident, lorsque ces enfants ont moins de seize ans; 2° à défaut des personnes ayant les qualités qui viennent d'être indiquées, les ascendants et les descendants mineurs de seize ans qui étaient à la charge de la victime.

Le juge de paix devra donc rechercher la date de naissance des enfants et petits-enfants et se renseigner sur les circonstances établissant que la victime avait charge d'ascendants ou de descendants.

5° *Le salaire quotidien et le salaire annuel de la victime.* — Sur ce point, je n'ai rien à ajouter aux explications que j'ai données en m'occupant de la détermination du salaire qui sert de base aux pensions ou à l'indemnité temporaire.

Forme de l'enquête. L'enquête a lieu contradictoirement dans les formes prescrites par les articles 35, 36, 37, 38 et 39 du Code de procédure civile, en présence des parties intéressées ou celles-ci convoquées par lettres recommandées.

Lorsque le chef d'industrie, la victime ou ses ayants droit, régulièrement convoqués, ne se rendent pas à cette convocation ou ne se font pas représenter, il est passé outre à l'enquête.

La loi fait un devoir au juge de paix de se rendre auprès de la victime lorsque celle-ci est dans l'impossibilité de se déplacer. Dans le cas contraire, elle s'en remet au magistrat enquêteur en ce qui touche l'opportunité d'un transport. Cette faculté résulte de l'application à notre matière de l'article 38 du Code de procédure civile, ainsi conçu : «Dans tous les cas où la vue du lieu peut être utile pour l'intelligence des dépositions, ... le juge de paix se transportera, s'il le croit nécessaire, sur le lieu, et ordonnera que les témoins y seront entendus.» L'utilité du transport apparaîtra principalement lorsqu'il y aura à faire des constatations matérielles.

Les témoins seront convoqués par les procédés les plus simples, afin d'éviter des frais inutiles. Un avertissement transmis verbalement ou une simple lettre suffira. Le juge de paix n'aura recours à la citation par huissier que dans le cas où il serait indispensable d'entendre une personne qui ne se serait pas rendue à une simple convocation.

Les articles 35, 36, 37 et 39 du Code de procédure civile seront observés pour l'audition des témoins.

Le juge de paix peut commettre un expert qui l'assistera dans l'enquête. Le rôle de l'expert consistera, en principe, à fournir les explications techniques nécessaires pour rendre plus intelligibles les déclarations des témoins. Rien ne s'oppose d'ailleurs à ce que le magistrat lui donne une mission plus étendue et le charge de dresser un procès-verbal renfermant un plan des lieux, toutes constatations utiles et des conclusions sur des questions spéciales. Toutefois je recommande aux juges de paix de ne recourir à l'intervention d'un expert que s'il y a utilité manifeste. Il leur est facile de dresser un plan sommaire qui sera le plus souvent très suffisant et de recueillir en personne les renseignements techniques indispensables.

L'article 12 de la loi prévoit trois hypothèses dans lesquelles cette recommandation d'ordre général se transforme en une interdiction absolue. Il n'y a pas lieu à nomination d'expert lorsque l'accident s'est produit :

1° Dans les entreprises privées administrativement surveillées, qui comprennent les mines, minières ou carrières, les chemins de fer privés et les appareils à vapeur ;

2° Dans les entreprises de l'État placées sous le contrôle d'un service distinct du service de gestion. L'Administration des chemins de fer de l'État rentre seule dans cette catégorie ;

3° Dans les établissements nationaux où s'effectuent des travaux que la sécurité publique oblige à tenir secrets. Les établissements de la Guerre et de la Marine affectés à la fabrication de la poudre, des canons ou des armes de guerre entrent dans cette catégorie.

Le juge de paix recevra et annexera à son procès-verbal un exemplaire du rapport dressé, soit par les fonctionnaires chargés de la surveillance et du contrôle des établissements susvisés, soit, en matière d'exploitations minières, par les délégués à la sécurité des ouvriers mineurs. Il aura soin de réclamer cet exemplaire s'il se produit un retard dans sa transmission.

Les circonstances de l'accident seront très variables ; il peut se faire qu'il y ait présomption de crime ou de délit et que le ministère public ait requis l'ouverture d'une information. Il ne faut pas que les deux enquêtes, qui sont alors menées parallèlement, puissent se gêner et s'entraver. Le juge de paix devra restreindre son enquête : tout ce qui a trait à la cause de l'accident, aux personnes victimes et à la nature des lésions, sera complètement élucidé par le juge d'instruction ; le juge de paix n'aura, par suite, à se préoccuper que de la détermination des ayants droit et du calcul du salaire quotidien et du salaire annuel de la victime.

L'enquête, commencée dans les vingt-quatre heures qui suivent la réception de la déclaration, doit être close, au plus tard, dans les dix jours à partir de l'accident, sous réserve des cas d'impossibilité matérielle dûment constatés dans le procès-verbal.

Après la clôture des opérations, le procès-verbal dressé par le juge de paix est déposé au greffe de la justice de paix. Les parties intéressées, averties de ce dépôt par lettre recommandée, peuvent, pendant un délai de cinq jours, venir prendre connaissance de l'enquête et se faire délivrer des extraits ou même des expéditions.

Le dossier est ensuite transmis au président du tribunal civil.

B. — PROCÉDURE DEVANT LES JUSTICES DE PAIX.

ART. 15. J'ai déjà indiqué que les juges de paix sont compétents pour statuer sur les demandes relatives aux frais funéraires, aux frais de maladie et aux indemnités allouées à l'occasion des accidents entraînant une incapacité temporaire.

L'intention du législateur est de hâter la solution des litiges. Toutefois, il n'est pas douteux qu'à défaut d'une dérogation expresse sur ce point, l'instance doive être précédée de la tentative de conciliation prescrite par l'article 17 de la loi du 25 mai 1838. C'est surtout dans la matière qui nous occupe qu'il convient de ne rien négliger pour amener entre les parties un arrangement amiable.

Aucune des indemnités déterminées par la loi ne peut être attribuée à la victime qui a intentionnellement provoqué l'accident. Mais le juge de paix n'a pas à rechercher s'il y a eu faute, même inexcusable, du chef d'industrie ou de l'ouvrier; cette circonstance est sans influence sur le chiffre de la condamnation.

La procédure est suivie conformément aux règles du droit commun renfermées dans le livre Ier du Code de procédure civile.

Les décisions du juge de paix ne sont pas susceptibles d'appel. Il n'est rien innové en ce qui concerne les jugements par défaut et les oppositions.

C. — PROCÉDURE DEVANT LES TRIBUNAUX DE PREMIÈRE INSTANCE.

ART. 16 et 17. Les demandes relatives à l'allocation des pensions dues en cas de décès et d'incapacité permanente sont portées devant les tribunaux de première instance. L'affaire est jugée en suivant la procédure des matières sommaires.

Je n'ai à signaler de dispositions spéciales qu'en ce qui concerne la tentative de conciliation et les voies de recours.

Le préliminaire de conciliation est confié au président du tribunal. Dans les cinq jours à partir de la transmission du dossier de l'enquête, ce magistrat convoque les parties intéressées. Cette convocation est faite soit par lettre recommandée, soit par l'intermédiaire du maire ou du commissaire de police. La forme importe peu; il suffit que les intéressés soient prévenus en temps utile.

Chacune des parties peut se faire représenter si elle le juge convenable. Cette faculté n'est pas, à la vérité, expressément accordée par la loi aux chefs d'industrie; mais on ne saurait, dans le silence du texte, la refuser à la victime, d'autant que celle-ci sera quelquefois dans l'impossibilité de se présenter.

Il est vraisemblable qu'un accord interviendra fréquemment, grâce à la haute autorité du président du tribunal et à sa connaissance des faits, puisée dans l'examen des pièces de l'enquête. Lorsque ce résultat est obtenu, le président rend une ordonnance qui donne acte aux parties de leur accord. Dans le cas contraire, l'affaire est renvoyée à l'audience, et le tribunal est saisi au moyen d'une assignation délivrée par huissier.

Les jugements sont susceptibles d'opposition et d'appel.

L'opposition n'est recevable, en cas de défaut, faute de constituer avoué, que dans le délai de quinzaine à partir de la signification du jugement à personne. Lorsque le jugement est rendu par défaut, faute de conclure, l'opposition continue à être régie par l'article 157 du Code de procédure civile.

Le délai pour interjeter appel est réduit à quinze jours; il part de la date du jugement si la décision est contradictoire, et du jour où l'opposition n'est plus recevable si elle a été rendue par défaut.

§ IV.

De la revision des indemnités.

Art. 19. Les tribunaux de première instance ont encore à connaître des demandes en revision formées en vertu de l'article 19 de la loi.

Le législateur a prévu le cas où l'état de la victime, d'après lequel l'indemnité a été fixée, viendrait à se modifier. Il a décidé qu'il serait alors loisible au chef d'industrie ou à la victime, selon l'événement, de remettre en question le chiffre de l'indemnité. L'exercice de ce droit est d'ailleurs limité à un laps de trois années à partir de l'accord intervenu entre les parties ou de la décision judiciaire.

Jusqu'à l'expiration de ce délai, rien n'est définitif. Lorsque cette période transitoire a pris fin, la victime reçoit son titre de pension, et, désormais, quoiqu'il advienne, aucune réclamation n'est plus admise.

Le chef d'industrie peut demander la revision de la convention ou de la décision fixant l'indemnité, lorsque l'état de la victime se modifie de telle sorte qu'une infirmité, qu'on avait cru permanente, disparaît, ou qu'une incapacité, qui paraissait devoir être absolue, fait place à une invalidité partielle.

La revision peut être provoquée par la victime dont l'incapacité s'est aggravée, ou par ses représentants, si elle succombe à ses blessures. La demande n'est fondée que dans le cas où l'aggravation ou le décès est une conséquence directe de l'accident.

CHAPITRE IV.

ASSISTANCE JUDICIAIRE, DISPENSE DES DROITS DE TIMBRE ET D'ENREGISTREMENT ET DÉLIVRANCE GRATUITE DES ACTES ET JUGEMENTS.

Art. 22 et 29. Le législateur de 1898 a voulu faciliter l'accès des tribunaux à la victime de l'accident ou à ses représentants, en leur accordant l'assistance judiciaire sans qu'ils aient à la solliciter et à produire les pièces et les justifications exigées par la loi du 22 janvier 1851. De plus, il a prononcé des dispenses de droits qui profitent, indépendamment des personnes, à tous les actes ou jugements faits ou rendus en vertu ou pour l'exécution de la loi nouvelle; ce bénéfice vient s'ajouter, pour l'ouvrier ou l'employé, à celui qui résulte de l'assistance judiciaire, sans se confondre avec lui.

Je m'occuperai de ces deux ordres de dispositions dans des paragraphes distincts.

§ Ier.

Assistance judiciaire.

La loi du 22 janvier 1851 réserve l'assistance judiciaire à nos nationaux, lorsqu'il est établi que leurs ressources sont insuffisantes pour leur permettre d'exercer leurs droits en justice. Par dérogation à ces règles, dans la matière régie par la loi du 9 avril 1898, l'assistance judiciaire est accordée toujours et de plein droit à la victime de l'accident ou à ses ayants droit; il n'y a pas lieu de se préoccuper de leur nationalité, non plus que de leur situation pécuniaire, qui sera, d'ailleurs, généralement fort précaire.

Ce bénéfice s'applique aux instances devant la justice de paix ou le tribunal civil, ainsi qu'à tous les actes d'exécution et aux contestations incidentes à toutes les décisions judiciaires.

Arrêtons-nous un instant sur les divers cas visés dans l'article 22 :

Assistance judiciaire devant les justices de paix. — Il suffira que la victime de l'accident s'adresse au juge de paix pour exercer son droit à l'assistance. Après s'être assuré que l'on est bien sous l'empire de la loi du 9 avril 1898, ce magistrat invitera le syndic des huissiers à désigner l'huissier qui prêtera son ministère à l'assisté (art. 13, § 4, de la loi du 22 janvier 1851). Il devra faire parvenir au receveur de l'enregistrement un avis destiné à suppléer à l'envoi d'un extrait de la décision du bureau, prescrit en matière ordinaire, par le dernier alinéa de l'article 13 de la loi de 1851.

Assistance judiciaire devant les tribunaux civils. La règle est formulée comme suit dans le premier alinéa de l'article 22 : « Le bénéfice de l'assistance judiciaire est accordé, de plein droit, sur le visa du procureur de la République, à la victime de l'accident ou à ses ayants droit, devant le tribunal. »

Le second paragraphe du même article fait une application particulière de cette règle à l'instance tendant à l'allocation de l'indemnité.

L'assistance judiciaire s'applique donc à toutes les demandes soumises au tribunal et qui ont pour objet soit le règlement des indemnités (art. 16), soit leur revision (art. 19), soit l'attribution en espèces à la victime du quart, au plus, du capital nécessaire à l'établissement de la rente qui lui est allouée (art. 9, § 1), soit enfin la constitution d'une rente reversible sur la tête du conjoint (art. 9, § 2).

Dans tous les cas, l'assistance est subordonnée au visa du procureur de la République; ce magistrat vérifie si la demande est formée en vertu de la loi du 9 avril 1898. Il est, de plus, chargé de remplir la mission conférée au président du tribunal par l'article 13 de la loi du 22 janvier 1851. C'est à lui qu'incombe le soin de faire désigner l'avocat, l'avoué et l'huissier qui prêteront leur ministère à l'assisté. Il doit aussi transmettre un avis au receveur de l'enregistrement.

L'assistance judiciaire ne s'applique pas seulement aux procédures suivies devant le tribunal; elle s'étend à l'enquête faite par le juge de paix, saisi d'une déclaration d'accident. Cette solution est certainement conforme, sinon à la lettre, du moins à l'esprit de la loi de 1898. Alors, en effet, que, dans les autres matières, l'instruction nécessaire pour l'évacuation des litiges se fait, en général, après l'introduction de l'instance, cette instruction précède l'instance dans le cas qui nous occupe; mais, en toute hypothèse, elle s'y rattache de la façon la plus intime, et on ne peut concevoir que le bénéfice de l'assistance judiciaire ne s'applique pas à la fois à l'une et à l'autre.

J'ajoute que, l'enquête étant faite d'office par l'autorité judiciaire, les frais qu'elle nécessite doivent être nécessairement avancés par le Trésor. Il ne saurait en être autrement sous peine d'aboutir à une impossibilité d'exécution.

L'article 14, § 8, de la loi du 22 janvier 1851, relatif aux frais avancés par le Trésor, et applicable à l'enquête du juge de paix pour les raisons que je viens d'exposer, vise les frais de transport des juges, des officiers ministériels et des experts, les honoraires de ces derniers et les taxes des témoins. Or, l'enquête du juge de paix entraînera d'autres dépenses pour la convocation des témoins et l'envoi de lettres recommandées aux parties intéressées. Par extension des dispositions de l'article 14 prérappelé, ces dépenses seront également supportées par le Trésor, sauf son recours en cas de condamnation prononcée contre l'adversaire de l'assisté.

Ce recours qui s'exercera conformément aux dispositions des articles 17 et 18 de la loi de 1851, comprendra également les émoluments dus aux officiers ministériels. A cet effet, les frais de l'enquête entreront dans les dépens de l'instance en règlement d'indemnité suivie devant le tribunal.

Actes d'exécution. En étendant le bénéfice de l'assistance judiciaire aux actes d'exécution, la loi du 9 avril 1898 a comblé, dans la matière spéciale qu'elle a pour objet de régler, une lacune qui est signalée depuis longtemps. Il arrive fréquemment que le jugement ou l'arrêt de condamnation obtenu par l'assisté est inutile entre ses mains parce que ses ressources ne lui permettent pas d'en poursuivre l'exécution et que tout crédit lui est refusé. Ces difficultés sont évitées à l'ouvrier victime d'un accident industriel ou à ses ayants droit. Le procureur de la République visera leur titre après s'être assuré qu'il est régulier et que la matière est régie par la loi du 9 avril 1898; il procédera ensuite, au lieu et place du président du tribunal, ainsi qu'il est prescrit par l'article 13 de la loi du 22 janvier 1851.

L'article 22 de la loi de 1898 ne parle ni des instances d'appel ni des pourvois devant la Cour de cassation. Ici, le droit commun reprend son empire (art. 9, § 2 et 3, de la loi du 22 janvier 1851).

L'ouvrier ou l'employé, victime d'un accident, continue à jouir du bénéfice de l'assistance judiciaire sur l'appel interjeté contre lui, dans le cas même où il se rendrait incidemment appelant. Il continue pareillement à en jouir sur le pourvoi en cassation formé contre lui.

Lorsque les rôles sont renversés, l'ouvrier ou l'employé ne jouit de l'assistance, sur l'appel qu'il a émis ou sur le pourvoi qu'il a formé, qu'autant qu'il est admis par le bureau établi près de la Cour d'appel ou de la Cour de cassation.

§ II.

Dispenses des droits de timbre et d'enregistrement
et délivrance gratuite des actes et jugements.

L'article 29 impose au Trésor l'abandon complet et définitif de tous les droits de timbre et d'enregistrement auxquels pourraient donner ouverture les actes et les jugements faits ou rendus en vertu ou pour l'exécution de la loi du 9 avril 1898. Ces actes et ces jugements sont visés pour timbre et enregistrés gratis lorsqu'il y a lieu à la formalité de l'enregistrement.

J'extrais de l'instruction préparée par l'Administration générale de l'Enregistrement les passages suivants, qui renferment le commentaire de cette disposition :

«L'article 29, conçu dans les termes les plus larges, vise par l'expression *jugement* toutes les décisions judiciaires de quelque autorité qu'elles émanent, et embrasse sous la dénomination *d'actes*, notamment toutes les pièces relatives à la constatation de l'accident (art. 11 et suivants), le pouvoir donné par le chef d'entreprise pour se faire représenter en conciliation devant le président du tribunal (art. 16), la convention constatant la transformation de la pension en un autre mode de réparation dans les termes de l'article 21, enfin les expéditions des actes de toute nature et les décisions judiciaires.

«L'immunité s'étend aussi aux actes, procès-verbaux, quittances et pièces de toute nature rédigées en exécution des décrets du 28 février 1899, et aux instances relatives au recours exercé contre le débiteur de l'indemnité par la Caisse des dépôts et consignations, chargée de la gestion de la Caisse nationale des retraites.

«Les actes d'exécution signifiés à la requête de la victime de l'accident, aussi bien que les oppositions qui y seraient faites par le chef d'entreprise, doivent également bénéficier de la dispense des droits de timbre et d'enregistrement inscrite dans l'article 29.»

L'application de l'article 29 ne saurait soulever de difficultés dans la partie relative aux immunités fiscales. Il n'en est pas de même en ce qui touche la gratuité de la délivrance des actes et des jugements.

Après avoir édicté le principe de la gratuité, cet article prescrit, dans un deuxième alinéa, à l'occasion des mêmes actes, l'établissement d'un tarif destiné à fixer les émoluments des greffiers des justices de paix.

A la vérité, cette contradiction est plus apparente que réelle. Il est manifeste que le législateur a entendu faire une distinction entre la rédaction des minutes, d'une part, et la délivrance, c'est-à-dire l'opération qui consiste à préparer et à remettre aux intéressés un extrait ou une expédition de cette minute, d'autre part. Mais la difficulté provient de ce que le deuxième alinéa énumère certains actes qui paraissent devoir jouir de l'immunité édictée dans la première partie de l'article 29.

Le Conseil d'État a eu à se prononcer lorsqu'il s'est occupé de l'établissement du tarif. Il a estimé que l'article 29 n'avait pu avoir pour effet de déroger, dans son deuxième alinéa, à la règle générale de la gratuité en matière de délivrance d'actes. Il a donc écarté du tarif les certificats, extraits et jugements.

Les certificats ne sont pas dressés en minute. C'est l'acte même, préparé par l'officier public compétent, qui est remis ou délivré à la partie, et on ne saurait refuser à celle-ci le bénéfice de la disposition de l'article 29, paragraphe 1er.

La même solution s'impose pour les extraits qui sont également délivrés aux parties.

En ce qui concerne les jugements, leur rédaction est exclusivement l'œuvre du juge. Le greffier est, il est vrai, chargé de les expédier, s'il y a lieu, mais on retombe alors sous l'empire de la règle qui a prescrit la gratuité des délivrances.

L'article 29, § 1er, s'applique aux greffiers de toutes les juridictions. Il leur interdit de réclamer un émolument pour les délivrances qu'ils ont à effectuer, lorsqu'il s'agit d'actes ou de jugements faits ou rendus en vertu ou pour l'exécution de la loi du 9 avril 1898. Il est permis de penser que ce sacrifice leur est imposé en leur qualité de fonctionnaires publics, recevant un traitement de l'État.

On peut se demander si le législateur a entendu viser les officiers ministériels autres que les greffiers. Les travaux préparatoires ne renferment aucune indication à ce sujet, et il est douteux, dans ces conditions, que le texte de l'article 29, malgré sa généralité, comporte une pareille extension.

CHAPITRE V.

APPLICATION DE LA RÈGLE DE NON-RÉTROACTIVITÉ DES LOIS.

La loi du 9 avril 1898 édicte des principes nouveaux en ce qui touche la responsabilité des accidents survenus, par le fait ou à l'occasion du travail, aux ouvriers et aux employés occupés dans les établissements visés à l'article 1er. Elle renferme, en outre, ainsi que nous l'avons vu, des règles relatives à la compétence, à la procédure, à la prescription de l'action, à l'assistance judiciaire et enfin à des immunités fiscales ainsi qu'à la gratuité de la délivrance des actes et jugements.

Bien que cette loi ait été inspirée par des considérations d'ordre public, on ne saurait douter qu'elle ne modifiera pas les rapports juridiques entre chefs d'industrie et ouvriers, résultant d'accidents antérieurs au 1er juillet 1899, date de son application. Les droits des parties, fixés, au moment où ils ont pris naissance, par la législation encore actuellement en vigueur, constituent des droits acquis qui continueront de subsister en vertu de l'article 2 du Code civil.

Les instances formées à l'occasion d'accidents survenus avant le 1er juillet prochain seront donc régies, quant au fond du droit, par les articles 1382 et suivants du Code civil, alors même qu'elles seraient introduites après la date ci-dessus indiquée. Le double principe du risque professionnel et de l'indemnité forfaitaire ne leur sera pas applicable.

Cette solution paraît devoir être étendue à toutes les dispositions de la loi de 1898.

Il est vrai qu'en général les lois de compétence s'appliquent au jugement des contestations portant sur des faits antérieurs, et il en est de même des lois de procédure étrangères au fond du droit et visant uniquement la forme de l'instruction. Mais, dans notre matière, cette règle doit être écartée. La loi du 9 avril 1898 n'a pas eu, en effet, pour objet de modifier, d'une manière générale, la compétence et la procédure dans les litiges résultant des accidents du travail; elle a créé un droit nouveau applicable seulement à certaines catégories d'accidents, et les règles relatives à la mise en œuvre de ce droit sont trop intimement liées aux fondements sur lesquels il repose, pour qu'on puisse les adapter à des actions qui restent régies par des principes absolument différents.

C'est ainsi, par exemple, que la connaissance des demandes tendant à l'allocation des indemnités appartient au tribunal de première instance ou au juge de paix, selon la nature de l'incapacité, permanente ou temporaire, éprouvée par la victime. Cette disposition, qui est en parfaite harmonie avec le principe du risque professionnel et de l'indemnité forfaitaire, est inapplicable à l'action qui repose sur une faute démontrée du chef d'entreprise et tend à la réparation intégrale du préjudice éprouvé par l'ouvrier.

La procédure instituée par la loi de 1898 hâte la solution des litiges. L'enquête préalable confiée au juge de paix par les articles 12 et 13, et qui est le préliminaire essentiel de cette procédure, constitue un mode d'information rapide et, en même temps, très suffisant si l'on observe que le juge perd, dans une grande mesure, sa faculté d'appréciation et que son œuvre se réduit, presque toujours, à la constatation de faits matériels et à l'application d'un tarif. Elle serait insuffisante en matière de droit commun, dans des procès dont la solution comporte la détermination d'une faute et de l'importance du préjudice. Au surplus, la déclaration prévue par l'article 11 et qui précède l'enquête du juge de paix, n'est certainement prescrite qu'à l'occasion des accidents survenus à partir de la mise à exécution de la loi.

La courte prescription d'un an, édictée par l'article 18, constitue, au profit du chef d'industrie, une compensation de la responsabilité que la loi fait peser sur lui. Elle n'a plus sa raison d'être lorsque la victime fonde son droit à une indemnité sur l'article 1382 du Code civil.

En résumé, les dispositions de la loi nouvelle, de quelque nature qu'elles soient, se rattachent au fond du droit par un lien si intime qu'il est impossible de les en séparer pour les rattacher à l'action du droit commun. La non-rétroactivité, qui s'impose en ce qui touche le fond, s'étend donc à tout le reste.

Il doit en être ainsi même des dispositions relatives à l'assistance judiciaire, aux immunités fiscales et à la gratuité de la délivrance des actes et jugements. Après examen de la question par mon département et au ministère des finances, il a été reconnu que les articles 22 et 29 ne sauraient être détachés de la loi du 9 avril 1898 pour être appliqués aux instances déjà nées ou à naître à l'occasion d'accidents survenus avant le 1er juillet 1899. L'assistance judiciaire est accordée assez libéralement en vertu de la loi du 22 janvier 1851 pour qu'il n'en résulte aucun inconvénient sérieux pour les victimes de ces accidents.

Je vous prie, Monsieur le Procureur général, de vouloir bien remettre à M. le Premier Président un exemplaire de cette circulaire, d'en faire parvenir deux à chacun de vos substituts et d'en adresser un à tous les juges de paix de votre ressort.

Recevez, Monsieur le Procureur général, l'assurance de ma considération très distinguée.

> *Le Garde des Sceaux, Ministre de la Justice,*
> GEORGES LEBRET.

Le Conseiller d'État,
Directeur des affaires civiles et du sceau,
L. LA BORDE.

DÉCRET DU 22 JUIN 1899

portant approbation des statuts du « Syndicat général de garantie du bâtiment et des travaux publics ».

(Journal officiel du 24 juin 1899.)

LOI DU 29 JUIN 1899

relative à la résiliation des polices d'assurances souscrites par les chefs d'entreprises soumis à l'application de la loi du 9 avril 1898 sur les accidents du travail.

(*Journal officiel* du 3o juin 1899.)

Le Sénat et la Chambre des Députés ont adopté,

Le Président de la République promulgue la loi dont la teneur suit :

Article unique. Pendant une période d'un an à partir du jour de la promulgation de la présente loi, les polices d'assurances — accidents concernant les industries prévues à l'article 1er de la loi du 9 avril 1898, et antérieures à cette loi — pourront être dénoncées par l'assureur ou par l'assuré au moyen d'une déclaration au siège social ou chez l'agent local dont il sera donné récépissé, soit par un acte extrajudiciaire.

Les polices non dénoncées dans ce délai seront régies par le droit commun.

La présente loi, délibérée et adoptée par le Sénat et par la Chambre des députés, sera exécutée comme loi de l'État.

Fait à Paris, le 29 juin 1899.

ÉMILE LOUBET.

Par le Président de la République :

Le Ministre du Commerce, de l'Industrie,
des Postes et des Télégraphes,
A. MILLERAND.

LOI DU 30 JUIN 1899

concernant les accidents causés dans les exploitations agricoles par l'emploi de machines mues par des moteurs inanimés.

(Journal officiel du 1er juillet 1899.)

LE SÉNAT ET LA CHAMBRE DES DÉPUTÉS ONT ADOPTÉ,

LE PRÉSIDENT DE LA RÉPUBLIQUE PROMULGUE LA LOI dont la teneur suit :

ARTICLE UNIQUE. Les accidents occasionnés par l'emploi de machines agricoles mues par des moteurs inanimés et dont sont victimes, par le fait ou à l'occasion du travail, les personnes, quelles qu'elles soient, occupées à la conduite ou au service de ces moteurs ou machines, sont à la charge de l'exploitant dudit moteur (1).

---

(1) En ce qui concerne la Caisse nationale d'assurances contre les accidents, les difficultés relatives à l'assurance des exploitants de batteuses agricoles ont été résolues par une circulaire du directeur général de la Caisse des dépôts et consignations en date du 25 juillet 1899, ainsi conçue :

«L'incertitude qui régnait sur la détermination des cas dans lesquels la loi du 9 avril 1898 était applicable à l'agriculture est aujourd'hui dissipée par la loi du 30 juin 1899 «concernant les accidents causés dans les exploitations agricoles par l'emploi de machines mues par des moteurs inanimés», dont vous trouverez le texte dans la formule de demande de souscription d'assurance spéciale à ces entreprises.

«Certains des travaux agricoles visés par cette dernière loi, notamment *le battage mécanique des grains*, s'effectuent le plus souvent, dans l'espace de deux ou trois mois de l'année, à l'aide de machines nomades et d'un personnel pris sur place et pouvant changer plusieurs fois dans une même journée. Or ces diverses conditions de travail sont inconciliables avec plusieurs clauses des polices de la Caisse nationale d'assurances en cas d'accidents (loi du 24 mai 1899), telles que : payement des primes par trimestre, production d'une liste nominative du personnel au moment de la souscription du contrat et de bordereaux de mutations en cours d'assurance, etc. Par suite, pour permettre à cette catégorie d'exploitants agricoles de se garantir contre les risques de la loi du 9 avril 1898, mis à leur charge par la loi susvisée du 30 juin 1899, la Caisse nationale a soumis les assurances de l'espèce aux conditions spéciales suivantes :

«§ 1er. *Conditions générales applicables aux exploitants de batteuses agricoles.* La prime à payer par l'exploitant d'une batteuse agricole est de 2 francs par jour et par machine; elle est payable d'avance pour le nombre de journées de travail déclaré.

«L'assurance porte sur toutes les personnes, quelles qu'elles soient, occupées à la conduite ou au service de la machine ou de son moteur; elle peut être conclue par périodes successives de : un jour, deux jours, plusieurs jours, un mois, etc.

«Lorsque, pour une période choisie, l'assurance porte sur un certain nombre de jours, le souscripteur peut exclure de l'assurance, s'il le juge à propos, tels jours qu'il lui convient; il désigne alors par leur quantième, sur le bulletin dont il sera parlé ci-après, les journées exclues.

«En principe, toute prime payée reste acquise à la Caisse nationale, sans répétition

Est considéré comme exploitant, l'individu ou la collectivité qui dirige le moteur ou le fait diriger par ses préposés.

Si la victime n'est pas salariée ou n'a pas un salaire fixe, l'indemnité due est calculée, selon les tarifs de la loi du 9 avril 1898, d'après le salaire moyen des ouvriers agricoles de la commune.

En dehors du cas ci-dessus déterminé, la loi du 9 avril 1898 n'est pas applicable à l'agriculture.

---

possible fondée sur ce que le travail n'aurait pas eu lieu le jour ou l'un des jours fixés par le souscripteur. Cependant, si, pour une cause de force majeure, l'exploitant se trouvait forcé d'interrompre complètement une période de travail commencée, il pourrait en faire la déclaration *par lettre recommandée* adressée au directeur général de la Caisse des dépôts. L'effet de l'assurance cesserait alors à partir du lendemain du jour indiqué par le timbre de la poste au départ, et les primes de 2 francs par jour et par machine seraient, pour le temps restant à courir sur la période, remboursées à l'exploitant. L'assurance ne pourrait, dans ce cas, reprendre cours que par le dépôt d'un nouveau bulletin et le payement des primes afférentes à la nouvelle période de travail déclarée.

§ 2. *Transmission des demandes de souscription d'assurance à la Direction générale.* L'exploitant qui veut s'assurer adresse à la Direction générale, soit directement, soit par votre entremise, une demande de souscription sur la formule spéciale dont un certain nombre d'exemplaires vous parviendra en même temps que la présente; cette provision sera renouvelée selon vos besoins.

§ 3. *Envoi des polices par la Direction générale.* Les polices établies par la Direction générale vous seront adressées en double original accompagnées d'un carnet à souches comprenant un certain nombre de bulletins destinés à constater la durée de la période pendant laquelle l'assurance aura son effet et le montant de la prime payée à cette fin. Vous pourrez, comme il est dit au paragraphe 4 de ma circulaire du 10 juin 1899, remettre à l'exploitant celui des deux originaux de la police qui ne sera pas revêtu de la signature du Directeur général.

§ 4. *Signature des polices.* L'exploitant qui, après avoir pris connaissance de la police se sera décidé à souscrire l'assurance, apposera sa signature sur l'original qui lui aura été confié; vous lui remettrez alors l'original signé par le Directeur général et le carnet à souches visé au paragraphe précédent. Muni de ces deux pièces, le souscripteur se trouvera en mesure de rendre son assurance effective, en remplissant les formalités indiquées au paragraphe suivant.

§ 5. *Réalisation de l'assurance. Remise du bulletin déclaratif.* Le souscripteur qui veut rendre son assurance effective détache du carnet à souches autant de bulletins qu'il y aura de machines à mettre en action. Après avoir rempli le ou les bulletins au recto et au verso, suivant les indications qu'ils comportent, et les avoir signés, le souscripteur les remet ou les fait remettre, *la veille au plus tard du jour où doit commencer le travail,* à l'un quelconque des comptables préposés de la Caisse nationale d'assurances.

Les comptables devront s'assurer avec le plus grand soin de l'exactitude des indications portées sur les bulletins en ce qui concerne : 1° le nombre réel de journées de travail, c'est-à-dire défalcation faite, s'il y a lieu, des jours de chômage exclus de l'assurance; et 2° du produit de la multiplication par 2 francs du nombre réel de jours sur lesquels doit porter l'assurance.

6. *Versement de la prime.* En même temps qu'il lui remet son ou ses bulletins, le souscripteur verse au comptable la prime correspondant au nombre de jours et de ma-

La présente loi, délibérée et adoptée par le Sénat et par la Chambre des députés, sera exécutée comme loi de l'État.

Fait à Paris, le 30 juin 1899.   ÉMILE LOUBET.

Par le Président de la République :

Le Ministre du Commerce, de l'Industrie,
des Postes et des Télégraphes,
A. MILLERAND.

---

chines déclaré. Il lui est délivré, en échange, un récépissé (trésorier général ou receveur particulier des finances) ou une quittance à souche (percepteurs des contributions directes ou receveurs des postes).

En ce qui concerne spécialement les receveurs des postes, la quittance devra (comme toutes celles d'ailleurs à délivrer au titre de la loi du 24 mai 1899) être extraite du registre à souches actuellement en usage pour les caisses d'assurance (loi du 11 juillet 1868) et fourni par l'Administration des postes. Il suffira, jusqu'à ce qu'un nouveau modèle de registre à souches ait été mis en distribution, de substituer sur chaque quittance au mot « Cotisation » le mot « Prime » et d'ajouter entre parenthèses : « Loi du 24 mai 1899 ».

§ 7. *Envoi du bulletin déclaratif à la Direction générale.* Le jour même de l'opération, le comptable adresse à la Direction générale les bulletins déposés à sa caisse dans la journée; il remplit préalablement le cadre disposé à gauche de chaque bulletin suivant les indications qu'il comporte.

§ 8. *Dispositions de la circulaire du 10 juin 1899 applicables aux nouvelles polices.* Les instructions contenues dans ma circulaire du 10 juin 1899 (§ 4, 7, 10, 11, aux trésoriers-payeurs généraux et aux receveurs particuliers; § 4, 7, 10, aux percepteurs des contributions directes et aux directeurs des postes), restent applicables aux nouvelles polices.

§ 9. *Mesures de comptabilité.* Il en est de même, en ce qui touche les règles de comptabilité, observation faite toutefois que les recettes à provenir des nouvelles assurances (loi du 30 juin 1899) devront, sur les bordereaux, relevés et avis détaillés que les divers comptables ont respectivement à établir, être inscrites à la suite des recettes (loi du 24 mai 1899) sous la rubrique spéciale : « Primes pour emploi de batteuses agricoles », et être portées dans la colonne n° 2 : « Provisions ».

§ 10. *Dispositions relatives aux machines agricoles autres que les batteuses mécaniques.* Vous remarquerez qu'il n'a été question dans la présente circulaire que des batteuses agricoles. C'est qu'en effet il a paru que ces machines étaient les seules pour lesquelles des conditions spéciales s'imposaient, en raison de leur déplacement incessant et de la mobilité de leur personnel servant. Mais il est d'autres travaux agricoles qui s'effectuent également à l'aide de machines mues par des moteurs inanimés. Si des renseignements vous étaient demandés à ce sujet, vous auriez à inviter les intéressés à fournir dans le questionnaire des indications aussi précises que possible, tant sur le genre de machine et la composition du personnel employé à sa conduite et à son service que sur la nature du travail agricole effectué.

Mon Administration examinerait les demandes et ferait connaître aux exploitants dans quelles conditions la Caisse nationale pourrait leur consentir une assurance.

DÉCRET DU 30 JUIN 1899

relatif à l'exécution des articles 11 et 12 de la loi du 9 avril 1898 concernant la responsabilité des accidents dont les ouvriers sont victimes dans leur travail.

(*Journal officiel* du 1ᵉʳ juillet 1899.)

LE PRÉSIDENT DE LA RÉPUBLIQUE FRANÇAISE,

Sur le rapport du Ministre du commerce, de l'industrie, des postes et des télégraphes;

Vu la loi du 9 avril 1898, concernant les responsabilités des accidents dont les ouvriers sont victimes dans leur travail, et spécialement son article 11 et le premier alinéa de son article 12, ainsi conçus :

« ART. 11. Tout accident ayant occasionné une incapacité de travail doit être déclaré dans les quarante-huit heures, par le chef d'entreprise ou ses préposés, au maire de la commune qui en dresse procès-verbal. »

« Cette déclaration doit contenir les noms et adresses des témoins de l'accident. Il y est joint un certificat de médecin indiquant l'état de la victime, les suites probables de l'accident et l'époque à laquelle il sera possible d'en connaître le résultat définitif. »

« La même déclaration pourra être faite par la victime ou ses représentants. »

« Récépissé de la déclaration et du certificat du médecin est remis par le maire au déclarant. »

« Avis de l'accident est donné immédiatement par le maire à l'inspecteur divisionnaire ou départemental du travail ou à l'ingénieur ordinaire des mines chargé de la surveillance de l'entreprise. »

« L'article 15 de la loi du 2 novembre 1892 et l'article 11 de la loi du 12 juin 1893 cessent d'être applicables dans les cas visés par la présente loi. »

« ART. 12. Lorsque, d'après le certificat médical, la blessure paraît devoir entraîner la mort ou une incapacité permanente absolue ou partielle de travail, le maire transmet immédiatement copie de la déclaration et le certificat médical au juge de paix du canton où l'accident s'est produit. »

DÉCRÈTE :

ART. 1ᵉʳ. Pour chaque victime d'un accident ayant occasionné une incapacité de travail, dans les cas prévus par la loi du 9 avril 1898, la déclaration d'accident, le récépissé de cette déclaration, le procès-verbal du maire, l'avis au service d'inspection et, le cas échéant, la transmission de pièces à la justice de paix seront établis conformément aux cinq modèles annexés au présent décret (1).

---

(1) Les modèles I, III et IV ont été modifiés par le décret du 18 août 1899. (Voir, pour ces modèles, ledit décret.)

Art. 2. Le Ministre du commerce, de l'industrie, des postes et des télégraphes est chargé de l'exécution du présent décret, qui sera publié au *Journal officiel* de la République française et inséré au *Bulletin des lois.*

Fait à Paris, le 30 juin 1899.

ÉMILE LOUBET.

Par le Président de la République :

Le Ministre du Commerce, de l'Industrie,
des Postes et des Télégraphes,
A. MILLERAND.

MODÈLE II.

DÉPARTEMENT
d

ARRONDISSEMENT
d

CANTON
d

RÉPUBLIQUE FRANÇAISE.

MAIRIE D

RÉCÉPISSÉ DE DÉCLARATION D'ACCIDENT DU TRAVAIL.

(Art. 11 de la loi du 9 avril 1898.)

(1) Nom et prénoms du maire.

(2) Nom et prénoms du déclarant.

(3) Nom, prénoms et adresse de la victime.

Nous, soussigné (1)
maire de la commune d
donnons récépissé à M. (2)

de la déclaration de l'accident survenu à (3)

qu'il a déposée ce jour à la mairie, à   heure , et du certificat médical qu'il a joint, conformément à la loi, à ladite déclaration.

Fait à   , le   189

(*Signature.*)

MODÈLE V.

DÉPARTEMENT
d

ARRONDISSEMENT
d

CANTON
d

RÉPUBLIQUE FRANÇAISE.

MAIRIE D

TRANSMISSION DE PIÈCES A LA JUSTICE DE PAIX
POUR ENQUÊTE (*).

(Art. 12 de la loi du 9 avril 1898.)

(1) Nom et prénoms.

(2) Date de la déclaration.
(3) Nom, adresse et qualité du déclarant.
(4) Date et heure de l'accident.
(5) Nom, prénoms et adresse de la victime.
(6) Désignation et adresse de l'établissement.
(7) Spécifier la conclusion du certificat.

Nous, soussigné (1)
maire de la commune d
transmettons avec la présente à M. le juge de paix du canton d
1° Une copie de la déclaration faite à notre mairie le (2)
à   heure   par (3) —

au sujet d'un accident survenu le (4)
à (5)

dans (6)

2° L'original du certificat médical joint à la déclaration susvisée, ledit certificat constatant que la blessure paraît devoir entraîner (7).

Fait à   , le   189

(*Signature.*)

(*) Cette transmission n'a lieu que lorsque, d'après le certificat médical, la blessure paraît devoir entraîner la mort ou une *incapacité permanente* absolue ou partielle de travail.

Elle doit alors être effectuée par le maire le jour même de la réception de la déclaration d'accident, à moins que cette déclaration n'ait été faite après midi. Dans ce cas, la transmission doit être effectuée dans la *matinée du lendemain*.

DÉCRET DU 30 JUIN 1899

portant approbation des statuts du « Syndicat de garantie de l'Union parisienne des entrepreneurs et industriels ».

(Journal officiel du 2 juillet 1899.)

CIRCULAIRE

DU MINISTRE DES TRAVAUX PUBLICS

ET DU MINISTRE DU COMMERCE,

DU 11 JUILLET 1899,

concernant les déclarations et enquêtes d'accidents pour les mines, minières et carrières.

Monsieur le Préfet, une circulaire du 9 décembre 1897, concertée entre le Département des travaux publics et celui du commerce, de l'industrie, des postes et des télégraphes, avait indiqué les règles à suivre pour les déclarations et enquêtes auxquelles devaient donner lieu les accidents survenus dans les mines, minières et carrières ou leurs dépendances, soit légales, soit industrielles, d'après les dispositions combinées des lois particulières aux mines (décret du 3 janvier 1813 sur la police des mines et des minières, décrets départementaux sur la police des carrières, loi du 8 juillet 1890 sur les délégués à la sécurité des ouvriers mineurs), et du droit commun industriel (loi du 2 novembre 1892, sur le travail des femmes et des enfants, et loi du 12 juin 1893, sur l'hygiène et la sécurité des ateliers). Depuis ces instructions, a été promulguée la loi du 9 avril 1898 sur les accidents du travail, qui est, vous le savez, entrée en vigueur le 1ᵉʳ juillet courant.

Cette loi, par le dernier alinéa de son article 11, a abrogé explicitement pour les industries qu'elle vise, notamment pour les mines, minières et carrières ou leurs dépendances, les articles des lois précitées des 2 novembre 1892 et 12 juin 1893, concernant les déclarations et enquêtes d'accidents, et elle les a remplacés par des prescriptions nouvelles, contenues dans ses articles 11 à 14, dont vous trouverez le texte ci-annexé.

Il devenait, dès lors, nécessaire de rapporter, dans celles de leurs dispositions qui se trouvaient ainsi modifiées, les instructions de la circulaire du 9 décembre 1897, pour leur substituer des instructions nouvelles; tel est l'objet de la présente circulaire.

La loi du 9 avril 1898 n'a rien changé aux dispositions et, partant, aux formalités découlant du droit minier; pour les dispositions dérivant du droit commun industriel, il n'y a plus, en matière d'accidents, de distinction à établir suivant que l'accident atteint une personne protégée par la loi du 2 novembre 1892 ou un adulte et suivant qu'il est survenu dans la mine et ses « dépendances légales » ou dans une de ses dépendances « industrielles », selon les définitions classiques, mais au demeurant assez complexes, qu'énumérait la circulaire du 9 décembre 1897.

Rien n'ayant été changé dans les dispositions du droit minier, il n'y a pas lieu de modifier, du moins pour l'instant, les règles rappelées dans la circulaire précitée pour les déclarations que les exploitants doivent faire directement, suivant les circonstances, aux ingénieurs des mines, aux maires et aux délégués à la sécurité des ouvriers mineurs; il n'y a pas lieu de modifier non plus les attributions qui incombent aux ingénieurs des mines, maires et délégués, dès qu'ils ont reçu ces déclarations.

Les déclarations des exploitants ne doivent être faites, aux termes des articles 11 du décret du 3 janvier 1813 et 2 de la loi du 8 juillet 1890, qu'en cas d'accidents ayant entraîné la mort ou des blessures graves. En présence des distinctions formulées par la loi du 9 avril 1898, il paraîtrait rationnel de ne considérer désormais comme *graves* que les blessures entraînant l'incapacité *permanente*, absolue ou partielle. Toutefois, à raison de l'intérêt spécial que peuvent présenter, pour l'exploitation des mines, l'instruction d'accidents d'une moindre gravité et le maintien de traditions anciennes, il ne paraît pas opportun de revenir sur la définition de l'accident considéré comme grave pour l'application des lois et règlements du droit minier, c'est-à-dire, comme l'a défini la circulaire du 9 décembre 1897, l'accident entraînant une incapacité d'au moins 20 jours. Les Ingénieurs en chef verront seulement, dans le changement de législation introduit par la loi du 9 avril 1898, un motif de plus de restreindre les instructions afférentes aux accidents d'une faible gravité, c'est-à-dire aux accidents qui ne doivent entraîner qu'une simple incapacité temporaire, quelle qu'en doive être la durée.

En outre de ces formalités, qui demeurent donc applicables sans changement aux mines, minières et carrières, les exploitants, les maires et les ingénieurs des mines doivent se conformer aux dispositions nouvelles prescrites pour toutes les industries par la loi du 9 avril 1898.

Le texte ci-joint des articles 11 à 14 de cette loi n'appelle que de brèves explications, pour son application particulière à l'industrie extractive, qui aura d'ailleurs, à se conformer, comme toutes les autres industries assujetties, aux instructions générales du Département du commerce, de l'industrie, des postes et des télégraphes.

Tout accident donne lieu, dans les quarante-huit heures, à une déclaration du chef de l'entreprise ou de ses préposés.

Le maire qui la reçoit en transmet avis au juge de paix, à fin d'enquête, si l'accident, d'après le certificat médical annexé à la déclaration, paraît devoir entraîner la mort ou une incapacité permanente, absolue ou partielle. Il semble suffire, d'ailleurs, que l'un ou l'autre des certificats produits, soit par le chef d'entreprise, soit par la victime ou ses représentants, laisse prévoir la mort ou l'incapacité permanente, pour que le juge de paix en doive recevoir avis.

Pour tous les accidents déclarés par les exploitants de mines, minières et carrières, et quelles que soient leurs suites présumées, le maire doit, d'autre part, donner directement avis des déclarations à l'Ingénieur des mines et non à l'Inspecteur du travail. Dans ce cas, et en vue de l'application de l'article 13 de la loi, il est essentiel que cet avis fasse connaître les suites probables de l'accident, d'après le certificat médical produit par l'exploitant, et, s'il y a lieu, celui fourni par la victime ou ses représentants.

Dès que, par cet avis, le Service des mines est informé que l'accident rentre dans la catégorie de ceux qui peuvent entraîner la mort ou une incapacité permanente, absolue ou partielle, il doit, dans les huit jours à partir de l'accident, transmettre directement au juge de paix copie du procès-verbal et des avis qu'il adresse au procureur de la République. Si l'avis simultané au procureur de la République et au juge de paix ne pouvait être fait dans les huit jours, le service des mines devrait informer immédiatement le juge de paix de ce retard, en le motivant.

D'autre part, dès que l'ingénieur en chef des mines reçoit du préfet, conformément à l'article 3 de la loi du 8 juillet 1890 sur les délégués à la sécurité des ouvriers mineurs, le rapport du délégué sur un des accidents envisagés, il en prend une copie pour les archives de son service et transmet l'original au juge de paix.

L'ingénieur en chef des mines agit de même pour les observations faites par l'exploitant en réponse à celles du délégué, dès qu'elles lui sont transmises en conformité du même article 3.

Cette procédure très simple, pour faire tenir aux juges de paix dans tous les cas prévus par la loi le rapport du délégué, comme l'exige l'article 13 de la loi du 9 avril 1898, aura l'avantage de dispenser le délégué d'établir une seconde copie de son rapport, tout en assurant la transmission au juge de paix, dans les délais voulus, de l'original même de ce document; elle épargnera en même temps au délégué les frais et le travail d'une transmission directe.

Les ingénieurs des mines recevront ultérieurement du Département du commerce et de l'industrie les instructions utiles pour tirer parti, par des statistiques appropriées, des déclarations d'accidents dont les maires devront désormais leur donner avis sans distinction.

La loi du 9 avril 1898 imposant aux exploitants de mines comme aux autres industriels la déclaration individuelle de tous les accidents, la tenue des registres d'accidents, conseillée par la circulaire du 9 décembre 1897 (§ 4) et leur communication trimestrielle aux ingénieurs des mines perdent leur intérêt au point de vue administratif. Au point de vue pratique, ces registres présenteraient toujours le précieux avantage de permettre de suivre méthodiquement les accidents d'une même entreprise, de mettre mieux en évidence les faits qui doivent appeler l'attention sur la fréquence d'accidents de nature analogue ou survenant au même endroit. Prévenir les accidents nouveaux par l'étude minutieuse des accidents déjà survenus vaudra toujours mieux que de les réparer.

Telles sont, Monsieur le Préfet, les instructions, relativement très simples, qu'il y aura lieu de substituer désormais aux règles un peu compliquées qu'avait rappelées la circulaire du 9 décembre 1897, qui devra être tenue pour rapportée. Comme vous aviez alors donné aux Maires de votre département, après entente avec le Service des mines, les instructions complémentaires appropriées pour l'exécution de cette circulaire, il vous sera nécessaire de revoir ces instructions pour les rapporter et les modifier en tant que de besoin, de façon à assurer désormais la stricte et complète application des dispositions de la présente circulaire, dont les ingénieurs des Mines reçoivent directement ampliation.

Recevez, Monsieur le Préfet, l'assurance de notre considération la plus distinguée.

Le Ministre du Commerce, de l'Industrie,
des Postes et des Télégraphes,
A. MILLERAND.

Le Ministre des Travaux publics,
PIERRE BAUDIN.

LOI DU 11 JUILLET 1899
relative aux contributions directes et aux taxes y assimilées de l'exercice 1900.

(*Journal officiel* du 13 juillet 1899.)

. . . .

ART. 7. Pour l'application de l'article 25 de la loi du 9 avril 1898, le principal destiné à servir de base au calcul des centimes additionnels est, à l'égard des patentables qui exercent plusieurs professions ne rentrant pas toutes dans la catégorie de celles qui sont visées par l'article 1ᵉʳ de ladite loi, déterminé en considérant ces patentables comme n'exerçant que les professions prévues audit article.

. . . .

ARRÊTÉ DU MINISTRE DE L'INTÉRIEUR
DU 13 JUILLET 1899,
instituant une Commission à l'effet d'arbitrer les indemnités attribuables aux ouvriers victimes d'accidents survenus pendant le mois de juin 1899.

(*Journal officiel* du 11 août 1899.)

LE PRÉSIDENT DU CONSEIL, MINISTRE DE L'INTÉRIEUR ET DES CULTES,

Sur le rapport du secrétaire général du Ministère de l'intérieur et des cultes ;
Vu la résolution prise par la Chambre des députés dans sa séance du 8 juin 1899,

ARRÊTE :

ART. 1ᵉʳ. Une commission est instituée au Ministère de l'intérieur et des cultes, à l'effet d'arbitrer les indemnités attribuables aux ouvriers victimes d'accidents survenus pendant le mois de juin 1899.

Cette commission sera appelée en outre à donner son avis sur la répartition du crédit inscrit au chapitre 48 *bis* du budget du Ministère de l'intérieur, exercice 1899, pour secours aux ouvriers victimes d'accidents du travail ayant entraîné une incapacité de travail permanente, survenue depuis la promulgation de la loi sur les accidents jusqu'au 1ᵉʳ juin 1899.

ART. 2. (1)

ART. 3. Le secrétaire général du Ministère de l'intérieur et des cultes est chargé de l'exécution du présent arrêté.

Fait à Paris, le 13 juillet 1899.　　　　　WALDECK-ROUSSEAU.

---

(1) L'article 2 désignait les membres de cette commission, qui a été d'ailleurs modifiée et complétée par des arrêtés subséquents. — Voir les arrêtés des 13 et 16 décembre 1899.

ARRÊTÉ MINISTÉRIEL DU 11 AOÛT 1899

relatif à l'organisation du service central de contrôle des sociétés d'assurances contre les accidents du travail.

LE MINISTRE DU COMMERCE, DE L'INDUSTRIE, DES POSTES ET DES TÉLÉGRAPHES

Vu la loi du 9 avril 1898, concernant les responsabilités des accidents dont les ouvriers sont victimes dans leur travail, spécialement le dernier alinéa de l'article 27;

Vu le décret du 28 février 1899, portant règlement d'administration publique pour l'exécution dudit article 27;

Vu la loi du 30 juin 1899, portant ouverture de crédits au budget du Ministère du commerce pour l'application de la loi susvisée;

Vu l'arrêté ministériel du 9 avril 1899, déterminant le cadre et la situation des commissaires-contrôleurs des sociétés d'assurances contre les accidents du travail;

Sur la proposition du directeur de l'enseignement technique, du personnel et de la comptabilité et du chef de la division de l'assurance et de la prévoyance sociales,

ARRÊTE :

ART. 1er (modifié par l'arrêté du 18 octobre 1900). Le « Contrôle des sociétés d'assurances contre les accidents du travail » est placé sous l'autorité immédiate du Directeur de l'Assurance et de la Prévoyance sociales.

Ses attributions sont déterminées comme suit :

« Contrôle des mutualités et des compagnies d'assurances contre les accidents du travail et des syndicats de garantie. Constitution et revision des cautionnements. Préparation et centralisation des travaux de contrôle. Tournées d'inspection; contrôle, vérifications. Examen des documents produits par les sociétés. Calcul des réserves mathématiques. Correspondance avec les sociétés; redressements. Étude des barèmes et tarifs. Rapport annuel au Président de la République sur la situation des sociétés surveillées. »

ART. 2. Un commissaire-contrôleur de première classe est délégué dans les fonctions de chef du Contrôle central.

Il a sous ses ordres un auxiliaire principal, qui remplit les fonctions de sous-chef du Contrôle central, et des auxiliaires, dont le recrutement et la situation seront déterminés par arrêté spécial.

Paris, le 11 août 1899.

A. MILLERAND.

CIRCULAIRE DU GARDE DES SCEAUX

DU 12 AOUT 1899

concernant l'observation du règlement d'administration publique prévu par
l'article 27 de la loi du 9 avril 1898 sur les responsabilités des accidents
du travail.

(Journal officiel du 20 août 1899.)

MONSIEUR LE PROCUREUR GÉNÉRAL, la loi du 9 avril 1898, concernant les responsabilités des accidents dont les ouvriers sont victimes dans leur travail, renferme dans son titre IV un ensemble de dispositions annoncées dans le deuxième alinéa de l'article 23 et destinées à assurer le payement des indemnités pour incapacité permanente du travail ou accidents suivis de mort.

Aux termes des articles 24 et 25, à défaut soit par les chefs d'entreprises débiteurs, soit par les sociétés d'assurances à primes fixes ou mutuelles, ou les syndicats de garantie, de s'acquitter, au moment de leur exigibilité, des indemnités mises à leur charge à la suite d'accidents ayant entraîné la mort ou une incapacité permanente de travail, le payement est fait par la Caisse des retraites pour la vieillesse au moyen d'un fonds de garantie alimenté par un impôt spécial portant sur les industries assujetties.

L'institution du fonds de garantie procure aux créanciers une complète sécurité, mais, ce résultat étant obtenu, il importait de prendre des mesures pour diminuer, autant que possible, le risque d'insolvabilité qu'il est destiné à couvrir.

Tel est l'objet de l'article 27 dont le premier alinéa est conçu comme suit : « Les compagnies d'assurances mutuelles ou à primes fixes contre les accidents, françaises ou étrangères, sont soumises à la surveillance et au contrôle de l'État et astreintes à constituer des réserves ou cautionnements, dans des conditions déterminées par un règlement d'administration publique. » Le troisième alinéa fait une situation analogue aux syndicats de garantie.

Le règlement d'administration publique prévu par l'article 27 porte la date du 28 février 1899. Sa stricte exécution présente le plus grand intérêt, tant pour l'application régulière de la loi que pour la sauvegarde du fonds de garantie. Vous voudrez bien y veiller, en ce qui vous concerne ; vous utiliserez, dans ce but, les sanctions renfermées dans l'article 471, § 15, du Code pénal, qui punit d'amende depuis 1 franc jusqu'à 5 francs les contraventions aux règlements légalement faits par l'autorité administrative, et dans l'article 474 du même Code, qui édicte, en cas de récidive, la peine d'emprisonnement pendant trois jours au plus.

Les sanctions applicables aux directeurs ou administrateurs convaincus de contraventions aux articles 2 et 25 du décret atteignent également, et à plus forte raison, les sociétés qui violeraient l'article 1er en essayant de se soustraire au contrôle et à la surveillance de l'État. Cette contravention sera facile à constater ; les sociétés qui pratiquent l'assurance contre le risque défini dans le deuxième alinéa de la loi sont, en effet, tenues de verser préalablement un cautionnement à la Caisse des dépôts et consignations et sont mentionnées, à ce titre, au *Journal officiel* en exécution des articles 18 et 19 du décret du 28 février 1899. D'autre part, les syndicats de garantie ne peuvent fonctionner licitment sans avoir obtenu l'approbation de leurs statuts par décret publié au *Journal officiel*.

Je vous prie, Monsieur le Procureur général, de prendre des mesures pour que la vigilance du ministère public ne soit pas mise en défaut, et de faire exercer, sans hésitation, des poursuites devant les tribunaux de simple police, dans tous les cas où les contraventions seraient portées à sa connaissance.

Vous voudrez bien faire parvenir à chacun de vos substituts un exemplaire de la présente circulaire.

Recevez, Monsieur le Procureur général, l'assurance de ma considération très distinguée.

Le Garde des Sceaux, Ministre de la Justice,
MONIS.

DÉCRET DU 18 AOÛT 1899

relatif à l'application de l'article 11 de la loi du 9 avril 1898 sur les responsabilités des accidents du travail.

(*Journal officiel* du 22 août 1899.)

———

Le Président de la République française,

Sur le rapport du Ministre du commerce, de l'industrie, des postes et des télégraphes;

Vu la loi du 9 avril 1898, concernant les responsabilités des accidents dont les ouvriers sont victimes dans leur travail et spécialement les articles 11 et 12;

Vu le décret du 30 juin 1899 relatif à l'exécution desdits articles,

Décrète :

Art. 1er. Les modèles I, III et IV annexés au décret susvisé du 30 juin 1899 sont remplacés par les modèles annexés au présent décret.

Art. 2. Le Ministre du commerce, de l'industrie, des postes et des télégraphes est chargé de l'exécution du présent décret, qui sera publié au *Journal officiel* de la République française et inséré au *Bulletin des lois.*

Fait à Rambouillet, le 18 août 1899.

ÉMILE LOUBET.

Par le Président de la République :

Le Ministre du Commerce, de l'Industrie,
des Postes et des Télégraphes,
A. MILLERAND.

MODÈLE I.

DÉCLARATION D'ACCIDENT DU TRAVAIL (A).

(Art. 11 de la loi du 9 avril 1898.)

(1) Indiquer les nom, prénoms, profession et adresse soit du chef d'entreprise, s'il fait la déclaration lui-même, soit de son préposé, en mentionnant son emploi dans l'entreprise, soit des représentants de la victime, en mentionnant à quel titre ils la représentent (père, mère, conjoint, enfant, mandataire, etc.)

Si la déclaration est faite par la victime elle-même, indiquer ici les renseignements ci-après sous le n° 3.

(2) Indiquer la nature de l'établissement et son adresse, ainsi que l'atelier où a eu lieu l'accident.

(3) Indiquer les nom, prénoms, âge, sexe, profession et adresse de la victime.

(4) Indiquer les noms, professions et adresses.

(5) Nom et adresse.

(6) Indiquer les conclusions du certificat médical en ce qui concerne les causes probables de l'accident.

Le soussigné, (1) _______________________

déclare à M. le maire de la commune d _______________________

canton d _______________________

arrondissement d _______________________

département d _______________________

conformément à l'article 11 de la loi du 9 avril 1898, qu'un accident ayant occasionné une incapacité de travail est survenu le _______________________

à _______________ heure _______________________

dans (2) _______________________

à (3) _______________________

L'accident s'est produit dans les circonstances suivantes : _______________________

____

____

Les témoins de l'accident sont (4) _______________________

____

____

Je joins à la présente déclaration un certificat du docteur (5) _______________________

_______________________ constatant que l'accident paraît devoir

entraîner (6) _______________________

Fait à _______________, le _______________ 19

(*Signature du déclarant.*)

(A) Cette déclaration doit être remise à la mairie dans les quarante-huit heures de l'accident.

MODÈLE III.

DÉPARTEMENT

d

ARRONDISSEMENT

d

CANTON

d

(1) Nom et prénoms.

(2) Indiquer les nom, prénoms, profession et adresse soit du chef d'entreprise, s'il fait la déclaration lui-même, soit de son préposé, en mentionnant son emploi dans l'entreprise, soit des représentants de la victime, en mentionnant à quel titre ils la représentent (père, mère, conjoint, enfant, mandataire, etc.).

Si la déclaration est faite par la victime elle-même, indiquer ici les renseignements prévus ci-après sous le n° 4.

(3) Indiquer la nature de l'établissement et son adresse, ainsi que l'atelier où a eu lieu l'accident.

(4) Indiquer les nom, prénoms, âge, sexe, profession et adresse de la victime.

(5) Indiquer les noms, professions et adresses.

(6) Indiquer ici les conclusions du certificat médical en ce qui concerne les suites probables de l'accident.

(7) Rayer la première de ces deux formules si, d'après le certificat médical, l'accident ne paraît pas devoir entraîner la mort ou une incapacité permanente absolue ou partielle de travail.

Dans le cas contraire, rayer la seconde.

RÉPUBLIQUE FRANÇAISE.

MAIRIE D

PROCÈS-VERBAL DE DÉCLARATION D'ACCIDENT DU TRAVAIL.

(Art. 11 de la loi du 9 avril 1898.)

Nous, soussigné (1) _______________

maire de la commune d _______________

avons reçu le _______________ à _______________ heure _______________

de M. (2) _______________

____

en exécution de l'article 11 de la loi du 9 avril 1898, une déclaration relative

à un accident survenu le _______________ à _______________ heure

dans (3) _______________

à (4) _______________

Cette déclaration constate :

1° Que l'accident s'est produit dans les circonstances suivantes : _______________

____

____

2° Que les témoins de l'accident sont (5) _______________

____

____

A cette déclaration était joint un certificat du docteur (1) _______________

constatant que l'accident paraît devoir entraîner (6) _______________

____

La déclaration et le certificat médical, dont récépissé a été délivré séance tenante au déclarant, ont été annexés au présent procès-verbal.......... pour la déclaration être classée aux archives de la mairie et le certificat médical être immédiatement transmis à la justice de paix avec copie de ladite déclaration (7).

pour être classés aux archives de la mairie (7).

Fait et arrêté le présent procès-verbal les jour, mois et an que dessus.

(*Signature du maire.*)

MODÈLE IV.

DÉPARTEMENT

d __________

ARRONDISSEMENT

d __________

CANTON

d __________

(1) Nom et prénoms.

(2) L'inspecteur départemental du travail en résidence à ou l'ingénieur ordinaire des mines en résidence à

(3) Indiquer le nom, la qualité et l'adresse du déclarant.

(4) Indiquer la nature de l'établissement et son adresse, ainsi que l'atelier où a eu lieu l'accident.

(5) Indiquer les nom, prénoms, âge, sexe, profession et adresse de la victime.

(6) Indiquer les noms, professions et adresses.

(7) Indiquer les conclusions du certificat médical, en ce qui concerne les suites probables de l'accident.

RÉPUBLIQUE FRANÇAISE.

MAIRIE D _______

AVIS DE DÉCLARATION D'ACCIDENT DU TRAVAIL

TRANSMIS AU SERVICE D'INSPECTION (A).

(Art. 11 de la loi du 9 avril 1898.)

Nous, soussigné, (1) ________________________

maire de la commune d ____________________

avisons M. (2) ___________________________

que nous avons reçu le ____________ à ____ heure ____

de (3) ___________________________________

une déclaration d'accident survenu le ______________

à _________ heure _________________________

dans (4) __________________________________

à (5) ____________________________________

Cette déclaration constate :

1° Que l'accident s'est produit dans les circonstances suivantes :

____

____

2° Que les témoins de l'accident sont (6) ______________

____

____

Le certificat médical joint à ladite déclaration constate que l'accident paraît devoir entraîner, (7) ____________________________

____

Fait à _______________ , le _____________ 19___

(Signature.)

(A) Cet avis doit être transmis par le maire le jour même de la réception de la déclaration d'accident, à moins que cette déclaration n'ait été faite qu'après midi. Dans ce cas, l'avis doit être transmis dans la *matinée* du lendemain.

CIRCULAIRE DU MINISTRE DU COMMERCE

DU 21 AOÛT 1899

relative à l'application des articles 11 et 12 de la loi du 9 avril 1898.

(Journal officiel du 22 août 1899.)

Monsieur le Préfet, la loi du 9 avril 1898 concernant les responsabilités des accidents dont les ouvriers sont victimes dans leur travail a prescrit, par son article 11, la déclaration de tous les accidents ayant occasionné une incapacité de travail.

Bien que cet article, à la différence des dispositions correspondantes et presque identiques contenues dans l'article 15 de la loi du 2 novembre 1892 et dans l'article 11 de la loi du 12 juin 1893, n'eût point délégué à un règlement d'administration publique le soin de déterminer la procédure des déclarations, il a paru indispensable d'assurer l'exécution uniforme de la loi nouvelle sur ce point. Tel a été l'objet du décret du 30 juin 1899 inséré au *Journal officiel* du 1ᵉʳ juillet.

Trois des modèles annexés à ce décret ont dû d'ailleurs être modifiés depuis sur quelques points, à la suite de l'expérience faite pendant les premières semaines d'application. Ces modifications de détail ont été réglées par un décret du 18 août, publié au *Journal officiel* en même temps que la présente circulaire.

Pour faire suite à ma dépêche du 30 juin dernier, qui vous invitait à porter immédiatement le décret du même jour à la connaissance des maires de votre département et à le publier au *Bulletin des actes administratifs*, j'ai l'honneur de vous prier de prendre sans délai les mêmes mesures en ce qui concerne le décret complémentaire du 18 août.

Je crois devoir, au surplus, vous adresser quelques éclaircissements, qui pourront faciliter l'application de ces deux décrets et auxquels vous voudrez bien donner la même publicité.

I

DE LA DÉCLARATION D'ACCIDENT.

A. *Des accidents à déclarer.* L'article 11 de la loi astreint les chefs d'entreprise à déclarer «tout accident ayant occasionné une incapacité de travail».

Cet article est évidemment en corrélation avec l'article 1ᵉʳ, qui indique les professions assujetties au nouveau régime légal de responsabilité en matière d'accidents de travail. Ne sont donc soumis à la déclaration que les «accidents survenus par le fait du travail, ou à l'occasion du travail, aux ouvriers et employés occupés dans l'industrie du bâtiment, les usines, manufactures, chantiers, les entreprises de transport par terre et par eau, de chargement et de déchargement, les magasins publics, mines, minières, carrières et, en outre, dans toute exploitation ou partie d'exploitation dans laquelle sont fabriquées ou mises en œuvre des matières explosives, ou dans laquelle il est fait usage d'une machine mue par une force autre que celle de l'homme ou des animaux».

Mais, pour les établissements ainsi visés par la loi, il y a lieu, en principe, à déclaration toutes les fois qu'il y a eu un « accident » et que cet accident a « occasionné une incapacité de travail » ou, à plus forte raison, la mort.

Sous le régime des lois des 2 novembre 1892 et 12 juin 1893 et en vertu des dispositions expresses des deux règlements d'administration publique intervenus pour l'exécution de ces lois, aux dates des 21 avril et 20 novembre 1893, les déclarations étaient limitées aux accidents qui paraissaient devoir entraîner une incapacité de travail « de trois jours au moins ». Rien dans le texte de la loi nouvelle n'autorise une pareille limitation, et le décret du 30 juin 1899 a dû rester muet à cet égard.

Sans aller jusqu'à soutenir que la déclaration devient obligatoire pour les accidents sans aucune gravité, n'exigeant, par exemple, qu'une interruption de travail de quelques heures, il est prudent d'indiquer aux chefs d'entreprise que leur propre intérêt leur commande, en cas de doute, de remplir la formalité de la déclaration. Même pour les accidents d'apparence d'abord insignifiante, telle conséquence peut se développer ou telle complication survenir, qui entraîne finalement une interruption de travail de plus de quatre jours. Dans ce cas, et si la déclaration n'a pas été au préalable et régulièrement effectuée dans le délai légal, le chef d'entreprise se trouvera, de ce seul fait, constitué en faute et passible d'une pénalité.

S'il se rencontrait, au contraire, qu'un accident n'ayant entraîné sur le champ aucune interruption de travail, aboutissait directement à une incapacité ultérieure, le chef d'entreprise n'aurait évidemment point à se reprocher alors l'absence de déclaration, et le délai imparti pour la faire ne devrait courir, à son encontre, qu'à partir du jour où se produirait l'incapacité de travail effective.

Le chef d'entreprise est astreint à la déclaration pour tous les accidents atteignant le personnel appelé à bénéficier de la loi, quel que soit le lieu où les accidents se sont produits.

Les lois des 2 novembre 1892 et 12 juin 1893 ne prescrivaient la déclaration que pour les accidents survenus dans les établissements qu'elles visaient. L'article 11 de la loi de 1898, comme son article 1er, a une portée plus large. Il implique obligation de déclaration pour tous les accidents « survenus par le fait du travail, ou à l'occasion du travail », et, par conséquent, aussi bien pour les accidents survenus dans un travail extérieur, au domicile des clients de l'entreprise, ou dans une course commandée, que pour les accidents survenus au siège même ou dans les chantiers de l'entreprise.

Par contre, le chef d'entreprise ne serait point tenu à la déclaration, en vertu de la loi de 1898, si la victime de l'accident n'était pas un des bénéficiaires de la loi ; par exemple, s'il s'agissait d'un tiers blessé dans son usine ou sur ses chantiers. Il n'y serait pas tenu davantage si l'accident n'était évidemment pas un accident du travail : par exemple, si la victime succombait à un anévrisme ou était blessé dans une rixe, sauf à elle, bien entendu, ou à ses ayants droit, à user, le cas échéant, de son droit direct de déclaration, si la cause ou le caractère de l'accident se trouvaient contestés entre les parties.

B. *Du lieu de la déclaration.* La déclaration doit être faite, porte l'article 11 de la loi, au maire de la commune. Ainsi que cela a été spécifié par le rapporteur au Sénat et comme d'ailleurs le prescrivaient déjà les règlements d'administration publique rendus pour l'exécution des lois de 1892 et de 1893, il ne peut s'agir que du maire de la commune où l'accident s'est produit.

La localisation de l'accident et, par suite, la détermination de la mairie où la déclaration doit être effectuée n'offrira le plus souvent aucune difficulté.

Il se peut cependant, en matière d'accidents de roulage et surtout en matière d'accidents de chemins de fer, que l'accident n'apparaisse qu'après coup, souvent même à une grande distance du lieu où il s'est vraisemblablement produit. Dans ce cas, c'est à la mairie de la commune où il est reconnu ou bien à la mairie de la commune où a lieu le premier arrêt que la déclaration devient obligatoire. Le vœu non équivoque du législateur est, en effet, que le maire et, le cas échéant, par voie de conséquence, le juge de paix saisis se trouvent être les magistrats le plus rapprochés du théâtre de l'accident et le mieux à même, dès lors, au moins d'une manière générale, de provoquer ou de vérifier les premières constatations.

Quant aux accidents survenus dans une mine, minière ou carrière s'étendant sous le territoire de plusieurs communes, ils devront être déclarés à la mairie de la commune où sont situés les bâtiments d'exploitation, par analogie avec la mesure qu'édicte le décret du 6 mai 1811 (art. 21) en matière de redevances minières.

Il ne faut point enfin perdre de vue que, dans la commune où la déclaration doit être faite, le maire a seul qualité pour la recevoir régulièrement. Une déclaration faite à un commissaire central ou à tout autre fonctionnaire administratif ne mettrait pas le chef de l'entreprise intéressé à l'abri d'une contravention.

De même, la déclaration à la mairie ne demeurerait pas moins obligatoire si l'autorité judiciaire avait déjà, par ailleurs, connaissance officielle de l'accident ou si elle avait informé, par exemple, au cas de présomption d'homicide ou de blessures par imprudence.

Le texte de l'article 11 de la loi est absolument formel : nul autre que le maire ou ses représentants ne peut donner récépissé valable des déclarations d'accidents et décharger, au regard de cette prescription, le chef d'entreprise assujetti.

C. Du déclarant. L'obligation de la déclaration pèse sur « le chef d'entreprise ou ses préposés ».

Aux termes de l'article 15 de la loi du 2 novembre 1892 et de l'article 11 de la loi du 12 juin 1893, cette obligation incombait essentiellement au chef d'entreprise lui-même. C'était seulement « à son défaut et en son absence » qu'elle retombait sur « son préposé ».

Les termes de la loi nouvelle sont beaucoup moins étroits. D'une part, le chef d'entreprise, sans avoir à justifier d'aucun empêchement, peut toujours se dispenser d'une déclaration personnelle. D'autre part, il peut déléguer le soin de la faire à l'un quelconque de « ses préposés », c'est-à-dire des chefs de service ou des contremaîtres dépendant de lui, pourvu que le maire appelé à la recevoir n'ait pas raison sérieuse de discuter la qualité du déclarant.

La distinction faite par les textes antérieurs semble devoir toutefois être retenue, avec le texte nouveau de l'article 11 et de l'article 14, en ce qui concerne seulement la responsabilité pénale encourue au cas d'absence de déclaration régulière.

« A défaut » du chef d'entreprise empêché, c'est bien son « préposé », c'est-à-dire le chef immédiat de l'exploitation ou partie d'exploitation dans laquelle l'accident s'est produit qui demeurerait personnellement passible des peines prévues par la loi.

« Obligatoire » pour le chef d'entreprise ou son délégué, la déclaration d'accident est « facultative » pour la victime elle-même ou ses représentants. Cette faculté ne peut d'ailleurs s'exercer que dans les conditions déterminées pour la déclaration imposée au chef d'entreprise.

Elle appartient soit à la victime elle-même, soit à ses représentants, au sens le plus large du mot, c'est-à-dire à ses ayants droit, à ses ayants droit éventuels, à ses parents ou même à ses amis ou voisins, pourvu que le maire soit mis suffisamment à même d'apprécier que la déclaration est réellement faite en son nom ou dans son intérêt.

On peut ajouter qu'en dehors de cas tout à fait exceptionnels, dont il pourrait seul rester juge, le maire n'aurait point à recevoir, en outre de la déclaration du chef d'entreprise, plus d'une déclaration émanant soit de la victime, soit de ses représentants.

D. *Du délai imparti pour la déclaration.* La loi ne réserve expressément qu'un délai de « quarante-huit heures » pour la déclaration et la production concomitante du certificat médical qui doit y être annexé.

D'après la formule employée par le législateur et la valeur que la jurisprudence assigne aux formules analogues, le délai dont il s'agit court d'heure à heure, à partir du moment de l'accident, et il n'est point prorogé à raison des fêtes légales ou des jours fériés qui peuvent le traverser. Pour un accident survenu, par exemple, un lundi à 5 heures du soir, le délai légal expire le surlendemain, mercredi, à 5 heures.

Si l'on tient compte du temps d'ouverture relativement restreint de certaines mairies dans les petites communes, on voit que les chefs d'entreprises avisés devront presque toujours se préoccuper de se procurer le jour même de l'accident les éléments de la déclaration et le certificat médical qui la complète nécessairement.

Il se produira même assez souvent que l'un des deux jours impartis sera un dimanche. Malgré les difficultés que cette coïncidence peut impliquer au point de vue de la réception des déclarations dans les mairies et aussi de la recherche préalable des certificats médicaux, il faut constater que le texte de l'article 11 ne se prête à aucun tempérament.

En laissant passer le délai de quarante-huit heures à compter de l'accident, ou, exceptionnellement comme je l'ai indiqué sous le paragraphe A ci-dessus, à compter de l'incapacité de travail consécutive et postérieure à l'accident, le chef d'entreprise qui a omis de faire sa déclaration, ou, ce qui revient au même, de produire une déclaration régulière, accompagnée du certificat médical exigé, devient passible de la pénalité prévue par la loi. Mais il ne s'ensuit point que, passé ce délai, le maire ait le droit d'écarter sa déclaration ou de lui en refuser récépissé. A toute époque, la déclaration tardive du chef d'entreprise doit être acceptée par le maire, sauf à celui-ci à provoquer, s'il le juge convenable, l'application de la peine encourue du fait de ce retard.

A plus forte raison, la déclaration facultative de la victime ou de ses représentants n'est-elle assujettie à aucune limitation de délai.

E. *De la forme et du contenu de la déclaration.* Les lois de 1892 et de 1893 admettaient une déclaration collective pour chaque accident survenu, quel que fût le nombre de ses victimes. Il n'en saurait être de même sous le régime de la loi de 1898, chaque accident pouvant, s'il est présumé devoir entraîner une incapacité permanente ou la mort, nécessiter une enquête distincte et aboutir à une ordonnance ou à un jugement spécial. Aussi doit-il y avoir toujours désormais autant de déclarations que de victimes.

Pour faciliter la rédaction de ces déclarations et simplifier, par leur uniformité même, le travail des mairies, qui, dans certaines communes, ne laissera point d'être sensiblement accru, le décret du 30 juin 1899 a déterminé un modèle officiel (modèle I), qui a été d'ailleurs complété par le décret du 18 août. Ce modèle correspond maintenant tout à fait au modèle du « procès-verbal » à dresser par le maire, de sorte que le déclarant n'aura plus qu'à apporter à la mairie sa déclaration remplie et signée, sans avoir à donner une nouvelle signature au procès-verbal.

Conçu pour la généralité des cas, ce modèle pourra, du reste, comporter, dans certaines circonstances exceptionnelles, des indications additionnelles.

Si, par exemple, l'accident s'est produit en dehors du siège de l'établissement industriel, sur un chantier extérieur, ou chez un client de l'entreprise, ou dans un trajet de service, il faudra spécifier, outre l'établissement auquel appartient la victime, le lieu où l'accident s'est produit.

Ces indications éventuelles, dont l'intitulé eût inutilement compliqué les formules réglementaires de déclaration, de procès-verbal, d'avis au service d'inspection et d'avis au juge de paix, devront être ajoutées toutes les fois qu'en apparaîtra la nécessité. Il suffira, dans les cas douteux, de se rappeler que le déclarant est tenu, pour déférer au vœu de la loi, de fournir toutes les données initiales des enquêtes, judiciaires ou administratives.

Mais je n'irais pas jusqu'à penser que ces indications nécessaires ne sont absolument recevables que dans l'ordre et sous la forme réglementaires. Le maire, tout en gardant le droit de représenter aux intéressés les inconvénients pratiques de formules disparates, ne me paraîtrait point fondé à écarter les formules différentes qu'on persisterait à lui produire.

J'ai lieu de penser notamment qu'il ne conviendrait pas, pendant les premiers mois d'application de la loi, de rejeter les formules que diverses compagnies de chemins de fer ou diverses industries avaient pris l'initiative d'établir avant la promulgation du décret du 3o juin dernier et qu'elles ont le désir d'écouler, sous réserve d'y apporter les corrections ou additions manuscrites indispensables.

Pourvu que la déclaration renferme les renseignements essentiels, qu'elle soit régulièrement signée et qu'elle se trouve accompagnée du certificat médical correspondant, le maire, sans pouvoir se faire juge définitif de son contenu, doit la recevoir. Je n'ai pas besoin d'ajouter qu'il ne se résignera à accepter ainsi une déclaration insuffisante, ou différente du modèle réglementaire, qu'après avoir épuisé les observations officieuses et montré aux intéressés combien, dans leur propre intérêt, serait préférable une déclaration dès l'abord complète et correcte. En face d'une mauvaise volonté évidente, il ne devrait pas hésiter, au surplus, à provoquer l'application de l'article 14 de la loi et à mettre ainsi la justice à même de statuer.

Si le maire ne peut rejeter une déclaration, parce qu'il l'estime insuffisante, il ne pourrait davantage l'écarter à raison des inexactitudes qu'il y croirait relever. Il arrivera sans doute quelquefois que deux déclarations effectuées, pour un même accident, par le chef d'entreprise et par la victime ou ses représentants comporteront des divergences, voire des contradictions. Il ne saurait appartenir au maire d'opposer son appréciation aux énonciations des déclarants et de se substituer au juge, qui seul pourra décider.

II

DU CERTIFICAT MÉDICAL.

Comme je viens de l'indiquer, le certificat médical constitue le complément obligatoire de la déclaration. La loi dispose expressément qu'il y doit être joint. Il fait, pour ainsi dire, corps avec elle, à tel point que ces deux pièces, considérées comme un document unique, ne donnent lieu, d'après le texte formel de l'article 11, qu'à un même récépissé.

La déclaration du chef d'entreprise ne semble recevable sans certificat médical que dans deux cas :

1° S'il y a eu accident entraînant mort immédiate ; car alors, malgré la généralité apparente du texte de l'article 11, il n'y a point à «indiquer l'état de la victime, les suites probables de l'accident et l'époque à laquelle il sera possible d'en connaître le résultat définitif»;

2° Si le chef d'entreprise rapporte une attestation du médecin constatant que la victime a refusé de se laisser visiter par lui et a mis ainsi un obstacle matériel à la production du certificat légal.

La production du certificat médical, qui est obligatoire pour le chef d'entreprise, devient nécessaire pour la victime ou pour ses représentants, s'ils veulent faire une déclaration directe.

Dans l'un et l'autre cas, le maire est tenu de refuser une déclaration qui ne serait point accompagnée du certificat médical correspondant et qui le mettrait dans l'impossibilité de remplir lui-même l'obligation légale que lui impose le premier alinéa de l'article 12.

La formule du certificat médical est si simple qu'il a paru superflu d'en faire l'objet d'un modèle réglementaire. Les médecins appelés à établir ces certificats prendront vite l'habitude de les rédiger dans l'ordre logique que la loi indique elle-même, c'est-à-dire en attestant successivement :

1° L'état de la victime au moment de la délivrance du certificat et le caractère de la blessure reçue ;

2° Les suites probables de l'accident (mort, incapacité permanente absolue, incapacité permanente partielle, incapacité temporaire de telle ou telle durée);

3° L'époque à laquelle il sera possible d'en connaître le résultat définitif.

Il pourrait être utile, au surplus, de signaler ces indications aux médecins intéressés et vous apprécierez, Monsieur le Préfet, s'il ne conviendrait pas d'intervenir directement en ce sens auprès des syndicats médicaux ou des représentants autorisés du corps médical dans votre département.

Il ne serait sans doute pas inopportun de leur rappeler en même temps que les certificats dont il s'agit sont exempts de timbre et qu'ils ne sont pas nécessairement délivrés à titre gratuit, comme avaient pu le craindre tout d'abord quelques organes de la presse médicale.

Ainsi que l'a reconnu, dans un avis récent, le comité consultatif des assurances contre les accidents du travail, le premier alinéa de l'article 29, en édictant la délivrance gratuite, le visa pour timbre et l'enregistrement gratis des procès-verbaux, certificats, actes de notoriété, significations, jugements et autres actes faits ou rendus en vertu et pour l'exécution de la loi, n'a évidemment entendu viser que la gratuité au compte du Trésor, sans imposer à des tiers des charges sans compensation. Aussi bien, le second alinéa de cet article prévoit expressément la fixation des émoluments des greffiers et, en effet, ces émoluments ont été déterminés par un décret du 5 mars 1899. Dès lors, les dispositions générales de l'article 29 ne paraissent point opposables aux médecins appelés à délivrer des certificats.

Dans le cas prévu par l'article 11, « un certificat de médecin » devant être joint à la déclaration d'accident, le chef d'entreprise se trouve astreint, sous les sanctions de l'article 31, à cette production complémentaire, aussi bien qu'à la déclaration elle-même. Il est donc tenu de se procurer à ses frais le certificat médical, ainsi du reste que l'a déjà établi l'interprétation administrative pour l'exécution des dispositions identiques contenues dans les lois des 2 novembre 1892 et 12 juin 1893. Il en est évidemment de même de la victime de l'accident et de ses représentants si, usant de la faculté réservée par la loi, ils prennent l'initiative de la déclaration d'accident.

Cette interprétation, qui ne semble pas prêter au doute, rassurera, j'en suis sûr, toutes les appréhensions qui auraient pu se faire jour et ôtera tout prétexte aux refus de concours des médecins pour l'exécution régulière de cette importante disposition de la loi.

Vous pourriez, dans le même but, si vous le jugiez utile, rappeler ou faire rappeler aux médecins des hôpitaux qu'ils doivent sur ce point l'exemple à leurs confrères et qu'ils ne sauraient refuser les certificats de l'espèce aux blessés admis dans leurs services, quand les chefs d'entreprise intéressés ne se trouvent point à même d'en provoquer directement l'établissement par des médecins de leur choix.

III

DU RÉCÉPISSÉ.

A la différence de la formule de certificat médical et même de la formule de déclaration, dont l'uniformité peut exceptionnellement fléchir, les autres formules (récépissé, avis au service d'inspection, avis au juge de paix) doivent être rigoureusement remplies par les maires dans les formes réglementaires.

Les maires ne sauraient notamment apposer, sans inconvénient, leur signature sur les formules ou talons différents que les chefs d'entreprise leur présenteraient tout préparés et dont la remise pourrait engager leur responsabilité administrative.

Le récépissé doit être délivré au déclarant immédiatement, au reçu de sa déclaration. Rien n'autorise le maire à refuser aux intéressés, ne fût-ce que pendant quelques heures, la preuve qu'ils ont obtempéré aux prescriptions de la loi.

En disposant, d'autre part, comme dans les lois de 1892 et 1893, que le récépissé serait « remis » au déclarant, le législateur de 1898 a écarté l'hypothèse de récépissé délivrés, comme de déclarations faites par voie postale.

IV

DU PROCÈS-VERBAL.

A la suite de la réception de la déclaration souscrite par le chef d'entreprise, l'article 11 de la loi du 9 avril 1898 veut que le maire dresse procès-verbal de cette déclaration.

Le modèle de procès-verbal annexé au décret du 30 juin 1899 contenait des énonciations additionnelles à celles de la déclaration et il devait, dès lors, être également signé par le déclarant, comme l'étaient d'ailleurs les procès-verbaux précédemment dressés en exécution des règlements d'administration publique des 21 avril et 20 novembre 1893.

En élargissant la formule de la déclaration elle-même et en y ménageant l'insertion de toutes les indications nécessaires aux enquêtes ultérieures, le décret du 18 août 1899 a pu décharger les chefs d'entreprise de cette seconde signature et de la comparution qu'elle impliquait. Le procès-verbal du maire, d'après le nouveau modèle III en vigueur, n'est plus que l'enregistrement administratif, à date certaine, de la déclaration faite par le chef d'entreprise.

Il ne diffère de cette déclaration que sur un point. Il constate l'accomplissement des devoirs imposés au maire en ce qui concerne : 1° la délivrance du récépissé au déclarant ; 2° l'envoi, s'il y a lieu, à la justice de paix des pièces spécifiées par le premier alinéa de l'article 12 de la loi.

Vous voudrez bien, Monsieur le Préfet, prescrire aux maires de dresser les procès-verbaux de déclaration d'accidents, non sur des feuilles volantes, mais sur des registres spéciaux, tenus sans blancs. Il est important que les procès-verbaux demeurent ainsi, avec les pièces originales y annexées, à la disposition de l'autorité judiciaire et, le cas échéant, du service de l'inspection du travail, en vue des recherches ou des statistiques ultérieures.

La communication de ces registres devrait, au contraire, être refusée au public. Les intéressés seuls pourraient obtenir connaissance du procès-verbal qui les concerne. Et, par intéressés, j'incline à penser qu'il faudrait entendre exclusivement le chef d'entreprise ou son préposé, la victime ou ses représentants.

V

DE L'AVIS AU SERVICE D'INSPECTION.

En dehors des cas vraisemblablement fort rares où, suivant la prévision du dernier alinéa de l'article 11 de la loi de 1898, l'article 15 de la loi du 2 novembre 1892 et l'article 11 de la loi du 12 juin 1893 se rencontreraient encore applicables, la transmission faite désormais par les maires au service d'inspection diffère, en la forme, de celle qui était faite antérieurement. Le service d'inspection ne recevra plus la déclaration du chef d'entreprise ni le certificat médical, dont les décrets des 21 avril et 20 novembre 1893 lui avaient assuré la possession : d'après les dispositions nouvelles de la loi de 1898, la première de ces pièces doit rester aux archives de la mairie et la seconde est destinée, le cas échéant, à la justice de paix.

Mais, au fond, le nouveau modèle d'*Avis*, tel que l'a remanié le décret du 18 août 1899, fournit au service d'inspection tous les renseignements qu'il recevait autrefois. Les inspecteurs du travail continueront donc à disposer des mêmes éléments d'investigation et d'enquête que par le passé dans la mission qui leur est dévolue.

Cette formule d'*Avis* (modèle IV) doit être adressée par les maires pour tous les accidents déclarés, même si ces accidents concernent des industries non soumises à l'inspection; telles que les entreprises de chargement et de déchargement ou les exploitations agricoles faisant emploi de moteurs inanimés. Le texte de l'article 11 ne permet aucune distinction.

Mais les maires doivent veiller attentivement à la répartition de ces avis, suivant les cas, entre les inspecteurs du travail et les ingénieurs des mines.

Doivent être seuls adressés aux ingénieurs ordinaires des mines préposés à la surveillance administrative des établissements où les accidents se sont produits :

1° Les avis d'accidents survenus dans les mines, minières et carrières ou leurs dépendances légales, suivant les conditions rappelées par la circulaire que nous vous avons adressée, mon collègue des Travaux publics et moi, à la date du 11 juillet dernier;

2° Les avis d'accidents déclarés comme provenant d'*appareils à vapeur*, pourvu que ces appareils ne se trouvent point en service dans l'enceinte des chemins de fer. Les ingénieurs des mines devront d'ailleurs immédiatement, d'après les instructions qu'ils vont recevoir de M. le Ministre des travaux publics, faire le départ, qu'on ne pouvait demander aux maires, entre ceux de ces avis afférents à des accidents dus aux «générateurs» et aux «récipients» placés sous leur surveillance par le décret du 30 avril 1880, et ceux qui concernent les accidents dus à tout autre appareil : ils garderont les premiers, en vue de la préparation des rapports dont l'article 13 leur impose la rédaction à bref délai; ils renverront les autres, sans retard, à l'inspecteur départemental du travail.

Tous les autres avis (y compris ceux qui correspondent à des accidents provenant d'appareils à vapeur dans l'enceinte des chemins de fer) doivent être adressés à l'inspecteur départemental du travail.

VI

DE L'AVIS À LA JUSTICE DE PAIX.

L'avis au service de l'inspection (inspecteur du travail ou ingénieur des mines) doit toujours être transmis. L'avis destiné à la justice de paix du canton n'est, au contraire envoyé que «lorsque, d'après le certificat médical, la blessure paraît devoir entraîner la mort ou une incapacité permanente absolue ou partielle de travail» (art. 12 de la loi). Il doit être entendu, au reste, et bien que la loi ne l'ait pas expressément indiqué, que la transmission d'une copie de la déclaration doit aussi être faite à la justice de paix, lorsque l'accident a entraîné mort immédiate.

Le maire n'a jamais à apprécier lui-même les suites possibles de l'accident déclaré. C'est uniquement aux conclusions du certificat médical qu'il doit s'en référer pour conserver par devers lui ou transmettre au juge de paix ce certificat médical, en original. Il y joint, dans ce cas, une copie de la déclaration.

Si le certificat médical produit par le chef d'entreprise concluait à l'incapacité temporaire et si la victime ou ses ayants droit venaient ensuite à faire une déclaration appuyée d'un certificat médical concluant à l'incapacité permanente, le maire devrait, en présence de cette contradiction, opérer néanmoins transmission au juge de paix et, pour mettre ce magistrat en possession de tous les premiers éléments de l'affaire, il aurait même à lui faire tenir les deux certificats médicaux et les deux copies de déclarations concernant l'accident.

Ce double envoi devrait, à plus forte raison, être assuré si les deux certificats annexés aux deux déclarations concluaient uniformément à l'incapacité permanente, ou bien l'un à l'incapacité permanente et l'autre à la mort.

Ces transmissions, comme les envois d'avis au service de l'inspection, doivent être rigoureusement effectués dans le délai indiqué aux modèles, c'est-à-dire, en principe, «le jour même de la déclaration d'accident». C'est seulement lorsque la déclaration a été faite dans l'après-midi que la mairie a la faculté de remettre les envois correspondants à la «matinée du lendemain».

Vous ne manquerez pas cependant d'insister auprès des maires pour qu'ils n'usent que le moins possible de ces délais et pour qu'ils prennent l'habitude d'assurer, autant que possible, dans une opération simultanée la réception des déclarations et l'envoi de toutes les pièces corrélatives. Le travail administratif des mairies s'en trouverait, en réalité, simplifié, en même temps que serait accrue la rapidité des transmissions.

Or cette rapidité est indispensable pour que les ingénieurs des mines puissent établir, le cas échéant, leurs rapports dans le court délai que leur assigne l'article 13, pour que les juges de paix puissent commencer sans retard leurs enquêtes, dont la promptitude multipliera les résultats, et pour que les inspecteurs du travail soient en mesure de relever, s'ils le jugent utile, sur le lieu de l'accident des indications encore assez précises pour permettre d'en prévenir le retour.

Le législateur, comprenant l'importance particulière des prescriptions qu'il édictait dans l'article 11, a d'ailleurs pris soin, dans l'article 14, de leur réserver une sanction pénale. Toute contravention à ces prescriptions est punissable d'une amende de 1 franc à 15 francs et, en cas de récidive, d'une amende de 16 à 300 francs. Cette sanction ne doit point rester ignorée des maires, qui sont le mieux à même d'en provoquer l'application aux chefs d'entreprise notoirement réfractaires ou négligents.

Je compte, Monsieur le Préfet, sur votre diligence pour communiquer sans retard la présente circulaire aux maires de votre département et les inviter à en porter les dispositions essentielles à la connaissance des industriels et des ouvriers de leurs communes par tous les moyens de publicité en leur pouvoir.

Vous voudrez bien, au surplus, en m'accusant réception de ces instructions, me rendre compte des mesures que vous aurez prises, en ce qui vous concerne, pour assurer leur exécution et m'adresser deux exemplaires du numéro du *Bulletin administratif* dans lequel vous les aurez fait insérer.

Recevez, Monsieur le Préfet, l'assurance de ma considération la plus distinguée.

Le Ministre du Commerce, de l'Industrie,
des Postes et des Télégraphes,
A. MILLERAND.

CIRCULAIRE DU MINISTRE DU COMMERCE

DU 21 AOÛT 1899

transmettant une instruction de la Caisse des dépôts et consignations relative aux déclarations prévues par les articles 1 à 5 du décret du 28 février 1899.

(Journal officiel du 22 août 1899.)

MONSIEUR LE PRÉFET, par circulaire de ce jour, je vous ai indiqué les mesures à prendre et à signaler aux maires en vue de l'exécution des décrets des 30 juin et 18 août 1899, relatifs aux déclarations d'accidents du travail.

M. le Directeur général de la Caisse des dépôts et consignations, spécialement chargé de l'application du décret du 28 février 1899, rendu pour l'exécution de l'article 16 de la loi du 9 avril 1898, a exprimé le désir de voir les bulletins administratifs des préfectures reproduire, en même temps que la circulaire dont il s'agit, l'instruction qu'il a directement préparée sur les « déclarations à recevoir par les maires conformément aux articles 1 à 5 » du décret susvisé.

Je vous prie de donner à cette instruction la même publicité qu'à ma circulaire et d'inviter les maires à user de tous les moyens dont ils disposent pour en porter le résumé à la connaissance des ouvriers, qu'elle intéresse tout particulièrement.

Recevez, Monsieur le Préfet, l'assurance de ma considération la plus distinguée.

Le Ministre du Commerce, de l'Industrie,
des Postes et des Télégraphes,
A. MILLERAND.

INSTRUCTION

DE LA CAISSE DES DÉPÔTS ET CONSIGNATIONS

concernant les déclarations à recevoir par les maires conformément aux articles 1 à 5 du décret du 28 février 1899.

1° La loi du 9 avril 1898, concernant les accidents dont les ouvriers sont victimes dans leur travail, stipule dans son article 24 : « A défaut, soit par les chefs d'entreprise débiteurs, soit par les sociétés d'assurances à primes fixes ou mutuelles ou les syndicats de garantie liant solidairement tous leurs adhérents, de s'acquitter, au moment de leur exigibilité, des indemnités mises à leur charge à la suite d'accidents ayant entraîné la mort ou une incapacité permanente de travail, le payement en sera assuré aux réclamants par les soins de la Caisse nationale des retraites pour la vieillesse au moyen d'un fond spécial de garantie ».

2° Ce fonds spécial ne garantit que le payement d'indemnités liquidées à la suite d'accidents ayant entraîné la mort ou une incapacité permanente de travail.

Il ne garantit pas le payement des frais funéraires, des frais de maladie ou des indemnités temporaires.

3° Le décret du 28 février 1899, rendu en exécution de l'article 26 de la loi, fixe les formalités à remplir pour obtenir payement de la Caisse nationale des retraites pour la vieillesse.

4° La première formalité consiste en une déclaration faite au maire de la commune de la résidence du bénéficiaire de l'indemnité.

5° Par bénéficiaire de l'indemnité, il faut entendre les personnes indiquées en l'article 3 de la loi, savoir : en cas d'accident ayant entraîné une incapacité permanente de travail, la victime de l'accident; en cas d'accident suivi de mort, le conjoint survivant non divorcé ou séparé de corps, les enfants légitimes ou naturels reconnus antérieurement à l'accident âgés de moins de seize ans, les ascendants ou les descendants mineurs de seize ans que la victime avait à sa charge au moment de l'accident.

6° La déclaration est faite par le bénéficiaire de l'indemnité s'il est majeur et maître de ses droits.

7° Si le bénéficiaire n'a pas l'exercice de ses droits civils, c'est-à-dire s'il est mineur, interdit, femme mariée, etc., la déclaration est faite par son représentant légal, administrateur légal, tuteur, époux, etc.

8° La déclaration peut aussi être faite par mandataire. Le mandat peut être verbal.

9° La déclaration est exempte de tous frais.

10° Elle est rédigée sur papier libre par le maire ou son représentant, d'après les indications du déclarant.

11° La déclaration doit indiquer :

1° Les nom, prénoms du bénéficiaire, son âge, sa nationalité (Français ou étranger), son état civil (célibataire, marié, veuf, divorcé, séparé de corps), sa profession et son domicile;

2° Le nom du chef d'entreprise débiteur, son domicile industriel et, si l'indemnité réclamée devait être acquittée par une société d'assurance ou un syndicat de garantie, la désignation de cette société ou de ce syndicat, ainsi que son siège social;

3° La nature de l'indemnité (1) et le montant de la créance réclamée;

---

(1) L'indemnité consistant normalement en une pension (art. 3 de la loi), la déclaration portera le plus souvent sur des trimestres échus et non payés. Le comparant doit alors indiquer dans sa déclaration le dernier trimestre perçu, le nombre et le montant de ceux échus et non payés.

La déclaration peut cependant avoir pour objet le payement d'un capital dans les cas énumérés ci-après :

1° Le conjoint de la victime de l'accident qui se remarie a droit, à titre d'indemnité totale, au versement d'une somme égale à trois années d'arrérages de la rente qui lui était servie (art. 3, § A, de la loi);

2° Il en est de même de l'ouvrier étranger qui cesse de résider sur le territoire français (art. 3, § C);

3° La victime de l'accident peut avoir demandé et obtenu du tribunal que le quart du capital nécessaire à l'établissement de sa rente lui soit attribué en espèces (art. 9 de la loi) ;

4° Pour les pensions de 100 francs ou au-dessous, les parties intéressées peuvent être convenues que le service des arrérages serait remplacé par le payement d'un capital (art. 21 de la loi).

4° L'ordonnance ou le jugement en vertu duquel agit le bénéficiaire (1);

5° Le cas échéant, les noms et prénoms, profession, domicile du représentant légal du bénéficiaire ou du mandataire.

12° La déclaration doit encore indiquer que le bénéficiaire de l'indemnité a réclamé au débiteur (chef de l'entreprise, société d'assurances ou syndicat de garantie) le payement de l'indemnité, que ce payement n'a pu être obtenu par lui, et pour quels motifs.

13° Le déclarant doit remettre à l'appui de sa déclaration toutes les pièces en sa possession de nature à justifier sa réclamation.

14° Il communique notamment la grosse, l'expédition ou la copie de l'ordonnance ou de la décision qui a fixé l'indemnité (voir note 2, § A) et, s'il s'agit d'un jugement, les certificats énoncés en l'article 548 du Code de procédure civile, établissant que cette décision est passée en force de chose jugée.

15° Le déclarant joindra les pièces établissant, le cas échéant, la modification ultérieure de la créance, soit par suite d'une demande en revision (voir note 2, § B), soit par application de l'article 21 de la loi (voir note 1), soit pour toute autre cause.

16° Il y joindra également les pièces établissant le refus de payement du débiteur (chef d'entreprise, société d'assurances ou syndicat de garantie), telles qu'actes extrajudiciaires de poursuites ou simples lettres missives.

17° Si le déclarant ne peut fournir certains des renseignements susindiqués ou s'il n'a pas en sa possession les pièces ci-dessus mentionnées, le maire le constate dans la déclaration qu'il doit néanmoins recevoir.

18° La déclaration est signée par le comparant. Le maire ou son représentant y appose sa signature et le cachet de la mairie.

19° Récépissé de la déclaration et des pièces qui l'accompagnent est remis par le maire au déclarant.

20° La déclaration et les pièces produites à l'appui doivent être adressées dans les vingt-quatre heures, sous pli non soumis à l'affranchissement, au directeur général de la Caisse des dépôts et consignations, à Paris.

À la présente instruction sont jointes à titre d'exemple, deux formules de déclaration.

---

(1) § A. — L'indemnité à la suite d'accident ayant entraîné la mort ou une incapacité permanente est fixée, s'il y a accord, par ordonnance du président du tribunal, en cas de désaccord, par jugement rendu dans les conditions des articles 16 et 17 de la loi. — La déclaration doit indiquer la date de l'ordonnance ou du jugement intervenu; en cas de jugement, elle doit aussi faire connaître si la décision a été attaquée par voie d'opposition ou d'appel et, dans cette hypothèse, mentionner la date de la décision définitive qui a tranché le litige.

§ B. — Les indemnités ne sont définitivement fixées qu'au bout de trois ans à dater de l'accord intervenu ou de la décision définitive (art. 19 de la loi). Pendant ce délai, elles peuvent être l'objet d'une demande en revision fondée sur le décès ou sur une aggravation ou une atténuation de l'infirmité. — Dans le cas où une indemnité aurait été revisée, la déclaration doit contenir, en dehors des énonciations mentionnées au paragraphe A ci-dessus concernant la première décision intervenue, des énonciations identiques concernant la décision de revision.

LOI DU 9 AVRIL 1898, ARTICLE 26.

DÉCLARATION

faite en vertu des articles 1 à 5 du décret du 28 février 1899.

(Déclaration par la victime de l'accident elle-même.)

Par-devant nous, ________________________________

maire d________________________ canton d__________

arrondissement d ______________________________

A comparu (nom et prénoms) ____________________

né le ________________________ à ______________

profession ____________________________________

état civil (1) ________________ de nationalité ______

demeurant à ___________________________________

lequel nous a déclaré :

Qu'à la suite d'un accident survenu le ____________

au cours d'un travail qu'il exécutait pour le compte de (nom

du chef de l'entreprise) ________________________

(profession) __________________________________

domicilié à (2) ________________________________

il lui a été alloué à titre d'indemnité par (3) ________

de ________________________ en date du ________

une pension viagère de (4) ______________________

payable par trimestres les ______________________

dont les arrérages lui ont été payés jusqu'au trimestre échu le

(5) ________________________ par (6) ____________

Qu'ayant réclamé payement de la somme de ________

montant des arrérages échus le (7) ______________

____

____

____

____

il n'a pu obtenir satisfaction pour les motifs suivants (8) : ____

____

____

____

____

____

(1) Célibataire, marié, veuf, divorcé ou séparé de corps. (Pour les femmes mariées ou veuves, indiquer le nom marital)

(2) Domicile industriel.

(3) Ordonnance du président du tribunal. Jugement du tribunal. Arrêt de la cour d'appel (ayant fixé le montant de l'indemnité et, s'il y a lieu, en ayant prononcé la revision par application de l'article 19 de la loi).

(4) Montant en toutes lettres de la pension annuelle.

(5) Date du dernier trimestre payé.

(6) Désignation du débiteur (répéter le nom du chef d'entreprise s'il fait directement le service de la pension, désigner dans le cas contraire le nom et le siège de la société d'assurances ou du syndicat de garantie auquel le chef d'entreprise est assuré).

(7) Si la réclamation a pour objet le versement d'un capital, supprimer ces mots et les remplacer par l'indication de la nature du capital réclamé en se reportant aux indications de la note 1, de l'instruction.

(8) Indiquer la cause du défaut de payement, les noms et qualités de la personne qui a opposé le refus de payement et les motifs invoqués par elle : insolvabilité, faillite du chef d'entreprise ou de la société d'assurances ou du syndicat de garantie débiteur, décès du chef d'entreprise, cession de l'entreprise, cessation de l'entreprise ou tout autre motif déclaré ou connu.

(9) La grosse, l'expédition ou la copie de l'ordonnance du jugement ou de l'arrêt qui a fixé l'indemnité et, le cas échéant, les grosse, expédition ou copie des décisions de même nature qui l'ont revisée (art. 19 de la loi).

A l'appui de sa déclaration le comparant remet :

A. Pour justifier de ses droits :

1° (9) _______________________________________

____

____

____

2° Les certificats de signification et de non-opposition ni appel énoncés en l'article 548 du Code de procédure civile ;

(10) Actes extrajudiciaires de poursuites, journaux contenant les annonces légales, simples lettres missives, etc.

3° _______________________________________

4° _______________________________________

5° _______________________________ etc., etc.

____

____

____

____

B. Pour établir le refus ou l'absence de payement (10) :

1° _______________________________________

2° _______________________________________

3° _______________________________ etc., etc.

____

____

____

____

____

Desquelles pièces il a été donné récépissé au comparant en même temps que de la présente déclaration qu'il a signée avec nous.

Cachet de la mairie.

A _________________, le _________________ .

Signature du maire.   *Signature du déclarant,*

LOI DU 9 AVRIL 1898, ARTICLE 26.

Cette déclaration doit être transmise avec les pièces à l'appui, dans les vingt-quatre heures, à la Caisse des dépôts et consignations.

---

(1) Supprimer cette indication si le comparant est un mandataire ou un représentant légal du bénéficiaire.

(2) Mandataire du bénéficiaire ou son représentant légal (administrateur légal, tuteur, époux) ou mandataire du représentant légal (indiquer dans ce dernier cas les nom, prénoms, profession, domicile et qualité du représentant légal).

(3) Nom du ou des bénéficiaires de l'indemnité non payée.

(4) Nom et prénoms de la victime de l'accident.

(5) Nom du chef de l'entreprise.

(6) Domicile industriel.

(7) Ordonnance du président du tribunal. Jugement du tribunal. Arrêt de la cour d'appel (ayant fixé l'indemnité et, s'il y a lieu, en ayant prononcé la revision par application de l'article 19 de la loi).

(8) Bénéficiaire de l'indemnité.

(9) Mineur, célibataire, marié, veuf, divorcé, séparé de corps. (Pour les femmes mariées ou veuves, indiquer le nom marital.)

(10) Viagère ou temporaire.

(11) Montant en toutes lettres de la pension annuelle.

DÉCLARATION

faite en vertu des articles 1 à 5 du décret du 28 février 1899.

(Déclaration faite par toute personne autre que la victime de l'accident.)

Par-devant nous, _______________________

maire de _______________________

canton d _______________ arrondissement d _______________

A comparu (nom et prénoms) _______________

demeurant à _______________________

Agissant en son nom personnel et (1) _______________

_______________ en qualité de (2) _______________

____

____

De M. (nom) (3) _______________

____

____

plus amplement désigné ci-après.

Lequel nous a déclaré qu'à la suite d'un accident survenu le _______________

à M. (4) _______________

au cours d'un travail qu'il exécutait pour le compte de M. (5) _______________

profession _______________

domicilié à (6) _______________

il a été alloué à titre d'indemnité par (7) _______________

de _______________ en date du _______________

à : 1° (nom et prénoms) (8) _______________

_______________ profession

état civil (9) _______________

demeurant à _______________

né le _______________ à _______________

de nationalité (lien de parenté avec la victime de l'accident) _______________

_______________ une pension (10) _______________

de (11) _______________

payable par trimestres les _______________

(12) Reproduire pour cha-
que représentant de la victime
de l'accident bénéficiaire d'une
indemnité impayée les mêmes
indications qu'au 1° (si la
pension leur a été allouée indivisément, n'en indiquer le
montant qu'au dernier énu-
méré).

(13) Date du dernier tri-
mestre payé.

(14) Désignation du débi-
teur de l'indemnité (chef
d'entreprise, compagnie d'assurances ou syndicat de garantie).

(15) Nom du ou des béné-
ficiaires de l'indemnité non
payée.

(16) Si la réclamation a
pour objet le versement d'un
capital, supprimer ces mots
et les remplacer par l'indication de la nature du capital
réclamé, en se reportant aux
indications de la note I de
l'instruction.

(17) Indiquer la cause du
défaut de payement, les noms
et qualités de la personne qui
a opposé le refus de payement
et les motifs invoqués par elle ;
insolvabilité, faillite du chef
d'entreprise, de la compagnie
d'assurances ou du syndicat de
garantie débiteur, décès du
chef d'entreprise, cession de
l'entreprise, cessation de
l'entreprise ou tout autre motif déclaré ou connu.

2° (12) _______________________

____

____

____

____

3° (12) _______________________

____

____

____

____

4° (12) _______________________

____

____

____

_______________________ etc., etc.

Que les arrérages de ces rentes ont été payés aux susnommés jusqu'au trimestre échu le (13) _______________________ par (14) _______________________

Que M. (15) _______________________

ayant réclamé payement de la somme de _______________________ montant des arrérages échus le (16) _______________________

ce payement n'a pu être obtenu pour les motifs suivants (17) : _______________________

____

____

____

A l'appui de sa déclaration le comparant nous a remis :

(a) Pour justifier des droits des bénéficiaires (ou de ses droits)

1° (18) _______________

____

____

____

____

2° Les certificats de signification et de non-opposition ni appel énoncés en l'article 548 du code de procédure civile _______________

3° _______________

4° _______________

5° _______________

(b) Pour établir le refus ou l'absence de payement (19) :

1° _______________

2° _______________

3° _______________

4° _______________

5° _______________

Desquelles pièces nous avons donné récépissé au comparant en même temps que de la présente déclaration qu'il a signée avec nous.

A _______________, le _______________

Signature du maire,   Signature du déclarant,

(Cachet de la mairie)

(18) La grosse, l'expédition ou la copie de l'ordonnance du jugement ou de l'arrêt qui a fixé l'indemnité et, le cas échéant, les grosse, expédition ou copie des décisions de même nature qui l'ont revisée. (Art. 19 de la loi.)

(19) Actes extrajudiciaires de poursuites, journaux d'annonces légales, simples lettres missives, etc.

ARRÊTÉ DU MINISTRE DU COMMERCE

DU 24 AOÛT 1899

modifiant l'arrêté du 1er mars 1899 relatif au Comité consultatif
des assurances contre les accidents du travail (1).

(Journal officiel du 27 août 1899.)

CIRCULAIRE DU MINISTRE DU COMMERCE

DU 24 AOÛT 1899

relative à l'application de la loi du 9 avril 1898, concernant les responsabilités
des accidents dont les ouvriers sont victimes dans leur travail.

(Journal officiel du 25 août 1899.)

Monsieur le Préfet, la loi du 9 avril 1898, concernant les responsabilités des accidents dont les ouvriers sont victimes dans leur travail, est en vigueur depuis le 1er juillet. Les premières difficultés d'application, qu'on ne s'était peut-être pas toujours défendu de grossir, se sont singulièrement atténuées devant la résolution manifeste du Gouvernement d'assurer dans son intégralité l'exécution de la législation nouvelle.

C'est plus, à vrai dire, qu'une législation nouvelle, c'est un droit nouveau qui apparaît dans les relations entre employeurs et employés. Les intéressés eux-mêmes, ouvriers et patrons, ne semblent pas en avoir compris le sens profond et la haute portée. C'est à vous, Monsieur le Préfet, qu'il appartient plus particulièrement, dans toutes les occasions et sous toutes les formes qui pourront se présenter, de faire connaître la loi à ceux qui l'ignorent, de l'expliquer à ceux qui n'en saisissent qu'imparfaitement la lettre ou l'esprit, d'en signaler les obligations et les sanctions à qui tenterait de la méconnaître ou de l'éluder.

Sans aborder, pour le moment, des commentaires détaillés, dont la place est dans des circulaires spéciales, je voudrais seulement faciliter votre mission, en dégageant les principes dont s'est inspiré le législateur et les conséquences essentielles qu'il en a déduites.

L'idée inspiratrice de cette législation, c'est celle du risque professionnel : idée timidement introduite il y a près de vingt-cinq ans dans une législation étran-

---

(1) Cet arrêté avait pour objet de mettre l'arrêté du 1er mars 1899 en harmonie avec le décret du 1er août, modifiant l'organisation de l'administration centrale du Ministère du commerce. — Voir l'arrêté du 18 octobre 1900, p. 173.

gère, acceptée depuis par tous les grands pays industriels de l'Europe, généralement approuvée aujourd'hui en France par les jurisconsultes et par les industriels, même par ceux qui, au cours de ces dix dernières années, l'avaient le plus vivement combattue ; idée dont la fortune rapide souligne l'évolution opérée dans nos conceptions juridiques et sociales par la transformation économique du monde moderne.

Sous l'empire du Code civil, l'ouvrier n'a qu'un recours exceptionnel et incertain contre les risques que comporte pour lui la production et que l'extension incessante du machinisme et des grandes agglomérations ouvrières va multipliant chaque jour. Blessé ou mortellement atteint, il n'a droit à une indemnité que s'il a réussi à démontrer que le patron a commis une *faute*. Victime de sa propre imprudence, si l'on peut appeler de ce nom l'insouciance inévitable qu'amènent avec soit l'habitude du péril et l'intensité croissante du travail, il se voit refuser par la loi tout dédommagement. Victime d'un de ces cas fortuits qui n'engagent aucune responsabilité définie et qui représentent plus de la moitié des accidents industriels, il est privé de tout recours. Victime même d'une négligence ou d'une faute caractérisée du patron, il lui faut en faire la preuve judiciaire, dans le dénuement qui suit l'accident, malgré son inexpérience de la procédure, malgré les difficultés qu'il éprouve à obtenir les témoignages de camarades appelés à déposer contre leur patron. Bref, sur dix accidents, à peine un ou deux donnent-ils ouverture à une pleine réparation. Ainsi, sous le régime de l'article 1382, c'est l'ouvrier qui, le plus souvent, supporte le risque des accidents industriels.

Tout autre est la situation, si ce risque devient *professionnel*, s'il est une des conditions normales de l'exercice même de la profession, une des charges qu'elle implique nécessairement et qui doivent figurer parmi ses frais généraux. Dès lors, plus de recherche de la cause de l'accident, plus de litige sur la responsabilité : l'entreprise même, considérée dans son impersonnalité, assume la réparation de l'accident occasionné par la production, comme tous les autres frais de cette production, et l'incorpore avec eux au prix de revient. L'ouvrier n'a plus de risque personnel à subir, de preuves à administrer. Comme son travail le constitue créancier du salaire, tout accident de travail le fait créancier d'une indemnité.

Un autre caractère de la nouvelle législation, c'est que les indemnités qu'elle assigne sont *transactionnelles* et *forfaitaires*. S'il est fait abstraction, dans la procédure, de la faute qui a pu être commise, le législateur pourtant en tient compte, dans une sorte de compromis, en admettant, au profit de l'ouvrier, qu'il sera *toujours* indemnisé, et, par contre, au profit du patron que l'indemnité, ramenée à une moyenne, restera inférieure à la réparation totale du préjudice causé. Ainsi l'indemnité est *transactionnelle*. Elle est forfaitaire, en ce que la loi n'abandonne pas au juge l'évaluation du dommage : le législateur arbitre à l'avance l'indemnité à allouer ; il la détermine selon les conséquences possibles des accidents, qu'il classe en quatre catégories. Transaction et forfait aussi profitables à l'ouvrier qu'au patron, puisqu'ils indemnisent l'un de tout accident du travail ; en même temps qu'ils ménagent à l'autre la possibilité de calculer à l'avance sa dette éventuelle, et, dès lors, de s'en couvrir par l'assurance.

Ce serait déjà un progrès signalé que d'avoir constitué, dans ces conditions certaines et simples, tout ouvrier victime d'accident créancier d'une indemnité, sauf à laisser le recouvrement de sa créance soumis aux aléas du droit commun. Le Parlement n'a point tenu cette amélioration pour suffisante. S'il n'est pas allé jusqu'à l'assurance obligatoire, qui avait les préférences de la Chambre des députés, il a du moins voulu que, dans tous les cas d'incapacité permanente ou de mort, l'ouvrier ou les siens fussent assurés du payement de l'indemnité. Par l'établissement d'une taxe additionnelle, à la charge de l'ensemble des industriels soumis à l'application de la loi, il a institué un fonds spécial garant de l'insolvabilité éventuelle du chef de l'entreprise ou de son assureur. La rente due à l'ouvrier ou à ses ayants droit est ainsi gagée par l'impôt.

Enfin, le Parlement a entendu notablement abréger et simplifier la procédure en matière d'accidents, au commun bénéfice des parties : en cas d'incapacité temporaire, compétence illimitée des juges de paix en dernier ressort; en cas de mort ou d'incapacité permanente, enquête judiciaire d'office par le juge de paix, procédure sommaire devant le tribunal, réduction des délais d'appel, arrêts rendus dans un délai préfixe, assistance judiciaire accordée dans tous les cas et de plein droit à la victime ou à ses ayants droit devant la justice de paix et le tribunal civil, exemption des droits de timbre et d'enregistrement pour tous les jugements et actes faits ou rendus en vertu et pour l'exécution de la loi. Autant de réformes dont on ne peut mesurer l'importance qu'en se rappelant les lenteurs et les frais de la procédure antérieurement applicable.

Le droit nouveau dont je viens d'esquisser les traits caractéristiques n'est pas encore le droit commun : il ne s'applique point aux accidents survenus dans toutes les entreprises.

Seules, en principe, les entreprises industrielles s'y trouvent soumises. Il ne s'étend aux entreprises commerciales ou agricoles que si, comportant la fabrication ou la mise en œuvre de matières explosives ou l'emploi de moteurs inanimés, elles exposent par là même les ouvriers à des risques analogues à ceux des entreprises industrielles proprement dites.

Par contre, il semble bien que toute l'industrie, sans distinction, soit assujettie. L'article 1ᵉʳ de la loi, dans une énumération très large, vise «l'industrie du bâtiment, les usines, manufactures, chantiers, les entreprises de transport par terre et par eau, de chargement et de déchargement, les magasins publics, mines, minières, carrières». En vain arguerait-on de l'absence du mot *atelier*, employé dans d'autres lois, pour soustraire aujourd'hui la petite industrie, l'atelier de menuisier ou de modiste, au régime du risque professionnel. S'il est vrai qu'au début des travaux préparatoires, poursuivis pendant près de dix-huit années, le développement de la production mécanique, les dangers nouveaux de l'outillage employé par la grande industrie ont été surtout mis en avant pour expliquer et justifier l'introduction dans nos lois du risque professionnel, il faut bien reconnaître que l'application de l'idée nouvelle s'est insensiblement élargie, jusqu'à s'étendre à tous les accidents du travail industriel.

De cette extension progressive, et pour ainsi dire automatique, on retrouve facilement trace dans les travaux parlementaires. S'il est constant que dans plusieurs des premiers projets votés apparaissait l'intention de restreindre d'abord à la grande industrie un essai de la législation nouvelle, les derniers débats montrent avec la même évidence que le législateur a entendu, dans ses votes définitifs, aller, au moins en matière industrielle, jusqu'au bout de la théorie du risque professionnel.

En 1895, le rapporteur du Sénat écrivait que la législation projetée tendait à «assujettir toutes les entreprises ou exploitations industrielles». Il déclarait plus tard à la tribune (séance du 4 juillet 1895) que le texte de l'article 1ᵉʳ «n'est pas un texte limitatif», que «la loi doit s'appliquer à toutes les industries». Dans une autre délibération (séance du 25 novembre 1895), le même rapporteur rappelait au Sénat que sa Commission «avait déclaré de la façon la plus formelle que, dans sa pensée, l'industrie tout entière se trouvait englobée dans l'énumération de l'article 1ᵉʳ», et il répétait : «Le texte de la Commission n'est point limitatif, il est énonciatif, et toute l'industrie y est comprise.»

Plus tard, le dernier rapporteur au Sénat confirmait la portée nouvelle de l'article 1ᵉʳ, en son texte actuel, disant : «Cette énumération renferme des termes très généraux, des termes qui embrassent, à notre avis, presque toutes les professions.» Et, sur l'interpellation formelle d'un sénateur : «Et les ateliers?», le même rapporteur répliquait, sans rencontrer de contradiction : *« Les ateliers sont compris dans les mots usines et manufactures. »* (Séance du 20 mars 1896.)

Il faut donc admettre que toute l'industrie, petite ou grande, est assujettie à la loi. Doivent seulement y échapper, conformément au second alinéa de l'article 1er, « les ouvriers qui travaillent seuls d'ordinaire », même s'ils s'assurent « la collaboration accidentelle d'un ou de plusieurs de leurs camarades », c'est-à-dire les ouvriers qui ne font que par exception office de « chefs d'entreprise ».

Si toute l'industrie se trouve soumise à la loi, on n'en saurait dire autant des travaux qui, pour être matériellement analogues aux travaux de telle industrie, ne sont pas économiquement des travaux industriels. C'est ainsi qu'un laboratoire annexé à une faculté, malgré les risques d'explosion ou d'intoxication qu'il présente, ne peut être évidemment considéré comme un établissement industriel.

De même pour une école technique, où les travaux des élèves ont un but exclusif d'enseignement.

D'une manière générale, on peut dire que la loi est applicable à tous les travaux industriels dont le but est de réaliser un gain et auxquels convient par suite la qualification légale « d'entreprise ».

Limitée pour le moment à l'industrie (sauf les extensions ci-dessus spécifiées), la loi est également restreinte aux *accidents* proprement dits, conséquence immédiate ou prochaine d'un événement soudain ; elle ne s'étend pas aux maladies professionnelles, qu'entraîne l'exercice prolongé de certaines professions insalubres. La distinction, non douteuse en théorie, ne laissera pas, du reste, d'être souvent fort délicate dans la pratique : ce sera une question d'espèce.

Il ne suffit point enfin, pour que s'ouvre le droit de l'ouvrier à une indemnité, qu'un accident se soit produit ; il faut que cet accident soit survenu, comme le spécifie l'article 1er de la loi, « par le fait du travail, ou à l'occasion du travail ». Il convient, d'ailleurs, de reconnaître que ces termes sont des plus larges et embrassent toute la vie d'atelier.

Si un ouvrier victime d'un accident en venant de chez lui à la manufacture, ou en revenant de la manufacture chez lui, n'a pas droit à l'indemnité légale, il y a certainement droit, au contraire, si l'accident lui arrive sur un chantier extérieur de l'entreprise, au domicile d'un client de l'entreprise chez lequel il est appelé à travailler, ou bien dans les déplacements qui lui sont commandés ou qui deviennent nécessaires en cours de travail.

Je n'ai point dans cette circulaire à vous retracer les phases diverses de la procédure. Je veux seulement vous rappeler les dispositions essentielles de la loi en ce qui concerne la détermination des indemnités dues et les voies ouvertes aux chefs d'entreprise pour les acquitter.

Si l'accident n'a entraîné qu'une incapacité temporaire de travail, c'est-à-dire causée par une lésion complètement guérissable, quel que soit le temps nécessaire à cette guérison, la victime a droit à une indemnité journalière égale à la moitié du salaire au moment de l'accident, c'est-à-dire à la moitié du salaire quotidien qu'elle touchait à cette date, si elle était employée à la journée, ou bien à la moitié de l'émolument journalier que représentait son salaire, si elle était payée au mois ou aux pièces.

L'indemnité n'est due toutefois que si l'incapacité de travail a duré plus de quatre jours et, même dans ce cas, elle n'est due qu'à compter du cinquième jour. Cette disposition, qui a été motivée par l'appréhension, peut-être exagérée d'abus possibles, est formellement inscrite dans l'article 3 de la loi. Il n'est pas douteux, par contre, qu'au regard de cet article les dimanches et jours fériés doivent être mis absolument sur le même pied que les jours ouvrables. Ainsi, pour un accident survenu la veille de Pâques, le dimanche et le lundi de Pâques entrent dans le calcul des quatre premiers jours, pendant lesquels le droit à l'indemnité ne court point encore; d'autre part, à partir du cinquième jour, l'indemnité est due aussi bien pour les dimanches et jours fériés que pour tous les autres jours. Elle doit être, la loi l'indique expressément, «journalière». Ce n'est point à dire d'ailleurs que, pour être due quotidiennement, elle soit quotidiennement payable, et il est permis de penser qu'elle pourrait être légalement acquittée aux époques usitées pour la paye du salaire dans l'entreprise à laquelle appartient la victime.

Si l'accident a entraîné une incapacité permanente, la victime a droit, à partir de la décision judiciaire qui fixe sa situation, non plus à la simple indemnité journalière de demi-salaire, mais à une rente viagère payable par trimestre. La rente varie suivant que l'incapacité permanente est partielle ou absolue. En cas d'incapacité partielle, c'est-à-dire d'accident réduisant la capacité de travail et de gain de la victime, l'arrachant même peut-être à sa profession, tout en lui laissant le moyen de se livrer à un autre travail industriel, la rente est égale à la moitié de la réduction de salaire que peut entraîner l'accident. En cas d'incapacité absolue, excluant la victime de toute profession industrielle, la rente est égale aux deux tiers du salaire. Dans les deux cas, le salaire qui sert de base au calcul de l'indemnité n'est plus, comme au cas d'incapacité temporaire, le salaire au jour de l'accident, mais le salaire «annuel», c'est-à-dire le total des gains normalement réalisés ou réalisables par la victime dans les douze mois antérieurs à l'accident, soit dans la même industrie, soit dans des industries ou occupations alternantes.

Enfin, si l'accident a entraîné la mort, la loi attribue des rentes, également calculées d'après le salaire «annuel» de la victime, à ses ayants droit, dans l'ordre et les proportions que détermine l'article 3.

Sans entrer dans le détail de ces attributions, je me borne à vous signaler qu'elles ont, en deux points, ému un certain nombre de chefs d'entreprise et même d'ouvriers, qui ont craint d'en voir découler, par un effet directement contraire aux intentions du législateur, une sorte de prime à l'emploi des ouvriers célibataires et des ouvriers étrangers. Pour répondre à ces appréhensions, il suffira sans doute de rappeler que *l'assurance*, refuge moralement obligatoire de presque toutes les entreprises assujetties, égalise complètement les risques et, on peut dire, confond dans un même pourcentage de salaires les ouvriers célibataires ou mariés, étrangers ou Français. Que si d'ailleurs on objectait que de très grandes exploitations peuvent ne pas recourir à l'assurance, on répondrait que la question ne se pose que pour les accidents mortels. Les charges qu'ils entraînent n'atteignent pas, dans l'ensemble, le cinquième des dépenses afférentes aux accidents. L'économie réalisée par l'exclusion chimérique de tous les ouvriers qui ne seraient pas célibataires ou étrangers serait donc insignifiante.

Aussi bien la très grande majorité des chefs d'entreprise ne manquera pas de recourir aux divers procédés d'assurance que la loi met à leur disposition et dont, sauf des cas très rares, la prudence la plus élémentaire les invite à user.

En ce qui concerne les frais et indemnités d'incapacité temporaire, le chef d'entreprise peut se décharger, avec l'assentiment de ses ouvriers, pour les trente, soixante ou quatre-vingt-dix premiers jours d'incapacité, sur une société de secours mutuels, en traitant avec elle dans les conditions prévues aux statuts types approuvés par M. le Ministre de l'intérieur le 16 mai dernier. S'il est exploitant de mine, minière ou carrière, il peut utiliser la caisse de secours organisée en exécution de la loi du 29 juin 1894, moyennant allocation d'une subvention complémentaire annuelle, dont les conditions et le montant sont approuvés par M. le Ministre des travaux publics. Dans toute autre industrie, il peut enfin créer une caisse particulière de secours, analogue aux caisses de secours obligatoires pour les mines, dans les conditions déterminées par le titre III de la loi du 29 juin 1894 et par le décret du 10 mai 1889, à charge de prendre alors à son compte le tiers de la cotisation normale à la caisse de secours, et, en outre, le montant de la dépense afférente aux incapacités temporaires occasionnées par les accidents.

En ce qui concerne les rentes dues en cas d'incapacité permanente ou de mort, le chef d'entreprise peut s'adresser à la caissse nationale d'assurance contre les accidents et à tous ses préposés dans les départements (trésoriers-payeurs généraux, receveurs particuliers des finances, percepteurs, receveurs des postes). Cet établissement, institué par la loi du 11 juillet 1868, a été autorisé par la loi du 24 mai 1899 et par le décret du 26 mai à assurer les risques prévus par la loi du 9 avril 1898, soit uniquement pour la constitution des rentes, soit, en outre, pour les frais funéraires, indemnités journalières et frais médicaux dus jusqu'à constitution des rentes.

Qu'il s'agisse enfin de l'incapacité temporaire ou bien de l'incapacité permanente et de la mort, les assujettis peuvent s'assurer intégralement, en s'adressant soit à des syndicats de garantie solidaire, soit à des sociétés d'assurances mutuelles, soit à des compagnies d'assurances à primes fixes, que l'État contrôle dans les conditions définies par le décret du 28 février 1899, portant règlement d'administration publique pour l'exécution de l'article 27 de la loi.

Il serait à peine besoin d'ajouter, si la question n'avait été mal comprise par quelques chefs d'entreprise et n'avait suscité plusieurs grèves, que le payement de la prime d'assurance incombe au patron et au patron seul. Incontestablement débiteur de l'indemnité en cas d'accident, il est également débiteur exclusif de la prime d'assurance, qui n'est que la couverture de sa responsabilité éventuelle. Il ne lui est pas plus loisible de se décharger, par la perception de retenues sur le salaire, de la prime ou d'une portion de la prime d'assurance, qu'il ne lui serait permis d'encaisser directement semblables retenues, en atténuation de ses charges légales, s'il demeurait son propre assureur. De même que le patron ne peut imposer ces retenues, l'ouvrier ne peut valablement les consentir. Contraire à la loi qui met intégralement les indemnités « à la charge du chef d'entreprise », une telle convention tomberait sous la nullité spécifiée par l'article 30 et ne pourrait être consacrée par les tribunaux.

Il ne faut point, en effet, perdre de vue que, si le législateur n'a prévu que deux sanctions pénales, pour défaut de déclaration d'accidents et pour défaut d'affichage de la loi, il a voulu imprimer au régime de responsabilité qu'il instituait un caractère d'ordre public, que tous les intéressés peuvent invoquer et qui frappe toutes conventions contraires, expresses ou tacites, d'une nullité radicale et toujours opposable.

Si l'ouvrier n'a point à participer aux frais de l'assurance, il n'a pas davantage à se préoccuper du mode d'assurance choisi par son patron, au moins en ce qui concerne les rentes. Que le chef d'entreprise reste son propre assureur, ou s'affilie à un syndicat de garantie, ou s'assure à une société d'assurances mutuelle ou à primes fixes, ou s'adresse à la caisse nationale d'assurances, qu'il demeure solvable ou devienne insolvable, la victime d'un accident ou ses ayants droit ont, comme je l'ai déjà indiqué, la certitude absolue de toucher leurs pensions, telles qu'elles ont été liquidées par la décision judiciaire intervenue. Si le chef d'entreprise ou son assureur, leur débiteur principal, ne s'acquitte point à l'échéance, ils ont de plein droit pour débiteur subsidiaire la caisse nationale des retraites et ils peuvent immédiatement recourir à elle, dans les conditions et suivant les formalités déterminées par le décret du 28 février 1899, portant règlement d'administration publique pour l'exécution de l'article 26 de la loi, et rappelées dans l'instruction de la Caisse des dépôts et consignations annexée à ma circulaire du 21 août.

Telle apparaît, dans ses grandes lignes, l'économie de la législation nouvelle. Bien des questions seraient encore à résoudre, ou tout au moins à examiner pour la mettre pleinement en lumière et en préciser le fonctionnement. Soit que je les traite ultérieurement par circulaires spéciales, soit que vous me les soumettiez au fur et à mesure que se présenteront à vous les difficultés d'espèce, j'estime qu'il est du devoir de mon département d'en tenter l'éclaircissement.

Il se trouve d'ailleurs secondé dans cette tâche par le Comité consultatif des assurances contre les accidents du travail, dont la composition garantit l'autorité et qui tient de l'article 16 du règlement d'administration publique du 28 février 1898 le mandat d'étudier, quand le Ministre l'y invite, toutes les « questions relatives à l'application de la loi ». Plusieurs de ces avis ont déjà levé des doutes et frayé la voie aux décisions judiciaires.

Sans entreprendre sur les pouvoirs des tribunaux, auxquels il appartiendra de statuer sur chaque contestation d'espèce, le Ministère du commerce, avec lequel les autres administrations publiques intéressées ne manqueront certainement pas de se concerter en cette matière, pourra ainsi faciliter aux patrons, comme aux ouvriers, la pleine connaissance de la législation nouvelle, apprendre aux uns et aux autres leurs obligations et leurs droits et se faire tout ensemble l'interprète et le gardien d'une importante loi sociale, qui ne pourrait impunément fléchir ou dévier.

C'est à cette tâche, Monsieur le Préfet, que je vous demande de vous associer, en me soumettant sans hésitation les difficultés que pourrait soulever dans votre département l'application du régime nouveau, en donnant à la loi du 9 avril 1898 une publicité jusqu'ici trop insuffisante, et en vous appliquant à faire connaître les principes dont elle s'inspire et les progrès qu'elle réalise.

Recevez, Monsieur le Préfet, l'assurance de ma considération la plus distinguée.

Le Ministre du Commerce, de l'Industrie,
des Postes et des Télégraphes,
A. MILLERAND.

CIRCULAIRE DU MINISTRE DU COMMERCE

DU 25 AOÛT 1899

transmettant aux inspecteurs divisionnaires du travail le décret
du 18 août 1899 et les circulaires des 21 et 24 août 1899.

————

MONSIEUR L'INSPECTEUR DIVISIONNAIRE, je vous adresse ci-joint, avec le texte
d'un décret du 18 août 1899, qui a modifié les modèles I, III et IV relatifs aux
déclarations d'accidents, annexés au décret du 30 juin dernier, les instructions
générales des 21 et 24 août 1899 qui ont été adressées aux Préfets pour l'exécution de la loi du 9 avril 1898 et notamment de l'article 11.

Ainsi que vous le constaterez, le service de l'inspection, à la différence de ce
qui se passait sous le régime des décrets des 21 avril et 20 novembre 1893, ne
recevra plus de la Mairie ni la déclaration de l'accident faite par le chef de l'entreprise ni le certificat médical; mais l'avis qui lui est destiné renfermera les
renseignements nécessaires pour lui permettre de se rendre compte si l'accident
est le résultat d'une contravention aux lois sur le travail et de préparer la statistique des accidents déclarés.

En ce qui touche les accidents provenant d'appareils à vapeur (sauf lorsque
ces appareils se trouvent dans l'enceinte des chemins de fer), les avis seront
adressés à l'ingénieur des Mines; celui-ci examinera si l'accident provient des
générateurs ou *récipients*, et dans ce cas conservera l'avis; s'il est dû à tout
autre appareil il le transmettra à l'Inspecteur du travail.

Quant aux accidents survenus dans l'enceinte des chemins de fer, avis en sera
toujours donné à l'inspecteur du travail, même lorsque l'accident proviendra
d'appareils à vapeur.

J'ajoute (et ceci n'avait pas à être mentionné dans la circulaire aux Préfets)
que l'inspecteur, après avoir pris note de ces derniers accidents, devra transmettre immédiatement l'avis qu'il aura reçu aux ingénieurs du contrôle des
chemins de fer.

Je vous prie de m'accuser réception de la présente circulaire et d'en transmettre un exemplaire à chacun des inspecteurs placés sous vos ordres.

Recevez, Monsieur l'Inspecteur divisionnaire, l'assurance de ma considération
très distinguée.

Le Ministre du Commerce, de l'Industrie
des Postes et des Télégraphes,

A. MILLERAND.

DÉCRET DU 21 SEPTEMBRE 1899

autorisant la franchise postale pour les ingénieurs du contrôle des chemins de fer et les inspecteurs du travail.

LE PRÉSIDENT DE LA RÉPUBLIQUE FRANÇAISE,

Vu les articles 1 et 2 de l'ordonnance du 17 novembre 1844, sur les franchises postales;

Sur le rapport du Ministre du Commerce, de l'Industrie, des Postes et des Télégraphes;

DÉCRÈTE :

ART. 1er. Les fonctionnaires désignés dans le tableau annexé au présent décret sont autorisés à correspondre en franchise par la poste dans les conditions exprimées au même tableau.

ART. 2. Le Ministre du Commerce, de l'Industrie, des Postes et des Télégraphes est chargé de l'exécution du présent décret qui sera inséré au Bulletin des lois.

Fait à Rambouillet, le 21 septembre 1899.

Signé : ÉMILE LOUBET.

Par le Président de la République :

Le Ministre du Commerce, de l'Industrie,
des Postes et des Télégraphes,

A. MILLERAND.

DÉSIGNATION DES FONCTIONNAIRES ET PERSONNES		FORME sous laquelle la correspondance doit être remise en franchise.	CIRCONSCRIPTION dans laquelle la correspondance peut circuler en franchise.
AUTORISÉS à contresigner leur correspondance de service.	AUXQUELS LA CORRESPONDANCE doit être remise en franchise.		
Inspecteurs divisionnaires et départementaux du travail.	Contrôleurs des mines *............... Ingénieurs en chef des mines *........... Ingénieurs ordinaires des mines *........... Ingénieurs en chef des ponts et chaussées attachés au service du contrôle des chemins de fer *............ Ingénieurs ordinaires des ponts et chaussées attachés au service du contrôle des chemins de fer *............	S. B.	Circonscription de l'inspection du travail et de l'ingénieur du contrôle.

* Ce signe placé à la suite de la désignation du fonctionnaire indique que le contre seing est réciproque.

CIRCULAIRE DU GARDE DES SCEAUX
DU 10 OCTOBRE 1899

concernant le remboursement des frais d'envoi de convocation, par lettre recommandée, pour tentative de conciliation devant le Président, en exécution de l'article 16 de la loi du 9 avril 1898.

MONSIEUR LE PREMIER PRÉSIDENT, aux termes de l'article 16 de la loi du 9 avril 1898, concernant les responsabilités des accidents dont les ouvriers sont victimes dans leur travail, les difficultés nées à l'occasion d'accidents ayant entraîné la mort ou une incapacité permanente ne sont, le cas échéant, soumises au tribunal qu'après une tentative de conciliation devant le Président.

L'article susvisé énonce simplement que le magistrat conciliateur convoque les parties intéressées; il n'indique pas la forme à suivre. Comblant cette lacune, la circulaire de ma Chancellerie, du 10 juin 1899, autorise la convocation soit par lettre recommandée, soit par l'intermédiaire du maire ou du commissaire de police.

Le premier mode de convocation, par lettre recommandée, présente de sérieux avantages. Son emploi assure la régularité et la rapidité de la transmission; il permet de conserver au dossier une pièce officielle établissant, lorsque les parties font défaut, que les prescriptions de la loi ont été remplies. Toutefois, plusieurs présidents de tribunaux ne croient pas devoir y recourir en raison de l'impossibilité dans laquelle se trouveraient les greffiers d'obtenir le remboursement de leurs avances nécessitées par l'envoi des plis recommandés.

Toute préoccupation à ce sujet doit être écartée. En matière d'accidents mortels ou ayant occasionné une incapacité permanente, l'assistance judiciaire s'étend même à l'enquête préalable prescrite par les articles 12 et 13 de la loi du 9 avril 1898, (circ. du 10 juin 1899, p. 83); ce bénéfice existe devant le tribunal; il s'applique donc nécessairement à la période intermédiaire dans laquelle intervient la tentative de conciliation. M. le Ministre des finances, que j'ai saisi de la question, a bien voulu partager cette manière de voir et en déduire, avec moi, cette conséquence que les greffiers des tribunaux, chargés d'appeler en conciliation les parties intéressées, sont autorisés à réclamer au Trésor les frais d'envoi des lettres recommandées. C'est ce qui a lieu déjà pour les greffiers des justices de paix à l'occasion des notifications par plis recommandés, qu'ils ont à faire au cours des enquêtes suivies par les magistrats cantonaux.

Les frais d'envoi des lettres recommandées adressées en vue de la tentative de conciliation seront d'ailleurs, comme ceux des enquêtes susvisées, compris ultérieurement dans les dépenses de l'instance, en règlement d'indemnité, pour être recouvrés par l'Administration de l'enregistrement et des domaines en cas de condamnation prononcée contre l'adversaire de l'assisté.

Je vous prie, Monsieur le Président, de vouloir bien remettre un exemplaire de cette circulaire à M. le Procureur général, et d'en faire parvenir deux dans chaque tribunal de votre ressort.

Recevez, Monsieur le Premier Président, l'assurance de ma considération très distinguée.

Le Garde des Sceaux, Ministre de la Justice,

MONIS.

ARRÊTÉ MINISTÉRIEL DU 28 NOVEMBRE 1899

relatif à la publication de la liste des sociétés d'assurances contre
les accidents du travail fonctionnant conformément à la loi du 9 avril 1898.

(*Journal officiel* du 29 novembre 1899.)

LE MINISTRE DU COMMERCE, DE L'INDUSTRIE, DES POSTES ET DES TÉLÉGRAPHES,

Vu l'article 27 de la loi du 9 avril 1898, concernant les responsabilités des
accidents dont les ouvriers sont victimes dans leur travail;

Vu le décret du 28 février 1899, portant règlement d'administration publique
pour l'exécution dudit article 27, notamment en son article 18, ainsi conçu :

« Chaque année, avant le 1ᵉʳ décembre, le Ministre du Commerce arrête, après
« avis du Comité consultatif, et publie au Journal officiel la liste des sociétés mu-
« tuelles ou à primes fixes, françaises ou étrangères, qui fonctionnent dans les con-
« ditions prévues par les articles 26 et 27 de la loi du 9 avril 1898 et par le présent
« décret ».

Vu l'avis du Comité consultatif des assurances contre les accidents du travail;
Sur la proposition du chef de la division de l'assurance et de la prévoyance
sociales,

ARRÊTE :

ARTICLE PREMIER. Est arrêtée, telle qu'elle est annexée ci-après, la liste des sociétés mutuelles ou à primes fixes, françaises ou étrangères, qui fonctionnent
dans les conditions prévues par les articles 26 et 27 de la loi du 9 avril 1898 et
par le Règlement d'administration publique du 28 février 1899.

ART. 2. Ladite liste sera publiée, avant le 1ᵉʳ décembre 1899, au *Journal officiel* de la République française.

Paris, le 28 novembre 1899.

A. MILLERAND.

ANNEXE.

1° Sociétés françaises d'assurances mutuelles contre les accidents du
travail :

La Préservatrice, 18, rue de Londres, à Paris.
La Mutuelle générale française, 19 et 21, rue Ghanzy, au Mans (Sarthe).
La Caisse syndicale d'assurance mutuelle des industries textiles de France, 2, cité
de Londres, à Paris.
La Caisse syndicale d'assurance mutuelle des Forges de France, 2, cité de Londres,
à Paris.
L'Union Industrielle, 4, rue Lanterne, à Lyon.
Le Syndicat du Nord, 68, Grande rue, à Roubaix (Nord).
La Mutualité industrielle, 36, rue de Berlin, à Paris.
L'Association industrielle des travailleurs français, 16, boulevard Chasles, à
Chartres (Eure-et-Loir).
La Participation, 92, rue Richelieu, à Paris.

L'Industrie française, 29, rue des Pyramides, à Paris.

La Caisse syndicale d'assurance mutuelle des Agriculteurs de France (ancienne solidarité Orléanaise), 22, rue d'Athènes, à Paris.

L'Auxiliaire, 1, rue de l'Ancienne Préfecture, à Lyon.

La Caisse des Entrepreneurs, 7, rue Clovis, à Reims (Marne).

La Caisse Syndicale mutuelle, à Armentières (Nord).

La Caisse Syndicale d'assurance mutuelle des industries sucrières de France, 2, cité de Londres, à Paris.

La Responsabilité agricole, 204, rue de Rivoli, à Paris.

L'Alimentation, 24, rue de Richelieu, à Paris.

2° Sociétés françaises d'assurances à primes fixes contre les accidents du travail.

L'Abeille, 57, rue Taitbout, à Paris.

Le Patrimoine, 55, rue de la Chaussée-d'Antin, à Paris.

La Préservatrice (Compagnie anonyme), 18, rue de Londres, à Paris.

La Prévoyance, 23, rue de Londres, à Paris.

L'Urbaine et la Seine, 37, rue Le Peletier, à Paris.

Le Secours, 15, rue des Pyramides, à Paris.

La Société générale des assurances agricoles et industrielles, 5, rue Grétry, à Paris.

La Foncière, 12, place de la Bourse, à Paris.

Le Soleil-Sécurité-Générale, 7, cité d'Antin, à Paris.

La Providence, 12, rue de Grammont, à Paris.

La Caisse générale des Familles, 4, rue de la Paix, à Paris.

La Flandre, 68, Grande-Rue, à Roubaix (Nord).

L'Éternelle, 44, rue de la Chaussée-d'Antin, à Paris.

L'Union industrielle du Nord, 76, boulevard de la Liberté, à Lille (Nord).

La Compagnie générale d'assurances contre les accidents, 56, rue Saint-Lazare, à Paris.

La Thémis, 11, place Saint-Ferréol, à Marseille.

L'Espérance, 10, rue Saint-Augustin, à Paris.

3° Sociétés étrangères d'assurances contre les accidents du travail.

La Société suisse d'assurance contre les accidents, à Winterthur (Suisse), ayant son siège, pour les assurances pratiquées en France, 62, rue de Provence, à Paris.

La Zurich, compagnie générale d'assurances contre les accidents et la responsabilité civile, à Zurich (Suisse), ayant son siège, pour les assurances pratiquées en France, 14, rue Favart, à Paris.

The Ocean accident and guarantee corporation, à Londres, ayant son siège, pour les assurances pratiquées en France, 109, rue Montmartre, et 128, rue Réaumur, à Paris.

Toute autre société qui pratiquerait l'assurance des risques prévus par la loi du 9 avril 1896, avant d'avoir déposé le cautionnement réglementaire, serait passible des peines édictées par les articles 471 et 474 du Code pénal, ainsi que l'a rappelé la circulaire du Garde des sceaux aux procureurs généraux, en date du 12 août 1899, publiée au Journal officiel du 20 août suivant.

ARRÊTÉ DU MINISTRE DE L'INTÉRIEUR
DU 13 DÉCEMBRE 1899

rapportant l'arrêté du 13 juillet 1899 en ce qui concerne les attributions de la commission chargée d'arbitrer les indemnités attribuables aux ouvriers victimes d'accidents du travail survenus pendant le mois de juin 1899.

(*Journal officiel* du 20 décembre 1899.)

———

LE PRÉSIDENT DU CONSEIL, MINISTRE DE L'INTÉRIEUR ET DES CULTES,

Vu la résolution prise par la Chambre des députés, dans sa séance du 8 juin 1899;

Vu l'arrêté ministériel du 13 juillet 1899, qui a constitué auprès du Ministre de l'Intérieur et des Cultes une commission à l'effet d'arbitrer les indemnités attribuables aux ouvriers victimes d'accidents du travail survenus pendant le mois de juin 1899, et de donner son avis sur la répartition du crédit inscrit au chapitre 48 *bis* du budget du Ministère de l'Intérieur (exercice 1899); ensemble les arrêtés complémentaires des 22 juillet, 22 septembre, 6, 28 octobre, 2 et 21 novembre 1899,

ARRÊTE :

L'arrêté du 13 juillet 1899 est rapporté dans la partie qui concerne les attributions de la commission chargée d'arbitrer les indemnités attribuables aux ouvriers victimes d'accidents du travail survenus pendant le mois de juin 1899.

Fait à Paris, le 13 décembre 1899.

WALDECK-ROUSSEAU.

———

ARRÊTÉ MINISTÉRIEL DU 16 DÉCEMBRE 1899

instituant une Commission chargée d'arbitrer les indemnités attribuables aux ouvriers victimes d'accidents survenus pendant le mois de juin 1899.

(*Journal officiel* du 20 décembre 1899.)

———

LE MINISTRE DU COMMERCE, DE L'INDUSTRIE, DES POSTES ET DES TÉLÉGRAPHES,

Vu la résolution adoptée par la Chambre des députés dans la séance du 8 juin 1899 et tendant à « faire bénéficier les ouvriers des avantages qui leur sont conférés par la loi du 9 avril 1898, sur les accidents, pendant le délai du 1er juin au 1er juillet »;

Vu l'arrêté du Président du Conseil, Ministre de l'Intérieur et des Cultes, en date du 13 juillet 1899, instituant une Commission à l'effet notamment « d'arbitrer les indemnités attribuables aux ouvriers victimes d'accidents survenus pendant le mois de juin 1899 »;

Vu l'arrêté complémentaire du Président du Conseil, Ministre de l'Intérieur et des Cultes, en date du 22 septembre 1899, adjoignant à la commission des rapporteurs;

Vu l'arrêté du Président du Conseil, Ministre de l'Intérieur et des Cultes, en date du 13 décembre, mettant fin au mandat de la Commission susvisée, en ce qui concerne les accidents survenus pendant le mois de juin;

Sur la proposition du chef de la division de l'assurance et de la prévoyance sociales,

Arrête :

Article premier. Il est institué, auprès du Ministère du Commerce, de l'Industrie, des Postes et des Télégraphes, une Commission chargée de poursuivre le travail entrepris au Ministère de l'Intérieur dans les termes du premier alinéa de l'article 1ᵉʳ de l'arrêté du 13 juillet 1899 précité (1).

---

(1) Aux termes de l'article 2 de l'arrêté, étaient membres de cette Commission :

MM.

Louis Ricard, député, *Président*.

Abeille, sénateur.

Mirman, député.

Laurent, conseiller d'État, directeur général de la Comptabilité publique au Ministère des finances.

Georges Paulet, Directeur de l'Assurance et de la Prévoyance sociales, au Ministère du Commerce, de l'Industrie, des Postes et Télégraphes.

Houette, inspecteur général des finances.

De Mouÿ, maître des requêtes au Conseil d'État.

Keufer, membre du Conseil supérieur du Travail.

Henri Morgand, chef de bureau au Ministère de l'Intérieur.

Aux termes de l'article 3, étaient membres adjoints de la Commission, avec voix délibérative dans les affaires qu'ils rapportaient :

MM.

Guillaumot, auditeur au Conseil d'État.

Hannotin, auditeur au Conseil d'État.

Edmond Laurent, auditeur au Conseil d'État.

Ripert, auditeur au Conseil d'État.

Razi, auditeur à la Cour des comptes.

Paul Dubois, auditeur à la Cour des comptes.

Bardi de Fourtou, auditeur à la Cour des comptes.

De Berthois (Philippe), auditeur à la Cour des comptes.

Aux termes d'une note insérée au *Journal officiel* du 26 juin 1900, les victimes d'accidents de travail survenus pendant le mois de juin 1899 ont pu soumettre à la Commission arbitrale leurs demandes d'indemnités jusqu'au 1ᵉʳ juillet 1900, et ont été prévenus que, passé ce délai, ils seraient définitivement forclos.

La Commission arbitrale a pu clore ses travaux le 1ᵉʳ décembre 1900 ; son Président les a résumés dans un rapport adressé à M. le Ministre du Commerce et reproduit ci-après, aux Annexes, p. 224.

ARRÊTÉ MINISTÉRIEL DU 26 DÉCEMBRE 1899

déterminant le barême minimum pour la vérification des réserves mathématiques des Sociétés d'assurances contre les accidents du travail.

(*Journal officiel* du 29 décembre 1899.)

ARRÊTÉ MINISTÉRIEL DU 26 DÉCEMBRE 1899

déterminant les primes prévues à l'article 6 du décret du 28 février 1899 et à l'article 2 de l'arrêté du 29 mars 1899, relatifs aux Sociétés d'assurances contre les accidents du travail.

(*Journal officiel* du 29 décembre 1899.)

ARRÊTÉ MINISTÉRIEL DU 26 DÉCEMBRE 1899.

déterminant certains documents à produire au Ministère du Commerce par les Sociétés d'assurances contre les accidents du travail (1).

(*Journal officiel* du 29 décembre 1899.)

LE MINISTRE DU COMMERCE, DE L'INDUSTRIE, DES POSTES ET DES TÉLÉGRAPHES.

Vu la loi du 9 avril 1898, concernant les responsabilités des accidents dont les ouvriers sont victimes dans leur travail ;

Vu le décret du 28 février 1899, portant règlement d'administration publique pour l'exécution de l'article 27 de cette loi, et spécialement l'article 12 dudit décret ;

Sur la proposition du Chef de la Division de l'assurance et de la prévoyance sociales ;

ARRÊTE :

ARTICLE UNIQUE. Les Sociétés d'assurances contre les accidents du travail produiront au Ministre du Commerce :

1° Annuellement, à l'époque fixée pour la production du compte rendu détaillé annuel de leurs opérations :

Un état des réassurances, conforme au modèle ci-annexé (VII) ;

Un état des risques assurés, conforme au modèle ci-annexé (VIII) ;

2° Dans la première quinzaine de chaque mois, des fiches conformes au modèle ci-annexé (IX) pour tous les sinistres suivis de mort ou d'incapacité permanente et ayant fait l'objet, soit d'une déclaration, soit d'un règlement au cours du mois précédent.

Paris, le 26 décembre 1899.

A. MILLERAND.

---

(1) Les dispositions de cet arrêté ont été appliquées aux Syndicats de garantie par arrêtés du 17 janvier 1900.

ARRÊTÉ MINISTÉRIEL DU 26 DÉCEMBRE 1899

déterminant les tableaux à annexer au compte rendu détaillé annuel des Sociétés d'assurances contre les accidents du travail (1).

(Journal officiel du 29 décembre 1899.

LE MINISTRE DU COMMERCE, DE L'INDUSTRIE, DES POSTES ET DES TÉLÉGRAPHES.

Vu la loi du 9 avril 1898, concernant les responsabilités dont les ouvriers sont victimes dans leur travail;

Vu le décret du 28 février 1899, portant règlement d'administration publique pour l'exécution de l'article 27 de cette loi, et spécialement l'article 12 dudit décret;

Vu l'avis du Comité consultatif des assurances contre les accidents du travail;

Sur la proposition du Chef de la Division de l'assurance et de la prévoyance sociales,

ARRÊTE :

ARTICLE UNIQUE. Les Sociétés d'assurances contre les accidents du travail devront annexer au compte rendu détaillé annuel de leurs opérations des tableaux conformes aux modèles I à VI, annexés au présent arrêté.

Paris, le 26 décembre 1899.

A. MILLERAND.

LOI DU 13 AVRIL 1900

portant fixation du budget général des dépenses et des recettes de l'exercice 1900.

(Journal officiel du 14 avril 1900.)

TITRE III.

DISPOSITIONS SPÉCIALES.

ART. 31. Pour les délivrances d'actes visées dans l'article 29 de la loi du 9 avril 1898, les greffiers et les officiers ministériels ont droit à un émolument. Un règlement d'administration publique déterminera les frais de transport des juges de paix.

---

(1) Les dispositions de cet arrêté ont été appliquées aux Syndicats de garantie par arrêtés du 17 janvier 1900.

En cas de conciliation et sur le vu de l'ordonnance du président du tribunal, le greffier délivre à l'Administration de l'enregistrement et des domaines, contre l'adversaire de l'assisté, sur état taxé par le président du tribunal, un exécutoire de dépens qui comprend les avances faites par le Trésor, ainsi que les droits, frais et émoluments dus aux greffiers et aux officiers ministériels à l'occasion de l'enquête préalable et de la conciliation.

DÉCRET DU 31 MAI 1900

relatif aux frais de transport des juges de paix en matière d'accidents de travail.

(*Journal officiel* du 2 juin 1900.)

LE PRÉSIDENT DE LA RÉPUBLIQUE FRANÇAISE,

Sur le rapport du Garde des Sceaux, Ministre de la Justice;

Vu la loi du 9 avril 1898, concernant les responsabilités des accidents dont les ouvriers sont victimes dans leur travail;

Vu l'article 31 de la loi de finances du 31 avril 1900, relatif à l'application de la loi du 9 avril 1898, portant notamment :

«Un règlement d'administration publique déterminera les frais de transport des juges de paix»;

Le Conseil d'État entendu,

DÉCRÈTE :

ART. 1er. Lorsque le Juge de paix se transporte à plus de deux kilomètres du chef-lieu de canton pour l'exécution de la loi du 9 avril 1898, il lui est alloué :

1° Par kilomètre parcouru, en allant et en revenant, si le transport est effectué par chemin de fer, 20 centimes; si le transport a lieu autrement, 40 centimes;

2° Une indemnité de 4 francs.

Si les opérations exigent un déplacement de plus d'une journée, l'indemnité est de 6 francs par journée.

ART. 2. Le Garde des Sceaux, Ministre de la Justice, est chargé de l'exécution du présent décret, qui sera publié au *Journal officiel* et inséré au *Bulletin des lois.*

ÉMILE LOUBET,

Par le Président de la République :
Le Garde des Sceaux, Ministre de la Justice,

MONIS.

CIRCULAIRE DU GARDE DES SCEAUX

DU 1ᵉʳ JUIN 1900.

MONSIEUR LE PROCUREUR GÉNÉRAL, l'article 31 de la loi de finances du 13 avril 1900 (1) renferme des dispositions relatives à l'application de la loi du 9 avril 1898 concernant les responsabilités des accidents dont les ouvriers sont victimes dans leur travail et sur lesquelles je crois utile d'appeler l'attention des juges de paix et des greffiers des cours, des tribunaux et des justices de paix.

I. — La perte du droit d'expédition, résultant de l'article 29 de la loi susvisée, concernant les accidents, occasionnait aux greffiers et, en particulier, aux greffiers des justices de paix, un grave préjudice. L'article 13 de cette loi, par exemple, autorise les parties intéressées à se faire délivrer une expédition de l'enquête faite par le juge de paix à la suite d'accidents de nature à entraîner la mort ou une incapacité permanente. Cette enquête peut être volumineuse; de plus, lorsqu'il se produit des sinistres dans une grande industrie, le chiffre des victimes peut être élevé. Le greffier délivre alors un grand nombre de rôles dans un délai relativement court, fixé par la loi à cinq jours; il est obligé fréquemment d'employer des auxiliaires. Tout ce travail, accompli sans rémunération, imposait une charge trop lourde à des officiers ministériels dont les ressources sont modestes.

On comprend très bien que la victime d'un accident ou les ayants droit puissent réclamer des expéditions sans avoir rien à débourser, mais le bénéfice de l'assistance judiciaire, qui leur est assuré de plein droit, suffit pour obtenir ce résultat. En revanche, il est juste que le chef d'industrie, recevant une expédition, rémunère le service rendu, et même qu'il soit tenu de payer, le cas échéant, le coût des expéditions remises à l'assisté.

Ces considérations ont motivé le vote de la première partie de l'article 31 de la loi des finances qui est revenu au droit commun en matière de délivrance d'actes ou de jugements, et a abrogé, sur ce chef, la règle de la gratuité inscrite dans l'article 29 de la loi du 9 avril 1898.

II. — Cette première mesure eût été, à elle seule, insuffisante pour donner satisfaction aux intérêts légitimes qu'il s'agissait de sauvegarder. Après avoir alloué des émoluments aux officiers ministériels, il faut, en effet, leur procurer les moyens de les recouvrer. Nous touchons d'ailleurs ici à une question qui intéresse, à la fois, le Trésor et les agents de la loi.

En matière d'accidents et sous le régime de l'assistance judiciaire qui est de règle, la procédure se suit au moyen des avances faites par le Trésor et sans que les officiers ministériels reçoivent aucune rémunération de l'assisté. Comment devait-on procéder pour le recouvrement des sommes avancées par l'Administration de l'Enregistrement et des émoluments dus aux officiers ministériels?

Sur ce point la loi du 9 avril 1898 renfermait une lacune. Les seules dispositions applicables se trouvaient dans les articles 17 et 18 de la loi du 22 janvier 1851. Aux termes de ces articles, le recouvrement n'est possible que lorsque l'adversaire de l'assisté a été condamné aux dépens. C'est l'Administration de

____

(1) Voir le texte de cet article *supra*, p. 157.

l'Enregistrement qui est chargée de l'opérer et l'exécutoire, qui lui est délivré à cette fin, a pour base le jugement de condamnation. Or, dans le plus grand nombre des cas, le règlement des accidents ayant entraîné la mort ou une incapacité permanente ne se fait pas à l'audience du tribunal ; les parties s'accordent presque toujours devant le juge conciliateur. Les frais de l'enquête prescrites par les articles 12 et 13 de la loi de finances du 9 avril 1898 demeuraient, par suite, irrecouvrables.

Le deuxième paragraphe de l'article 3 de la loi de finances du 13 avril 1900 remédie à cet état de choses. Faisant une application du principe en vertu duquel les frais exposés pour parvenir à la liquidation d'une dette sont un accessoire de cette dette et restent à la charge du débiteur, il décide que l'ordonnance du Président, constatant l'accord des parties, emporte l'obligation, pour l'adversaire de l'assisté, de payer les frais de toute nature occasionnés par l'enquête préalable et par la tentative de conciliation.

Les greffiers des justices de paix auront soin de joindre au dossier de l'enquête, au moment de sa transmission au président du tribunal, leur mémoire visé par le juge de paix. Ils pourront y comprendre leurs avances, à moins qu'il ne leur paraisse préférable d'en réclamer directement le remboursement au Trésor.

Le mémoire des greffiers des justices de paix et, d'une manière générale, tous les états de frais qui devront être compris dans l'exécutoire de dépens délivré à l'Administration de l'Enregistrement seront soumis à la taxe du Président et resteront déposés au greffe du tribunal civil.

III. — Usant de la délégation qui lui a été donnée par l'article 31 de la loi de finances, le Gouvernement a substitué aux dispositions de l'article 1ᵉʳ de la loi du 21 juin 1845 et de l'ordonnance du 6 décembre de la même année, un tarif nouveau qui assure aux juges de paix, en cas de transport effectué en exécution de la loi du 9 avril 1898, une indemnité fixée d'après des bases plus équitables.

Ce tarif fait l'objet d'un décret en date du 31 mai 1900 (1).

Il n'est rien alloué, pour frais de transport, lorsque le juge de paix ne se rend pas à plus de deux kilomètres du chef-lieu de canton. Au delà de cette distance, le magistrat enquêteur reçoit une allocation qui comprend les frais du voyage proprement dit et des frais de séjour.

Les frais de voyage sont calculés, d'après la distance, sur le pied de vingt centimes par kilomètre parcouru, en allant et en revenant, si le transport est effectué par une voiture sur rails, et de quarante centimes, si le transport a lieu autrement.

Le juge de paix a droit, en outre, à quatre francs pour frais de séjour, quelle que soit la durée du transport, lorsqu'elle ne dépasse pas une journée. Dans le cas où les opérations exigent plus d'une journée, l'indemnité de séjour est de six francs par journée à compter du premier jour.

Je vous prie, Monsieur le Procureur général, de m'accuser réception de la présente circulaire. Vous voudrez bien en faire parvenir un exemplaire à chacun de vos substituts et à tous les juges de paix de votre ressort.

Recevez, Monsieur le Procureur général, l'assurance de ma considération très distinguée.

Le Garde des Sceaux, Ministre de la Justice.

MONIS.

Le Conseiller d'État,
Directeur des Affaires civiles et du Sceau,
L.-LA BORDE.

---

(1) Voir le décret dont s'agit *supra*, p. 158.

NOTE

sur la condition des contrats passés avec la Caisse nationale des retraites pour la vieillesse, par application de l'article 28 de la loi du 9 avril 1898, concernant les responsabilités des accidents dont les ouvriers sont victimes dans leur travail.

(Journal officiel du 9 août 1900.)

I.

NATURE DES RENTES.

Les rentes dont la loi du 9 avril 1898 concernant les responsabilités des accidents du travail prescrit l'allocation aux victimes d'accidents ou à leurs ayants droit, sont définitives ou provisoires, suivant l'ancienneté des rentes, l'état civil ou la nationalité des titulaires.

Sont définitives les rentes concernant :

Les invalides de nationalité française, lorsque le délai de revision fixé par l'article 19 de la loi précitée est expiré ;

Les orphelins de mère et les orphelins de père *et* de mère, dans tous les cas ;

Les orphelins de père, lorsqu'il s'est écoulé, depuis l'accident, un délai de trois cents jours, après lequel il est certain qu'il ne surviendra pas de naissance posthume ;

Les descendants, autres que les enfants, et les ascendants d'ouvriers tués dans tous les cas.

Sont provisoires les rentes concernant :

Les invalides de toute nationalité tant que le terme du délai de revision n'est pas atteint ; dans ce cas, il peut y avoir lieu, avant l'expiration du délai dont il s'agit, à une augmentation ou à une diminution de la rente, par suite de l'aggravation ou de l'atténuation de l'infirmité du rentier, ou à la constitution de rentes au profit de ses ayants droit, s'il meurt des conséquences de l'accident dont il a été victime ;

Les invalides de nationalité étrangère, qui, lorsqu'ils cessent de résider sur le territoire français, doivent recevoir, pour toute indemnité, un capital égal à trois fois la rente qui leur avait été allouée ;

Les conjoints de victimes d'accidents mortels qui, en cas de nouveau mariage, cessent d'avoir droit à leur rente viagère et reçoivent alors, à titre d'indemnité totale, le triple du montant annuel de la rente ;

Les orphelins de père, tant qu'il ne s'est pas écoulé trois cents jours depuis l'accident ; dans ce cas, la naissance d'un enfant conçu avant l'accident entraîne l'augmentation, soit du montant et du prix de la rente, soit du prix seulement, suivant que le groupe des orphelins comptait, avant la naissance posthume, moins de quatre têtes ou quatre têtes au moins.

Le prix des rentes définitives dépend exclusivement de la loi de mortalité applicable aux titulaires et du taux d'intérêt réalisable dans le placement des capitaux représentatifs des rentes.

Celui des rentes provisoires dépend théoriquement, en outre, des probabilités relatives aux revisions motivées par l'aggravation ou l'amélioration de l'état des invalides, ou par leur décès, au changement de résidence des étrangers, aux secondes noces, aux naissances posthumes.

Dans l'état actuel de la statistique, ces probabilités, à l'exception de celles qui concernent les revisions par suite de décès, ne sont pas susceptibles d'être déterminées d'une manière assez précise pour entrer dans l'évaluation du prix des rentes provisoires.

Or, les tarifs établis par la Caisse nationale des retraites, conformément aux dispositions des articles 9 et 28 de la loi du 9 avril 1898, et publiés au *Journal officiel* du 10 mai 1899 (p. 3070 à 3108), ne tiennent compte que de la mortalité des deux tables C. R. et C. R. I. et du taux d'intérêt de 3.50 p. 0/0 par an, ou, plus exactement, de 0.875 p. 0/0 par trimestre.

Ils ne sont donc rigoureusement applicables qu'à la constitution des rentes définitives. Pour les rentes provisoires il a semblé seulement possible, pour le moment, d'évaluer d'abord ces rentes comme si elles étaient définitives, sauf à modifier les contrats primitifs, en cas de revision dans le sens d'une augmentation ou d'une diminution des rentes, en cas de transfert de résidence à l'étranger ou de nouveau mariage, et en cas de naissance posthume et à faire du risque de revision par suite de décès l'objet d'une assurance spéciale.

II.

MODIFICATION DES CONTRATS DE RENTES.

La modification des contrats de rentes passés avec la caisse nationale des retraites, par application de l'article 28 de la loi du 9 avril 1898, est effectuée, suivant les cas dans les conditions ci-après :

a) Revision de la rente d'un invalide dans le sens d'une augmentation. — Pour charger la caisse nationale des retraites du service de la rente complémentaire, le débiteur de la rente doit verser un capital égal à l'excédent :

Du prix de la nouvelle rente totale, calculé à raison de la réduction de salaire correspondant à cette nouvelle rente et de l'ancienneté d'invalidité du titulaire au jour du versement.

Sur le prix de la rente primitive, calculé à raison de la réduction de salaire correspondant à cette rente primitive et de la même ancienneté d'invalidité.

Les arrérages de la rente complémentaire courus jusqu'au jour du versement exclusivement sont à la charge du débiteur de la rente. Ils peuvent être payés par l'intermédiaire de la Caisse nationale des retraites, s'ils sont versés en même temps que le capital indiqué ci-dessus.

b) Revision de la rente d'un invalide dans le sens d'une diminution. — La caisse nationale des retraites rembourse au débiteur de la rente, sur sa demande accompagnée des justifications nécessaires, dans les quinze jours de l'arrivée de cette demande à la direction générale de la Caisse des dépôts et consignations, une somme égale à l'excédent :

Du prix de la rente primitive, calculé à raison de la réduction de salaire correspondant à cette rente primitive et de l'ancienneté d'invalidité du titulaire de la rente au jour du remboursement.

Sur le prix de la nouvelle rente réduite, calculé à raison de la réduction de salaire correspondant à cette nouvelle rente et de la même ancienneté d'invalidité.

Cette somme est remboursée à l'exclusion de tous arrérages afférents à la rente supprimée. Il appartient au débiteur de la rente de faire diligence pour mettre la caisse nationale des retraites en mesure de procéder à la réduction de la rente et pour obtenir le remboursement l'intéressant.

c) Invalide étranger cessant de résider sur le territoire français. — Nouveau mariage du conjoint de la victime d'un accident mortel. — Le certificat de vie fourni pour le payement de la pension due à un ouvrier étranger doit constater sa résidence sur le territoire français. De même, le certificat de vie délivré au conjoint survivant d'une victime d'accident mortel doit énoncer, d'une manière explicite et formelle, qu'il ne s'est pas remarié.

Lorsque la Caisse nationale des retraites est informée, soit par les énonciations du certificat de vie, soit d'une autre manière, que l'une des deux causes de déchéance prévues à l'article 3 de la loi du 9 avril 1898 s'est produite, elle suspend le payement des arrérages de la rente. Dès que les justifications nécessaires ont été produites, elle paye :

1° Au rentier, une somme égale au triple du montant annuel de la rente, augmenté des arrérages échus au jour où la déchéance est encourue, ou diminué de ceux qui auraient été indûment perçus depuis cette date, sur la production de certificats de vie basés sur des déclarations et des attestations erronées ;

2° Au débiteur de la rente, l'excédent du prix de cette rente, calculé à l'époque du payement sur le triple du montant annuel de la rente ou, le cas échéant, sur ce triple du montant annuel de la rente diminué des arrérages indûment perçus depuis que la déchéance a été encourue.

Si ces arrérages dépassent le triple du montant annuel de la rente, le débiteur de la rente reçoit de la Caisse nationale des retraites, intégralement, le prix de la rente calculé à l'époque du dernier payement d'arrérages.

d) Naissance posthume d'un enfant dont le père a été victime d'un accident mortel. — Lorsqu'un enfant, conçu avant l'accident mortel dont son père a été victime, naît vivant et viable après la constitution, à la Caisse nationale des retraites, de la rente revenant aux autres ayants droit, l'admission de cet enfant au bénéfice de l'article 3 de la loi du 9 avril 1898, peut entraîner soit l'augmentation du montant et du prix de la rente, soit l'augmentation du prix de la rente seulement, suivant que le groupe des autres orphelins compte moins de quatre têtes ou quatre têtes au moins.

Dans les deux cas, pour faire entrer cet enfant au rang des rentiers de la Caisse nationale des retraites, le débiteur de la rente doit verser un capital complémentaire égal à l'excédent :

Du prix de la rente reposant sur le groupe complet des orphelins vivants à la date du versement complémentaire ;

Sur le prix de la rente reposant sur le groupe des orphelins tel qu'il se comporte à cette date, abstraction faite de l'enfant posthume.

En cas d'augmentation du montant de la rente, les arrérages correspondant à cette augmentation, courus jusqu'au jour du versement exclusivement, sont à la charge du débiteur de la rente. Ils peuvent être payés par l'intermédiaire de la caisse nationale des retraites, s'ils sont versés en même temps que le capital indiqué ci-dessus.

III.

ASSURANCE TEMPORAIRE EN CAS DE DÉCÈS D'UN RENTIER INVALIDE AU COURS DU DÉLAI DE REVISION.

A quelque époque que décède un invalide titulaire d'une rente viagère constituée à la caisse nationale des retraites, le débiteur de la rente ne peut prétendre à aucun remboursement sur le capital constitutif de cette rente, toutes les chances de mortalité de l'invalide étant entrées en ligne de compte dans la détermination de ce capital.

Au cas où le décès survient au cours du délai de revision prévu à l'article 19 de la loi du 9 avril 1898, le débiteur de la rente est exposé au risque d'avoir à effectuer un nouveau versement à la Caisse nationale des retraites, pour constituer des rentes au profit des ayants droit de l'invalide décédé. Pour permettre aux débiteurs de rentes de se garantir contre cette éventualité, la caisse nationale des retraites accepte des contrats d'assurance temporaire de rente de survie au profit des ayants droit des invalides, en cas de décès de ceux-ci avant l'expiration du délai de revision, aux conditions suivantes :

1° Tout contrat de l'espèce doit être souscrit en même temps que le contrat de rente viagère au profit de l'invalide dont le décès est susceptible d'entraîner par revision la constitution de rente au profit d'ayants droit ;

2° Les débiteurs de rente doivent déclarer, lors du premier versement de chaque année pour la constitution de rente au profit d'un invalide, qu'ils renoncent au bénéfice de l'assurance complémentaire proposée, ou qu'ils s'engagent à la contracter pour toutes les rentes à constituer par eux à la Caisse nationale des retraites jusqu'au 31 décembre de l'année et la comportant ;

3° Si un débiteur de rente ne tient pas cet engagement, la caisse nationale des retraites peut, à son choix, maintenir les contrats d'assurance complémentaire souscrit dans l'année ou les annuler et rembourser, sans intérêts, les primes versées, déduction faite des arrérages payés sur les rentes constituées en exécution de ces contrats ;

4° En cas de revision dans le sens d'une augmentation ou d'une diminution de rente ayant pour condition de modifier l'opinion de la Caisse nationale des retraites sur la mortalité de l'invalide titulaire de la rente, la Caisse demande au débiteur de la rente de compléter la prime de l'assurance complémentaire ou lui en rembourse une partie.

Transitoirement, les débiteurs des rentes constituées à la Caisse nationale des retraites antérieurement à la présente publication seront admis, jusqu'au 31 décembre prochain, à contracter une assurance complémentaire pour ces rentes à condition que l'assurance s'étende à toutes les rentes qui la comportent.

La prime de l'assurance complémentaire dont il s'agit est égale à la prime unique d'une assurance en cas de décès d'un invalide pour le temps restant à courir jusqu'à l'expiration du délai de revision, garantissant le capital des rentes à constituer au profit des ayants droit, s'ils sont vivants au milieu de la période d'assurance.

Exemple. — Un ouvrier, né le 8 mars 1863 et gagnant un salaire annuel de 960 fr., a été victime, le 13 novembre 1899, d'un accident entraînant une incapacité permanente de travail. Le 6 juillet 1900, il a été statué sur la réduction que l'accident a fait subir à son salaire, — elle a été fixée à 50 p. 100, — et sur l'importance de la pension à lui allouer, — elle a été fixée à 240 francs, — et la période de revision s'est ouverte.

On demande quelle est, à la date du 18 mars 1901, la prime à verser à la Caisse nationale des retraites, outre le capital constitutif de la rente de 240 fr. reposant sur la tête de l'invalide, pour assurer, s'il vient à mourir des suites de ses blessures, avant le 6 juillet 1903, terme du délai de revision, la constitution d'une rente viagère au profit de sa femme, née le 3 décembre 1869, et d'une rente temporaire au profit de ses trois enfants, nés le 27 mars 1899, le 28 septembre 1896 et le 12 août 1894.

La date moyenne entre la constitution de la pension, 18 mars 1901, et l'expiration du délai de revision, 6 juillet 1903, est le 12 mai 1902.

A cette date, l'âge de la femme, née le 3 décembre 1869, étant exactement trente deux ans cinq mois et neuf jours, et, à un demi-trimestre près, trente-deux ans et deux trimestres, le prix d'une rente viagère de 192 francs, égale à 20 p. 100 d'un salaire annuel de 960 francs, sera :

$$18,7158 \times 192 = 3,593 \text{ fr. } 4336,$$

soit en chiffres ronds 3,593 francs (1).

D'autre part, à la date de la constitution de la rente sur la tête de l'invalide 18 mars 1901, l'âge de la femme est exactement 31 ans, 3 mois et 15 jours.

Or, d'après la table CR (2), le nombre des vivants est :

A l'âge de 31 ans... 85,165
A l'âge de 32 ans... 84,551

Le nombre des décès, de 31 ans à 32 ans, en 360 jours, ressort donc à... 614

Par suite, le nombre des décès, de 31 ans à 31 ans, 3 mois et 15 jours, en 105 jours, est :

$$\frac{614 \times 105}{360} = \qquad 179$$

et, sur... 85,165

vivants à 31 ans, il reste................................... 84,986

survivants à 31 ans, 3 mois et 15 jours.

On trouve, au moyen d'un calcul semblable, que le nombre des survivants, à l'âge de 32 ans, 5 mois et 9 jours, d'après la table CR, est :

$$84,551 - (84,551 - 83,935) \times \frac{159}{360} = 84,551 - 616 \times \frac{159}{360} = 84,551 - 272 = 84,279$$

La probabilité, pour une personne âgée de 31 ans, 3 mois et 15 jours, d'atteindre l'âge de 32 ans, 5 mois et 9 jours, est $\frac{84,279}{84,986}$ = 0.991,681

En multipliant cette probabilité par le prix de la pension éventuelle de la femme... × 3,593

on obtient la prime unique................................. 3,563

d'un capital de 3,593 francs différé de l'âge de 31 ans, 3 mois et 15 jours à celui de 32 ans, 5 mois et 9 jours, abstraction faite de l'escompte au taux du tarif, pour la durée du différé.

A la date moyenne du 12 mai 1902, les âges des enfants nés le 27 mars 1899, le 28 septembre 1896 et le 12 août 1894, seront :

Exactement : pour le plus jeune, 3 ans, 1 mois et 15 jours ; pour le deuxième, 5 ans, 7 mois et 14 jours ; pour l'aîné, 7 ans et 9 mois ;

A un demi-trimestre près : pour le plus jeune, 3 ans et 1 trimestre ; pour le deuxième, 5 ans et 2 trimestres ; pour l'aîné, 7 ans et 3 trimestres.

Le montant de la rente temporaire à constituer éventuellement à leur profit sera :

1° S'ils sont tous les trois vivants, 960 × 0,35 = 336 francs ;

2° S'il n'en reste que deux vivants, 960 × 0,25 = 240 francs ;

---

(1) Voir le *Journal officiel* du 10 mai 1899, tableau I, page 3070, et 1ᵉʳ problème page 3106.

(2) *Journal officiel* du 10 mai 1899, tableau I, page 3070.

3° Si un seul est vivant, 960 × 0,15 = 144 francs.

Dans le premier cas (1), le prix de la rente temporaire ressort à 8,7841 × 336 = 2,951 francs.

Pour le deuxième cas (2), le prix de la rente temporaire sera, si le plus jeune des enfants et le deuxième sont vivants, et l'aîné, mort :

$$9,4762 \times 240 = 2,274 \text{ francs};$$

Si le plus jeune et l'aîné sont vivants, et le deuxième, mort :

$$8,8425 \times 240 = 2,122 \text{ francs};$$

Si le deuxième et l'aîné sont vivants, et le plus jeune, mort :

$$8,0049 \times 240 = 1,921 \text{ francs}.$$

Dans le troisième cas (3), on aura, pour le prix de la rente à constituer éventuellement au profit du seul survivant, selon que ce sera :

Le plus jeune 9,9928 × 144 = 1,439 francs.
Le deuxième 8,6096 × 144 = 1,240 francs.
L'aîné 7,0529 × 144 = 1,016 francs.

D'autre part, à la date de la constitution de la rente, le 18 mars 1901, les âges des enfants sont exactement :

Pour le plus jeune, 1 an, 11 mois et 21 jours,
Pour le deuxième, 4 ans, 5 mois et 20 jours,
Pour l'aîné, 6 ans, 7 mois et 6 jours.

En opérant, pour chacun des enfants, à l'aide de la table CR, à raison de leurs âges à la date de la constitution de la rente, 18 mars 1901, et à la date du 12 mai 1902, moyenne entre cette date et celle du terme du délai de revision, les mêmes calculs que ceux qui ont été indiqués ci-dessus pour la femme, on trouvera que la probabilité, à la date du 18 mars 1901, d'être encore vivant à celle du 12 mai 1902, est :

$$\text{Pour le plus jeune.} \quad \frac{99,911}{101,734} = 0,982,081;$$

$$\text{Pour le deuxième.} \quad \frac{98,419}{99,013} = 0,994,001.$$

$$\text{Pour l'aîné.} \quad \frac{97,638}{98,020} = 0,996,103.$$

D'ailleurs, la probabilité de décéder entre les deux dates précitées est :

Pour le plus jeune des enfants :

$$1 - 0,982,081 = 0,017,919;$$

Pour le deuxième :

$$1 - 0,994,001 = 0,005,999;$$

Pour l'aîné :

$$1 - 0,996,103 = 0,003,897.$$

---

(1) Pour les raisons indiquées au *Journal officiel* du 10 mai 1899, page 3196, col. 2 et 3, sous le titre « Rentes collectives », le tarif de ces rentes n'a pas été publié. Les prix des rentes collectives à utiliser, pour le calcul de la prime d'une assurance en cas de décès au cours du délai de revision, seront indiqués aux intéressés.

(2) Voir le *Journal officiel* du 10 mai 1899, tableau II, page 3070 et 2° problème, page 3106.

— 167 —

Les probabilités individuelles d'existence et de décès des trois enfants étant connues, les probabilités composées, correspondant aux différentes manières dont il est possible que leur groupe se trouve formé à la date moyenne, s'en déduisent facilement.

La probabilité :

Que les trois enfants seront vivants à la date moyenne est :

$$0,982,081 \times 0,994,001 \times 0,996,103 = 0,972,385 ;$$

Que le plus jeune et le deuxième seront vivants, et l'aîné, mort :

$$0,982,081 \times 0,994,001 \times 0,003,897 = 0,003,804 ;$$

Que le plus jeune et l'aîné seront vivants, et le deuxième, mort :

$$0,982,081 \times 0,996,103 \times 0,005,999 = 0,005,869 ;$$

Que le deuxième et l'aîné seront vivants, et le plus jeune, mort :

$$0,994,001 \times 0,996,103 \times 0,017,919 = 0,017,742 ;$$

Que le plus jeune sera seul vivant :

$$0,982,081 \times 0,005,999 \times 0,003,897 = 0,000,023 ;$$

Que le deuxième sera seul vivant :

$$0,994,001 \times 0,017,919 \times 0,003,897 = 0,000,069 ;$$

Que l'aîné sera seul vivant :

$$0,996,103 \times 0,017,919 \times 0,005,999 = 0,000,107.$$

Les produits de ces probabilités par les prix de pensions correspondants sont :

$0,972,385 \times 2,951 = $	2,870
$0,003,804 \times 2,274 = $	9
$0,005,869 \times 2,122 = $	12
$0,017,742 \times 1,921 = $	34
$0,000,023 \times 1,439 = $	»
$0,000,069 \times 1,240 = $	»
$0,000,107 \times 1,016 = $	»
Ensemble	2,925

En ajoutant le produit de même nature concernant la femme   3,563

on a un total de 6,488

À l'époque de l'accident, le 13 novembre 1899, l'âge de la victime, née le 8 mars 1863, était 37 ans, à une demi-année près. À la date de la constitution de la rente, le 18 mars 1901, l'ancienneté d'invalidité est de 1 an, 4 mois et 5 jours, et l'âge conventionnel de l'invalide, de 38 ans, 4 mois et 5 jours ; à la date d'expiration du délai de revision, l'ancienneté d'invalidité sera de 3 ans, 7 mois et 23 jours, et l'âge conventionnel de 40 ans, 7 mois et 23 jours.

D'après la partie de la table C R I (1) applicable aux personnes frappées d'invalidité absolue à l'âge de 37 ans, le nombre des vivants est :

Après un an d'invalidité.. 112,583

Après deux ans d'invalidité..................................... 100,690

Le nombre des décès, pendant la deuxième année d'invalidité, en 360 jours, est... 11,893

(1) *Journal officiel* du 10 mai 1899, page 3074.

Par suite, le nombre des décès en 4 mois et 5 jours, ou en 125 jours, est :

$$11,893 \times \frac{125}{360} = 4,130$$

et le nombre des survivants, après 1 an, 4 mois et 5 jours d'invalidité est :

$$112,583 - 4,130 = 108,453.$$

On trouvera de même, d'après la même partie de la table C. R. L, que le nombre des survivants après 3 ans, 7 mois et 23 jours d'invalidité est :

$$93,047 - (93,047 - 87,843) \times \frac{233}{360}$$
$$= 93,047 - 5,204 \times \frac{233}{360} = 93,047 - 3,368 = 89,679.$$

De 1 an, 4 mois et 5 jours d'ancienneté d'invalidité, à 3 ans, 7 mois et 23 jours, le nombre des décès ressort à :

$$108,453 - 89,679 = 18,774$$

et la probabilité de décès à :

$$\frac{18,774}{108,453} = 0,173,107$$

pour un invalide absolu, blessé à l'âge de 37 ans.

En employant la table GR, applicable aux personnes valides, on trouverait que la probabilité de décès, de 38 ans, 4 mois et 5 jours, âge conventionnel de l'invalide en cause à la date de la constitution de sa pension, à 40 ans, 7 mois et 23 jours, âge conventionnel à la date d'expiration du délai de revision, est :

$$\frac{80,591 - 79,050}{80,591} = \frac{1,541}{80,591} = 0,019,121.$$

La différence entre la probabilité de décès, en cas d'invalidité absolue 0,173,107
et celle qui concerne les personnes valides 0,019,121
est, ... 0,153,986

On peut admettre que, pour la victime d'un accident ayant entraîné une réduction de salaire de 50 p. 100, la probabilité de décès dont il y a lieu de tenir compte dans l'espèce sera :

$$0,019,121 + \frac{0,153,986}{2} = 0,019,121 + 0,076,993 = 0,096,114.$$

Le produit de 0,096,114 par le chiffre de 6,488, obtenu à la suite des calculs concernant la femme et les enfants de l'invalide, soit 623 fr. 59, représente la prime cherchée, abstraction faite de l'escompte, au taux du tarif, pour le temps à courir du 18 mars 1901, date de la souscription de l'assurance, jusqu'au 12 mai 1902, date moyenne entre cette date et celle du terme du délai de revision. La valeur actuelle, au taux de 0,875 p. 100 par trimestre, de 1 franc payable au bout de ce temps, qui est de 1 an, 1 mois et 24 jours, ressort à 0,960,717. En multipliant ce chiffre par celui de 623 fr. 59, qui vient d'être calculé, on obtient le chiffre de 599 francs.

La somme de 599 francs est la prime nécessaire pour assurer, si l'invalide en cause venait à mourir avant le 6 juillet 1903, la constitution d'une rente viagère au profit de sa femme et d'une rente temporaire au profit de ses enfants.

Le prix de la pension reposant sur la tête de l'invalide, calculé dans les conditions indiquées au *Journal officiel* du 10 mai 1899, page 3,107, étant de 3,696 francs, la somme à verser à la caisse nationale des retraites, tant pour la constitution de la rente au profit de l'invalide que pour l'assurance temporaire de rentes de survie au profit de ses ayants droit est

$$3,696 + 599 = 4,295 \text{ francs.}$$

IV.

FORMALITÉS À REMPLIR ET PIÈCES À PRODUIRE OU À COMMUNIQUER.

Toute souscription ou toute modification de contrat doit être précédée, en vue du calcul préalable de la somme à verser à la Caisse nationale des retraites pour la vieillesse ou à rembourser par elle, d'une demande adressée au conseiller d'Etat, directeur général de la Caisse des dépôts et consignations, soit directement, à Paris, rue de Lille, n° 56, et sans affranchir, soit par l'entremise des correspondants de la Caisse (trésoriers-payeurs généraux, receveurs particuliers des finances, percepteurs des contributions directes, receveurs des postes).

Cette demande doit indiquer la nature du contrat à souscrire ou de la modification à apporter à un contrat antérieur, et, suivant les cas :

1° La date à partir de laquelle le débiteur de la pension sera en mesure de verser le capital constitutif de cette pension, et, s'il y a lieu, la prime complémentaire de l'assurance temporaire de rentes de survie ;

2° Les nom, prénoms et qualité de la personne chargée de recevoir la somme à rembourser par la Caisse nationale des retraites ;

3° Le montant du salaire annuel ayant servi de base à la fixation de la rente de l'invalide, conformément aux dispositions des articles 8 et 10 de la loi du 9 avril 1898 ;

4° L'adresse exacte des titulaires des rentes à constituer immédiatement, en vue d'assurer l'envoi des titres et le payement des arrérages, ainsi que leur nationalité et leur état civil.

A l'appui de sa demande, le signataire doit produire, selon le cas, les pièces suivantes :

1° Une expédition, signée par le greffier et revêtue du timbre du tribunal, de l'ordonnance, du jugement ou de l'arrêt intervenu pour fixer le montant des rentes, ou pour l'augmenter ou le diminuer ;

2° Une copie des actes de naissance des titulaires des rentes à constituer, soit immédiatement, soit éventuellement en vertu d'un contrat d'assurance temporaire de rentes de survie ;

3° Le titre de rente au cas où le signataire de la demande est atteint par l'une des deux déchéances prévues à l'article 3 de la loi du 9 avril 1898, et, suivant le cas, la copie de son acte de mariage ou une déclaration de changement de résidence ;

4° Une copie de l'acte de décès de l'invalide dont les ayants droit sont appelés au bénéfice d'une assurance temporaire de rentes de survie, ainsi qu'une expédition de la décision judiciaire faisant droit à leur demande en revision.

En cas de constitution de rente au profit d'un invalide, avec ou sans assurance temporaire de rentes de survie, le débiteur de la rente aura à communiquer à la Caisse nationale des retraites le procès-verbal de l'enquête à laquelle le juge de paix a dû procéder, aux termes de l'article 12 de la loi du 9 avril 1898, à l'effet de rechercher, notamment, les ayants droit pouvant, le cas échéant, prétendre à une indemnité, le salaire quotidien et le salaire annuel de la victime.

Les copies d'actes de l'état civil à produire peuvent être délivrées sur papier libre et en forme d'extraits, à condition que ces extraits mentionnent, en toutes lettres, à la fois, la date de l'événement que l'acte constate et la date de la déclaration faite à l'officier de l'état civil. Les copies et les extraits doivent être signés par le maire ou le greffier qui les a délivrés et être revêtus du timbre de la mairie ou du tribunal.

En cas d'impossibilité de produire l'acte de naissance, il ne peut y être suppléé que par un acte de notoriété délivré dans les formes prescrites par l'article 71 du code civil, ou par un extrait du jugement d'homologation dudit acte.

Si l'acte a été dressé à l'étranger, l'extrait à produire devra provenir des autorités compétentes; cette pièce sera accompagnée d'une traduction régulière et revêtue, soit de la légalisation d'un agent consulaire français à l'étranger, soit de celle de l'agent diplomatique ou du consul du pays d'origine accrédité à Paris auprès du gouvernement français.

Lorsque la personne, née à l'étranger, dont l'acte de naissance est exigé, s'est mariée en France, on devra produire un extrait de cet acte, ou de la pièce en tenant lieu, annexé à son acte de mariage.

Pour les actes délivrés en Alsace Lorraine, la légalisation de la signature du maire par le juge du tribunal cantonal ou le président du tribunal civil est seule exigée.

DÉCRET DU 14 AOÛT 1900

approuvant le nouveau tarif de la Caisse nationale d'assurances en cas d'accidents.

(Journal officiel du 21 août 1900.)

Le Président de la République française,

Sur le rapport du Ministre du commerce, de l'industrie, des postes et des télégraphes, et du Ministre des finances;

Vu la loi du 11 juillet 1868, portant création de deux caisses d'assurances, l'une en cas de décès, l'autre en cas d'accidents résultant de travaux agricoles et industriels;

Vu la loi du 9 avril 1898, concernant les responsabilités des accidents dont les ouvriers sont victimes dans leur travail;

Vu la loi du 24 mai 1899, étendant les opérations de la Caisse nationale d'assurances en cas d'accidents aux risques prévus par la loi du 9 avril 1898, pour les accidents ayant entraîné la mort ou une incapacité permanente, absolue ou partielle;

Vu le décret du 26 mai 1899 approuvant, en conformité de la loi du 24 mai 1899, les tarifs établis par la Caisse nationale d'assurances en cas d'accidents,

Décrète :

Art. 1er. Est approuvé, en conformité de la loi du 24 mai 1899, le nouveau tarif établi par la Caisse nationale d'assurances en cas d'accidents et annexé au présent décret, sous réserve de la faculté pour la Caisse de réduire ou de majorer les primes qui y figurent de 30 p. 100 de leur valeur, en raison des conditions particulières d'exploitation des entreprises assurées.

Toutefois, les primes concernant les exploitations de mines ou minières pourront être réduites ou majorées de 50 p. 100.

ART. 2. Ledit tarif sera applicable à partir du 15 septembre 1900 et jusqu'au 31 décembre 1901.

ART. 3. Pour les entreprises non dénommées au tarif, les primes seront déterminées par assimilation avec les entreprises y dénommées qui présentent des risques analogues.

ART. 4. Est rapporté, à compter du 15 septembre 1900, le décret susvisé du 26 mai 1899.

ART. 5. Le ministre du commerce, de l'industrie, des postes et des télégraphes, et le ministre des finances sont chargés, chacun en ce qui le concerne, de l'exécution du présent décret, qui sera publié au *Journal officiel* de la République française et inséré au *Bulletin des lois*.

Fait à Paris, le 14 août 1900.

ÉMILE LOUBET.

Par le Président de la République :

Le Ministre du Commerce,
de l'Industrie, des Postes et des Télégraphes,

A. MILLERAND.

Le Ministre des Finances,

J. CAILLAUX.

CIRCULAIRE DU GARDE DES SCEAUX
DU 28 AOÛT 1900

MONSIEUR LE PREMIER PRÉSIDENT, il m'a été signalé qu'un certain nombre d'ordonnances rendues en vertu du deuxième alinéa de l'article 16 de la loi du 9 avril 1898, concernant les accidents dont les ouvriers sont victimes dans leur travail, consacrent des accords intervenus entre les parties intéressées dans des conditions de fond manifestement contraires aux dispositions de cette loi.

Les conventions qui n'ont pas pour effet d'assurer à la victime ou à ses ayants droit tout ce qui leur est dû en vertu du tarif légal, sont radicalement nulles aux termes de l'article 30 de la loi. Le préjudice qui en résulte pour les victimes des accidents industriels peut donc être réparé. Toutefois, il convient d'éviter, autant que possible, que l'accord des parties se réalise dans des conditions défectueuses et devienne, par suite, la source de difficultés ultérieures.

C'est aux présidents des tribunaux qu'il appartient d'aviser, en remplissant la mission de conciliation que le législateur leur a confiée. Ils ne sauraient oublier qu'ils ont le devoir d'éclairer les parties et de faire connaître, notamment, aux victimes d'accidents toute l'étendue de leurs droits. — Il est essentiel de mettre ainsi obstacle à des concessions abusives et condamnées par la loi, qui ne peuvent être que le résultat soit d'une pression exercée par les parties débitrices des indemnités, soit de l'ignorance des parties adverses.

Je vous prie de vouloir bien appeler sur ce point, d'une façon toute spéciale, l'attention de MM. les Présidents des tribunaux de votre ressort et m'accuser réception des présentes instructions.

Recevez, Monsieur le Premier Président, l'assurance de ma considération très distinguée.

Le Garde des sceaux, Ministre de la justice,
MONIS.

ARRÊTÉ MINISTÉRIEL DU 10 OCTOBRE 1900

modificatif des derniers paragraphes de l'article 1er de l'arrêté du 1er mars 1899 organisant le Comité consultatif des assurances contre les accidents du travail (1).

LE MINISTRE DU COMMERCE, DE L'INDUSTRIE, DES POSTES ET DES TÉLÉGRAPHES,

Vu la loi du 9 avril 1898 concernant les responsabilités des accidents dont les ouvriers sont victimes dans leur travail;

Vu le décret du 28 février 1899, portant règlement d'administration publique pour l'exécution de l'article 27 de cette loi, spécialement en son article 16;

Vu l'arrêté ministériel du 1er mars 1899, organisant le Comité consultatif des assurances contre les accidents du travail, et notamment le second alinéa de l'article 2 dudit arrêté, ainsi conçu : « Sont remplacés immédiatement les membres du comité qui perdent la qualité en raison de laquelle ils avaient été nommés »;

Vu l'arrêté modificatif du 24 août 1899;

Vu le décret du 10 octobre 1900, portant réorganisation de l'Administration centrale du Ministère du commerce, de l'industrie, des postes et des télégraphes;

Sur la proposition du directeur de l'assurance et de la prévoyance sociales,

ARRÊTE :

ARTICLE UNIQUE. Dans l'arrêté ministériel du 1er mars 1899, organisant le Comité consultatif des assurances contre les accidents du travail, les derniers paragraphes de l'article 1er sont modifiés comme suit :

« 13° Le directeur de l'assurance et de la prévoyance sociales;

« 14° Le directeur du travail;

« 15° Le conseiller d'État, directeur de l'enseignement technique. »

Paris, le 10 octobre 1900.

A. MILLERAND.

---

(1) Cet arrêté a eu pour objet de mettre l'arrêté du 1er mars 1899 en harmonie avec le décret du 10 octobre 1900, modifiant l'organisation de l'Administration centrale du Ministère du commerce.

ARRÊTÉ MINISTÉRIEL DU 18 OCTOBRE 1900

modifiant l'article 1er de l'arrêté du 11 août 1899, relatif à l'organisation du Service central du contrôle des sociétés d'assurances contre les accidents du travail (1).

(*Journal officiel* du 21 octobre 1900.)

ARRÊTÉ MINISTÉRIEL DU 29 NOVEMBRE 1900

relatif à la publication de la liste des sociétés d'assurances contre les accidents du travail fonctionnant conformément à la loi du 9 avril 1898.

(*Journal officiel* du 30 novembre 1900.)

LE MINISTRE DU COMMERCE, DE L'INDUSTRIE, DES POSTES ET DES TÉLÉGRAPHES,

Vu l'article 27 de la loi du 9 avril 1898, concernant les responsabilités des accidents dont les ouvriers sont victimes dans leur travail;

Vu le décret du 28 février 1899, portant règlement d'administration publique pour l'exécution dudit article 27, notamment en son article 18, ainsi conçu :

«Chaque année, avant le 1er décembre, le Ministre du commerce arrête, après avis du comité consultatif, et publie au *Journal officiel* la liste des sociétés mutuelles ou à primes fixes, françaises ou étrangères, qui fonctionnent dans les conditions prévues par les articles 26 et 27 de la loi du 9 avril 1898 et par le présent décret»;

Vu l'avis du comité consultatif des assurances contre les accidents du travail;

Sur la proposition du directeur de l'assurance et de la prévoyance sociale,

ARRÊTE :

ART. 1er. Est arrêtée, telle qu'elle est annexée ci-après, la liste des sociétés mutuelles ou à primes fixes, françaises ou étrangères, qui fonctionnent dans les conditions prévues par les articles 26 et 27 de la loi du 9 avril 1898 et par le règlement d'administration publique du 28 février 1899.

ART. 2. Ladite liste sera publiée, avant le 1er décembre 1900, au *Journal officiel* de la République française.

Paris, le 29 novembre 1900.

A. MILLERAND.

---

(1) Voir le texte modifié de l'arrêté du 11 août 1899, p. 117.

ANNEXE

1° Sociétés françaises d'assurances mutuelles contre les accidents du travail.

La Préservatrice, 18, rue de Londres, à Paris.

La Mutuelle générale française, 19 et 21, rue Chanzy, au Mans (Sarthe).

La Caisse syndicale d'assurance mutuelle des industries textiles de France, 2, cité de Londres, à Paris.

La Caisse syndicale d'assurance mutuelle des forges de France, 2, cité de Londres, à Paris.

L'Union industrielle, 4, rue Lanterné, à Lyon.

Le Syndicat du Nord, 68, Grande-Rue, à Roubaix (Nord).

La Mutualité industrielle, 36, rue de Berlin, à Paris.

L'Association industrielle des travailleurs français, 16, boulevard Chasles, à Chartres (Eure-et-Loir).

La Participation, 92, rue de Richelieu, à Paris.

L'Industrie française, 39, rue des Pyramides, à Paris.

La Caisse syndicale d'assurance mutuelle des agriculteurs de France, 22, rue d'Athènes, à Paris.

L'Auxiliaire, 41, rue Mercière, à Lyon.

La Caisse des entrepreneurs, 7, rue Clovis, à Reims (Marne).

La Caisse syndicale mutuelle, 94, rue Nationale, à Armentières (Nord).

La Caisse syndicale d'assurance mutuelle des industries sucrières de France, 2, cité de Londres, à Paris.

La Responsabilité agricole, 5, rue de Soisy, à Corbeil.

L'Alimentation, 24, rue de Richelieu, à Paris.

2° Sociétés françaises d'assurances à primes fixes contre les accidents du travail.

L'Abeille, 57, rue Taitbout, à Paris.

Le Patrimoine, 55, rue de la Chaussée-d'Antin, à Paris.

La Préservatrice (compagnie anonyme), 18, rue de Londres, à Paris.

La Prévoyance, 23, rue de Londres, à Paris.

L'Urbaine et la Seine, 37, rue Le Peletier, à Paris.

Le Secours, 15, rue des Pyramides, à Paris.

La Société générale des assurances agricoles et industrielles, 5, rue Grétry, à Paris.

La Foncière, 12, place de la Bourse, à Paris.

Le Soleil-Sécurité générale, 7, cité d'Antin, à Paris.

La Providence, 12, rue de Grammont, à Paris.

La Caisse générale des familles, 4, rue de la Paix, à Paris.

La Flandre, 68, Grande-Rue, à Roubaix (Nord).

L'Éternelle, 38, rue Blanche, à Paris.

L'Union industrielle du Nord, 76, boulevard de la Liberté, à Lille (Nord).

La Compagnie générale d'assurances contre les accidents, 53 bis, rue de Châteaudun, à Paris.

La Thémis, 11, place Saint-Ferréol, à Marseille.

L'Espérance, 10, rue Saint-Augustin, à Paris.

La Gauloise, 5, rue Grétry, à Paris.

3° Sociétés étrangères d'assurances contre les accidents du travail.

La Société suisse d'assurances contre les accidents, à Winterthur (Suisse), ayant son siège, pour les assurances pratiquées en France, 15, rue de la Chaussée-d'Antin, à Paris.

La Zurich, compagnie générale d'assurances contre les accidents et la responsabilité civile, à Zurich (Suisse), ayant son siège, pour les assurances pratiquées en France, 14, rue Favart, à Paris.

The Ocean Accident and guarantee corporation, à Londres, ayant son siège, pour les assurances pratiquées en France, 109, rue Montmartre, et 118, rue Réaumur, à Paris.

Toute autre société qui pratiquerait l'assurance des risques prévus par la loi du 9 avril 1898, avant d'avoir déposé le cautionnement réglementaire, serait passible des peines édictées par les articles 471 et 474 du Code pénal, ainsi que l'a rappelé la circulaire du Garde des sceaux aux procureurs généraux, en date du 12 août 1899, publiée au Journal officiel du 20 août suivant.

ARRÊTÉ MINISTÉRIEL DU 22 DÉCEMBRE 1900,

déterminant les primes prévues à l'article 6 du décret du 28 février 1899 et à l'article 2 de l'arrêté ministériel du 29 mars 1899, relatifs aux Sociétés d'assurances contre les accidents du travail.

(*Journal Officiel* du 23 décembre 1900.)

LE MINISTRE DU COMMERCE, DE L'INDUSTRIE, DES POSTES ET DES TÉLÉGRAPHES,

Vu la loi du 9 avril 1898, concernant les responsabilités des accidents dont les ouvriers sont victimes dans leur travail;

Vu le décret du 28 février 1899, portant règlement d'administration publique pour l'exécution de l'article 27 de celle loi;

Vu l'arrêté ministériel du 29 mars 1899, déterminant les bases des cautionnements que doivent constituer les Sociétés d'assurances contre les accidents du travail;

Vu l'arrêté ministériel du 30 mars 1899, déterminant les primes prévues à l'article 6 du décret du 28 février 1899 et à l'article 2 de l'arrêté ministériel du 29 mars 1899, relatifs aux Sociétés d'assurances contre les accidents du travail, spécialement l'article 2 dudit arrêté;

Vu l'article 2 de l'arrêté ministériel du 5 mai 1899, complétant les arrêtés des 29 et 30 mars susvisés;

Vu l'arrêté ministériel du 26 décembre 1899, prorogeant pour l'année 1900 l'effet des arrêtés susvisés;

Vu l'avis du Comité consultatif des assurances contre les accidents du travail;

Sur la proposition du directeur de l'assurance et de la prévoyance sociales,

ARRÊTE :

ART. 1er. Les primes visées au dernier alinéa de l'article 6 du décret du 28 février 1899 et à l'article 2 de l'arrêté ministériel du 29 mars 1899, telles qu'elles sont fixées à l'article 1er de l'arrêté ministériel du 30 mars 1899, sont maintenues provisoirement pour l'année 1901.

ART. 2. Est prorogé jusqu'au 1er janvier 1902 l'effet des dispositions contenues dans l'article 2 de l'arrêté ministériel du 5 mai 1899.

Paris, le 22 décembre 1900.

A. MILLERAND.

ARRÊTÉ MINISTÉRIEL DU 22 DÉCEMBRE 1900.

déterminant le barème minimum pour la vérification des réserves mathé-
mathiques des sociétés d'assurances contre les accidents du travail.

(*Journal officiel* du 23 décembre 1900.)

———

LE MINISTRE DU COMMERCE, DE L'INDUSTRIE, DES POSTES ET DES TÉLÉ-
GRAPHES,

Vu la loi du 9 avril 1898, concernant les responsabilités des accidents dont les
ouvriers sont victimes dans leur travail;

Vu le décret du 23 février 1899, portant règlement d'administration publique
pour l'exécution de l'article 27 de cette loi;

Vu l'arrêté ministériel du 30 mars 1899, déterminant le barème minimum
pour la vérification des réserves mathématiques des sociétés d'assurances contre
les accidents du travail, et spécialement son article 2;

Vu l'arrêté ministériel du 26 décembre 1899, maintenant pour l'année 1900
le barème déterminé par l'arrêté du 30 mars 1899 susvisé;

Vu l'avis du Comité consultatif des assurances contre les accidents du travail;

Sur la proposition du directeur de l'assurance et de la prévoyance sociales,

ARRÊTE :

ARTICLE UNIQUE. Le barème minimum déterminé pour la vérification des
réserves mathématiques des Sociétés d'assurances contre les accidents du travail
par l'arrêté du 30 mars 1899 et annexé audit arrêté est maintenu provisoirement
pour l'année 1901.

Paris, le 22 décembre 1900.

A. MILLERAND.

ANNEXES.

PRINCIPAUX AVIS DU COMITÉ CONSULTATIF
DES ASSURANCES CONTRE LES ACCIDENTS DU TRAVAIL.

I. — AVIS DU 31 MAI 1899.

LE COMITÉ CONSULTATIF DES ASSURANCES CONTRE LES ACCIDENTS DU TRAVAIL,

Saisi, par M. le Ministre, d'une demande de M. X..., député, tendant à l'interprétation de l'article 1er de la loi du 9 avril 1898, en ce qui concerne les associations ouvrières de production,

Laissant de côté les constitutions exceptionnelles d'associations ouvrières relatées dans la récente enquête de l'Office du travail et recherchant seulement la solution des questions posées en ce qui concerne les sociétés à capital variable, placées sous le régime de la loi du 24 juillet 1867, et généralement dénommées «sociétés coopératives de production»,

EST D'AVIS :

1° Que la société coopérative de production, réalisant une production industrielle, payant des salaires aux sociétaires employés et, le cas échéant, à des auxiliaires, doit être considérée comme «un chef d'entreprise» au sens de la loi susvisée;

2° Que la société coopérative de production ne saurait, par une clause de ses statuts, écarter ou atténuer sa responsabilité légale vis-à-vis des sociétaires ou auxiliaires qu'elle emploie; qu'en effet, cette clause formerait, en l'espèce, un élément des «conventions» intervenues avec les intéressés et qu'aux termes de l'article 30 de la loi du 9 avril 1898 toute convention contraire à cette loi est nulle de plein droit;

3° Que la responsabilité encourue par la société, personne morale, sera supportée en définitive par ses actionnaires, dans les conditions et proportions déterminées au pacte social, certains sociétaires pouvant d'ailleurs se trouver à la fois créanciers de la société comme victimes d'accidents et débiteurs comme actionnaires, mais en vertu de dispositions législatives et contractuelles d'ordre différent;

4° Qu'au surplus, la société coopérative de production peut couvrir ses actionnaires de tout risque en contractant, comme tout chef d'entreprise, une assurance, soit auprès d'une société mutuelle, soit auprès d'une compagnie à primes fixes, soit auprès de la caisse nationale.

II. — AVIS DU 31 MAI 1899.

LE COMITÉ CONSULTATIF DES ASSURANCES CONTRE LES ACCIDENTS DU TRAVAIL,

Saisi, par M. le Ministre, d'une demande du docteur X..., tendant à l'interprétation de l'article 29 de la loi du 9 avril 1898;

Considérant que, contrairement à l'opinion du pétitionnaire, les règlements d'administration publique rendus pour l'exécution de la loi ne pouvaient, en l'absence de délégations sur ce point, résoudre les difficultés signalées; que, d'ailleurs, le texte des dispositions combinées des articles 4, 11 et 29 de la loi suffit à faire ressortir les intentions du législateur,

EST D'AVIS :

1° Que le premier alinéa de l'article 29, en édictant la délivrance gratuite, le visa pour timbre et l'enregistrement gratis des procès-verbaux, certificats, actes de notoriété, significations, jugements et autres actes faits ou rendus en vertu et pour l'exécution de la loi, n'a évidemment entendu viser que la gratuité au compte du Trésor, sans imposer à des tiers des charges sans compensation; qu'aussi bien, le second alinéa de cet article prévoit expressément la fixation des «émoluments» des greffiers et qu'en effet ces émoluments ont été déterminés par un décret du 5 mars 1899; que, dès lors, les dispositions générales de l'article 29 ne paraissent point opposables aux médecins appelés à délivrer des certificats ;

2° Que, dans le cas prévu par l'article 11, un «certificat de médecin» devant être joint à la déclaration d'accident, le chef d'entreprise se trouve astreint, sous les sanctions de l'article 31, à cette production complémentaire, aussi bien qu'à la déclaration elle-même; qu'il est donc tenu de se procurer à ses frais le certificat médical, ainsi du reste que l'a déjà établi l'interprétation administrative pour l'exécution des dispositions identiques contenues dans les lois des 2 novembre 1892 et 12 juin 1893; qu'il en est évidemment de même de la victime de l'accident et de ses représentants si, usant de la faculté réservée par la loi, ils prennent l'initiative de la déclaration d'accident;

3° Que, dans le cas prévu par l'article 12, le juge de paix pouvant «désigner un médecin pour examiner le blessé», les honoraires de ce médecin doivent être admis en taxe, d'après les tarifs civils, comme en toute autre matière judiciaire;

4° Qu'enfin, dans le cas prévu par l'article 4, s'agissant de «frais médicaux» proprement dits et ces frais devant être «supportés» par le chef d'entreprise, le médecin traitant a le droit de répéter ses honoraires d'après les conventions ou l'usage, sous la seule réserve de l'application par justice du tarif de l'assistance médicale gratuite, au cas où il a été directement appelé par la victime de l'accident.

III. — AVIS DU 31 MAI 1899.

LE COMITÉ CONSULTATIF DES ASSURANCES CONTRE LES ACCIDENTS DU TRAVAIL,

Saisi, par M. le Ministre, d'une demande du juge de paix de . . ., tendant à l'interprétation de divers articles de la loi du 9 avril 1898 et du règlement d'administration publique rendu le 28 février 1899 pour l'exécution de l'article 26 de ladite loi;

Considérant que la gratuité de la recommandation des lettres expédiées par les greffiers des justices de paix ne résulte d'aucune disposition de la loi;

Considérant qu'il appartient à M. le Garde des sceaux, Ministre de la justice, de donner, s'il y a lieu, par la voie hiérarchique une solution administrative aux autres questions soulevées; qu'il importe seulement, au regard de l'interprétation demandée, d'indiquer la portée de l'article 13 du règlement d'administration publique susvisé,

Est d'avis :

Que les remboursements de « déboursés et émoluments » visés aux articles 13 et 14 du décret du 28 février 1899 s'appliquent exclusivement aux déboursés et émoluments corrélatifs aux opérations effectuées en exécution du titre Ier dudit décret.

IV. — AVIS DU 31 MAI 1899.

Le Comité consultatif des assurances contre les accidents du travail,

Saisi par M. le Ministre :

1° D'une demande de MM. X..., à Gérardmer (Vosges); 2° d'une demande de la Compagnie X.... à Lille, lesdites demandes tendant à l'interprétation de l'article 1er de la loi du 9 avril 1898, en ce qui concerne l'assujettissement des professions exercées par les pétitionnaires,

Est d'avis :

1° Qu'aucune énonciation de la loi ne semble permettre de considérer les voyageurs de commerce comme appelés à bénéficier de ses dispositions;

2° Que l'alcool, malgré les risques spéciaux que sa manutention peut entraîner, ne saurait être assimilé à une « matière explosible », au sens de la loi.

V. — AVIS DU 21 JUIN 1899.

Le Comité consultatif des assurances contre les accidents du travail;

Saisi par M. le Ministre :

1° D'une demande du président du syndicat des marchands de bois de...;

2° D'une demande du président de la chambre syndicale des bois de sciage et d'industrie de....;

3° D'une demande de MM. X..., entrepositaires de bois du Nord, à Bordeaux;

Lesdites demandes tendant à l'interprétation de l'article 1er de la loi du 9 avril 1898, en ce qui concerne l'assujettissement des exploitations dont s'agit,

Est d'avis :

1° Que l'exploitation industrielle des coupes de bois, dans les conditions exposées, implique, suivant la distribution des opérations, soit des « entreprises de transport », soit des « chantiers », tombant sous le coup de la loi;

2° Que les entrepôts de bois, même sans sciage permanent, constituent également des « chantiers », ce mot employé dans l'article 1er de la loi paraissant devoir garder le sens étendu que lui assigne la langue usuelle et ne pouvoir être spécialement appliqué aux chantiers de travaux publics ou privés, déjà compris dans l'expression générale « industrie du bâtiment »;

3° Qu'au surplus il n'y a lieu de se prononcer sur la question de savoir, dans les cas signalés par le Syndicat des marchands de bois de....., si la responsabilité des accidents doit incomber à l'exploitant principal des coupes ou des tâcherons avec lesquels il a sous-traité, l'interprétation demandée sur ce point se rapportant moins à la loi du 9 avril 1898, sur les accidents, qu'au décret du 2 mars 1848 sur le marchandage, et devant être cherchée dès lors par les intéressés tant dans les décisions de jurisprudence déjà intervenues à cet égard que dans les stipulations de chaque sous-traité.

VI. — AVIS DU 12 JUILLET 1899.

LE COMITÉ CONSULTATIF DES ASSURANCES CONTRE LES ACCIDENTS DU TRAVAIL,

Saisi par M. le Ministre d'une demande de M. X. (exploitation forestière de sapins et mélèzes des Alpes), ladite demande tendant à l'interprétation de l'article 1er de la loi du 9 avril 1898, en ce qui concerne l'assujettissement des exploitations de forêts, sans moteur, et le transport des bois, soit par voie de terre, soit par rivière;

S'en référant à son avis précédent sur l'assujettissement des exploitants industriels de coupes de bois,

EST D'AVIS

1° Que pour le transport des bois abattus confié à des transporteurs moyennant forfait ou sur prix d'unité, la responsabilité des accidents du travail incombe auxdits transporteurs, qui assument les «entreprises de transport» visées par l'article 1er de la loi;

2° Qu'il en serait de même pour le flottage des bois, s'il en était traité aux mêmes conditions;

3° Qu'au contraire, l'exploitant industriel des coupes de bois confiant le service du flottage à ses propres ouvriers est responsable des accidents à eux survenus, au même titre que pour les ouvriers employés à l'exploitation proprement dite.

VII. — AVIS DU 12 JUILLET 1899.

LE COMITÉ CONSULTATIF DES ASSURANCES CONTRE LES ACCIDENTS DU TRAVAIL,

Saisi par M. le Ministre d'une demande de M. X. (vente et achat de fûts vides); ladite demande tendant à l'interprétation de l'article 1er de la loi du 9 avril 1898, en ce qui concerne l'assujettissement de la profession exercée par le requérant,

EST D'AVIS :

Que la location de futailles, comportant arrimage et réparation des fûts à louer et, le cas échéant, fabrication de futailles neuves, paraît sans conteste rentrer dans la catégorie des «manufactures» ou des «chantiers» visés par l'article 1er de la loi.

VIII. — AVIS DU 12 JUILLET 1899.

LE COMITÉ CONSULTATIF DES ASSURANCES CONTRE LES ACCIDENTS DU TRAVAIL,

Saisi par M. le Ministre d'une demande de l'Association X., ladite demande tendant à l'interprétation de l'article 1er de la loi du 9 avril 1898, en ce qui concerne l'assujettissement des sociétés de prévention contre les accidents.

EST D'AVIS :

Que les associations de propriétaires d'appareils à vapeur et autres sociétés de prévention contre les accidents industriels semblent soumises, en ce qui concerne leurs inspecteurs et préposés, à la loi du 9 avril 1898, soit qu'elles apparaissent comme agents collectifs des industriels personnellement assujettis et prenant à frais communs les mesures qu'ils devraient autrement prendre leur compte, soit qu'elles apparaissent, au regard de ces industriels, comme des tiers ayant traité avec eux pour assurer la sécurité des appareils dans leurs exploitations respectives et, à ce titre, comme de véritables « chefs d'entreprise ».

IX. — AVIS DU 12 JUILLET 1899.

LE COMITÉ CONSULTATIF DES ASSURANCES CONTRE LES ACCIDENTS DU TRAVAIL,

Saisi par M. le Ministre d'une demande de la Société du chemin de fer de..... tendant à une modification de la loi du 9 avril 1898, en vue de prévenir le cumul des indemnités dues aux victimes d'accidents du travail et des pensions d'invalidité déjà prévues, pour le même cas, par les statuts de caisses patronales de retraites existantes;

Sans s'arrêter à l'examen du vœu qui pourrait être émis en ce sens et examinant la question en ce qui concerne l'application actuelle de la loi du 9 avril 1898 aux industries dans lesquelles les ouvriers pouvaient déjà compter sur des pensions d'invalidité en cas d'accident,

EST D'AVIS :

1° Que si le chef d'entreprise faisait seul les fonds de l'institution de retraites impliquant attribution de pensions d'invalidité en cas d'accidents, les pensions ainsi attribuées doivent venir en déduction des indemnités mises désormais légalement à sa charge par la loi du 9 avril 1898;

2° Que si, au contraire, les ouvriers faisaient seuls, dans les mêmes conditions, les fonds des retraites au moyen de leurs versements ou des retenues subies sur leurs salaires, ils doivent, le cas échéant, cumuler avec les indemnités légales à eux dues par le chef d'entreprise les pensions d'invalidité acquises de leurs deniers à l'institution patronale de retraites, comme s'ils avaient librement acquis ces pensions par des versements individuels de primes à des sociétés d'assurances;

3° Que si, enfin, comme dans le cas signalé, les fonds de retraites d'ancienneté et de retraites d'invalidité en cas d'accidents sont simultanément et indivisément couverts par des retenues sur les salaires des ouvriers et par des contributions patronales, il paraît contraire à la législation actuelle de faire état, à la décharge du patron, de la quotité indéterminée de ses contributions pouvant concourir au service des pensions d'invalidité en cas d'accidents;

Qu'il est, au surplus, possible d'aboutir à la détermination cherchée en revisant, dans les conditions particulières à chaque espèce, les statuts des institutions de retraites existantes, pour en éliminer toutes les dispositions et toutes les charges relatives aux pensions d'accidents, les chefs d'entreprise devant par ailleurs supporter, aux termes de la loi nouvelle, la dépense directe et intégrale de ces pensions.

X. — AVIS DU 29 NOVEMBRE 1899.

LE COMITÉ CONSULTATIF DES ASSURANCES CONTRE LES ACCIDENTS DU TRAVAIL,

Saisi par M. le Ministre de demandes tendant à l'interprétation de l'article 1er de la loi du 9 avril 1898, en ce qui concerne la responsabilité des départements et des communes pour les accidents de travail survenus au personnel ouvrier qu'ils emploient directement,

EST D'AVIS :

1° Que les départements et les communes sont responsables des accidents survenus au personnel ouvrier qu'ils emploient directement dans le cas où ils seraient les chefs d'entreprise avec lesquels ils auraient pu traiter pour la même catégorie de travaux;

2° Qu'il n'y a lieu de se prononcer sur les conditions dans lesquelles les communes peuvent se couvrir de cette responsabilité par l'assurance, la solution de cette question appartenant à M. le Ministre de l'intérieur.

XI. — AVIS DU 29 NOVEMBRE 1899.

LE COMITÉ CONSULTATIF DES ASSURANCES CONTRE LES ACCIDENTS DU TRAVAIL,

Saisi par M. le Ministre d'une demande tendant à l'interprétation de l'article 1er de la loi du 9 avril 1898, en ce qui concerne l'assujettissement des sociétés coopératives de consommation ;

Considérant que l'exemption de patente alléguée ne saurait par elle-même entraîner affranchissement des responsabilités définies par la loi,

EST D'AVIS:

Que les sociétés coopératives de consommation ne paraissent soumises à l'application de la loi que si elles possèdent des chantiers d'approvisionnements, si elles se livrent à des fabrications, ou si elles font emploi de moteurs inanimés.

XII. — AVIS DU 29 NOVEMBRE 1899.

LE COMITÉ CONSULTATIF DES ASSURANCES CONTRE LES ACCIDENTS DU TRAVAIL,

Saisi par M. le Ministre d'une demande tendant à l'interprétation de l'article 1er de la loi du 9 avril 1898, en ce qui concerne l'assujettissement des entreprises de transport de voyageurs, notamment pour les cochers payés à la moyenne,

EST D'AVIS:

1° Qu'aucune disposition de la loi n'autorise de distinction entre les entreprises de transport de personnes et les autres entreprises de transport ;

2° Que les cochers employés par ces entreprises et payés « à la moyenne », c'est-à-dire salariés dans des conditions spéciales, paraissent incontestablement appelés au bénéfice de la loi.

XIII. — AVIS DU 13 DÉCEMBRE 1899.

LE COMITÉ COSNULTATIF DES ASSURANCES CONTRE LES ACCIDENTS DU TRAVAIL,

Saisi par M. le Ministre d'une communication tendant à l'interprétation de l'article 1er de la loi du 9 avril 1898, en ce qui concerne les voitures automobiles,

EST D'AVIS:

Que l'usage des voitures automobiles comporte assujettissement à la loi, lorsque ces voitures font partie d'une entreprise de transport ou d'une exploitation industrielle, ou bien lorsqu'elles sont employées par une exploitation commerciale ou agricole.

XIV. — AVIS DU 20 DÉCEMBRE 1899.

LE COMITÉ CONSULTATIF DES ASSURANCES CONTRE LES ACCIDENTS DU TRAVAIL,

Saisi par M. le Ministre d'une demande tendant à l'interprétation de l'article 1er de la loi du 9 avril 1898, en ce qui concerne les établissements municipaux d'assistance par le travail.

EST D'AVIS

Que les établissements municipaux d'assistance par le travail sont soumis à la loi du 9 avril 1898 toutes les fois que les chefs d'entreprise faisant exécuter les mêmes travaux y seraient eux-mêmes assujettis.

XV. — AVIS DU 10 JANVIER 1900.

Le Comité consultatif des assurances contre les accidents du travail,

Saisi par M. le Ministre de demandes tendant à l'interprétation des articles 3 et 4 de la loi du 9 avril 1898 en ce qui concerne les victimes d'accidents traitées à l'hôpital,

Est d'avis :

1° Qu'en cas d'hospitalisation de la victime de l'accident, le chef d'entreprise reste débiteur de l'indemnité journalière;

2° Qu'il doit, en outre, les frais d'hospitalisation, à moins que la victime refusant les frais médicaux et pharmaceutiques assurés par l'entreprise, n'ait elle-même fait choix de l'hospitalisation, par application du second alinéa de l'article 4 de la loi.

XVI. — AVIS DU 17 JANVIER 1900.

Le Comité consultatif des assurances contre les accidents du travail,

Saisi par M. le Ministre d'une demande tendant à l'interprétation des articles 2 et 3 de la loi du 9 avril 1898, en ce qui concerne les conditions dans lesquelles doit être calculé le salaire de base en cas d'incapacité temporaire,

Est d'avis :

Que la limitation prévue au second alinéa de l'article 2 de la loi ne s'applique pas aux indemnités pour incapacité temporaire, qui doivent toujours être égales à la moitié du salaire touché au moment de l'accident.

XVII. — AVIS DU 24 JANVIER 1900.

Le Comité consultatif des assurances contre les accidents du travail,

Saisi par M. le Ministre de communications tendant à l'interprétation de l'article 1er de la loi du 9 avril 1898, en ce qui concerne le personnel de la navigation maritime,

Est d'avis :

Que l'expression « entreprises de transport par terre et par eau », contenue dans l'article 1er de la loi du 9 avril 1898, s'applique notamment à toutes les entreprises de transport par mer, en dehors des cas spécialement prévus par la loi du 21 avril 1898, ayant pour objet la création d'une caisse de prévoyance entre les marins français contre les risques et accidents de leur profession;

Que la loi du 9 avril est dès lors applicable : 1° aux inscrits maritimes victimes d'accidents en dehors de leur embarquement et au cours de travaux visés par ladite loi; 2° aux non-inscrits maritimes employés à bord des paquebots, embarcations et tous autres bâtiments autres que les bâtiments de guerre ou de plaisance;

Que l'armateur responsable dans les termes de la loi du 9 avril 1898 ne saurait se dégager de cette responsabilité par l'application de l'article 216 du Code de commerce, la charge du risque professionnel incombant, non au capitaine, mais à l'entreprise de transport.

XVIII. — AVIS DU 24 JANVIER 1900.

Le Comité consultatif des assurances contre les accidents du travail,

Saisi par M. le Ministre de la question de savoir si les ostréiculteurs sont assujettis à la loi du 9 avril 1898,

Est d'avis :

Que les ostréiculteurs, lorsqu'ils n'exploitent pas la fabrication des boîtes ou paniers d'emballage ou bien toute autre fabrication annexe, ne paraissent pas assujettis à la loi susvisée.

XIX. — AVIS DU 24 JANVIER 1900.

Le Comité consultatif des assurances contre les accidents du travail,

Saisi par M. le Ministre de la question de savoir si les boulangers sont assujettis à la loi du 9 avril 1898,

Est d'avis :

Que les boulangers sont assujettis à la loi susvisée toutes les fois que leur exploitation n'est pas exclusivement limitée au débit de produits reçus tout préparés pour la vente.

XX. — AVIS DU 24 JANVIER 1900.

Le Comité consultatif des assurances contre les accidents du travail,

Saisi par M. le Ministre de la question de savoir si les charcutiers sont assujettis à la loi du 9 avril 1898,

Est d'avis :

Que les charcutiers sont assujettis à la loi susvisée toutes les fois que leur exploitation n'est pas exclusivement limitée au débit de denrées reçues toutes préparées pour la vente.

XXI. — AVIS DU 24 JANVIER 1900.

Le Comité consultatif des assurances contre les accidents du travail,

Saisi par M. le Ministre de la question de savoir si les bouchers sont assujettis à la loi du 9 avril 1898,

Est d'avis :

Que les boucheries avec tuerie sont assujetties à la loi susvisée.

XXII. — AVIS DU 24 JANVIER 1900.

Le Comité consultatif des assurances contre les accidents du travail,

Saisi par M. le Ministre de la question de savoir si les maréchaux ferrants et les charrons-forgerons sont assujettis à la loi du 9 avril 1898,

Est d'avis :

Que les professions de maréchal ferrant et de charron-forgeron, comportant des transformations industrielles, sont assujetties à la loi susvisée.

XXIII. — AVIS DU 24 JANVIER 1900.

Le Comité consultatif des assurances contre les accidents du travail,

Saisi par M. le Ministre de la question de savoir si les employés d'une entreprise industrielle sont appelés au bénéfice de la loi du 9 avril 1898,

Est d'avis :

Que les employés occupés dans une exploitation assujettie à la loi susvisée sont appelés au bénéfice de ses dispositions dans les mêmes conditions que les ouvriers.

XXIV. — AVIS DU 7 FÉVRIER 1900.

Le Comité consultatif des assurances contre les accidents du travail,

Saisi par M. le Ministre d'une demande tendant à l'interprétation de l'article 8 de la loi du 9 avril 1898, en ce qui concerne la supputation du salaire servant de base à la fixation des indemnités pour les ouvriers mineurs de 16 ans et les apprentis, ainsi que l'application, en cas d'incapacité temporaire, de la limitation prévue par le second alinéa dudit article 8,

Est d'avis :

1° Que le salaire servant de base à la fixation de l'indemnité due à l'ouvrier âgé de moins de 16 ans ou à l'apprenti victime d'un accident ne peut être inférieur au salaire le plus bas de l'ouvrier valide de la catégorie à laquelle il se destine et se prépare ;

2° Qu'à défaut d'ouvrier de cette catégorie actuellement employé dans l'entreprise, il y a lieu de prendre pour base le salaire des ouvriers valides de même catégorie récemment employés dans l'entreprise, ou subsidiairement dans des entreprises analogues de la localité ou de localités similaires ;

3° Que l'indemnité journalière en cas d'incapacité temporaire est calculée sur les mêmes bases pour les apprentis régis par la loi du 22 février 1851, la limitation prévue par le second alinéa de l'article 8 de la loi du 9 avril 1898 ne leur étant point opposable.

XXV. — AVIS DU 7 FÉVRIER 1900.

Le Comité consultatif des assurances contre les accidents du travail,

Saisi par M. le Ministre d'une demande tendant à l'interprétation de l'article 3 de la loi du 9 avril 1898 en ce qui concerne, pour le cas d'incapacité temporaire, les droits des ouvriers étrangers cessant de résider sur le territoire français,

Est d'avis :

1° Qu'au cas d'accident survenu en France et entraînant incapacité temporaire de travail, les ouvriers étrangers ne résidant point sur le territoire français ou cessant d'y résider ont les mêmes droits que les ouvriers français ;

2° Que, s'ils ont fait choix de leur médecin, le chef d'entreprise ne peut être tenu que jusqu'à concurrence de la somme fixée par le juge de paix, conformément au tarif adopté pour l'assistance médicale gratuite dans le département où s'est produit l'accident.

XXVI. — AVIS DU 7 FÉVRIER 1900.

Le Comité consultatif des assurances contre les accidents du travail,

Saisi par M. le Ministre d'une demande tendant à l'interprétation de l'article 11 de la loi du 9 avril 1898, en ce qui concerne la situation des chefs d'entreprise qui ne peuvent obtenir le certificat médical exigible à l'appui d'une déclaration d'accident,

EST D'AVIS :

Qu'en cas de refus du certificat médical par les médecins voisins du théâtre de l'accident, le chef d'entreprise astreint à la déclaration prévue par l'article 11 de la loi du 9 avril 1898 doit demander au juge de paix désignation d'un médecin par justice pour l'établissement du certificat légal, par analogie avec les dispositions du troisième alinéa de l'article 13 de la loi susvisée et par application de l'article 23 de la loi du 30 novembre 1892.

XXVII. — AVIS DU 7 MARS 1900.

LE COMITÉ CONSULTATIF DES ASSURANCES CONTRE LES ACCIDENTS DU TRAVAIL,

Saisi par M. le Ministre de communications tendant à l'interprétation de la loi du 9 avril 1898, en ce qui concerne les cantonniers du service vicinal,

S'en référant à son avis du 29 novembre 1899, sur l'assujettissement des départements et des communes, qui doivent être considérés comme responsables des accidents survenus au personnel ouvrier qu'ils emploient directement, dans le cas où le seraient les chefs d'entreprise avec lesquels ils auraient pu traiter pour la même catégorie de travaux,

EST D'AVIS :

Que, s'ils étaient confiés à l'entreprise privée, les travaux de construction, de réfection et d'entretien des routes emporteraient l'assujettissement des entrepreneurs à la loi du 9 avril 1898 ;

Que, dès lors, les départements et les communes se trouvent soumis, pour les mêmes travaux exécutés en régie, aux mêmes responsabilités et que les cantonniers du service vicinal sont appelés au bénéfice de la loi susvisée.

XXVIII. — AVIS DU 7 MARS 1900.

LE COMITÉ CONSULTATIF DES ASSURANCES CONTRE LES ACCIDENTS DU TRAVAIL,

Saisi par M. le Ministre d'une demande tendant à l'interprétation de la loi du 9 avril 1898, en ce qui concerne les ouvriers employés à l'étranger par des entreprises ayant leur siège en France,

EST D'AVIS :

1° Que les entreprises assujetties ayant leur siège en France et détachant des ouvriers en pays étranger pour des travaux temporaires sont responsables des accidents survenus à l'étranger auxdits ouvriers, dans les termes de la loi du 9 avril 1898 ;

2° Que, s'il est désirable, en pareil cas, pour répondre au vœu du législateur, que la cause, la nature, les circonstances et les suites probables de l'accident soient établies sur les lieux, dans le délai le plus rapproché, aucune disposition de la loi ne paraît astreindre le chef d'entreprise à la déclaration prévue par son article 11 ;

3° Que l'enquête prévue par les articles 12 et 13 incombe, s'il y a lieu, à la justice de paix du canton siège de l'exploitation qui a détaché l'ouvrier à l'étranger, dès qu'elle se trouve saisie de l'accident, soit par une déclaration spontanée du chef d'entreprise, soit par une déclaration de la victime ou de ses ayants droit.

XXIX. — AVIS DU 7 MARS 1900.

LE COMITÉ CONSULTATIF DES ASSURANCES CONTRE LES ACCIDENTS DU TRAVAIL,

Saisi par M. le Ministre d'une demande tendant à l'interprétation de l'article 1er de la loi du 9 avril 1898, en ce qui concerne l'assujettissement des laboratoires,

EST D'AVIS :

Que la loi du 9 avril 1898 est applicable aux laboratoires qui se chargent d'analyses industrielles moyennant rétribution.

XXX. — AVIS DU 7 MARS 1900.

LE COMITÉ CONSULTATIF DES ASSURANCES CONTRE LES ACCIDENTS DU TRAVAIL,

Saisi par M. le Ministre d'une demande tendant à l'interprétation de l'article 1er de la loi du 9 avril 1898, en ce qui concerne l'assujettissement des établissements de bains,

EST D'AVIS :

Que les établissements de bains ne sont assujettis à la loi que lorsqu'ils font usage d'une machine mue par une autre force que celle de l'homme ou des animaux;

Que, lorsqu'il font usage d'une machine mue par une autre force que celle de l'homme ou des animaux, ils sont responsables des accidents survenus à tout leur personnel, à moins qu'une portion de ce personnel ne soit confinée dans des parties d'exploitation indépendantes de celle qui utilise la machine.

XXXI. — AVIS DU 7 MARS 1900.

LE COMITÉ CONSULTATIF DES ASSURANCES CONTRE LES ACCIDENTS DU TRAVAIL,

Saisi par M. le Ministre d'une communication tendant à l'interprétation de l'article 1er de la loi du 9 avril 1898, en ce qui concerne l'assujettissement des couturiers,

EST D'AVIS :

Que les couturiers, opérant des transformations d'ordre industriel, dirigent des *manufactures*, au sens de la loi du 9 avril 1898, et sont dès lors assujettis à cette loi.

XXXII. — AVIS DU 7 MARS 1900.

LE COMITÉ CONSULTATIF DES ASSURANCES CONTRE LES ACCIDENTS DU TRAVAIL,

Saisi par M. le Ministre d'une demande tendant à l'interprétation de la loi du 9 avril 1898, en ce qui concerne l'assujettissement des fabricants de dentelles et broderies à la main,

EST D'AVIS :

Que les fabricants de dentelles et broderies à la main, opérant des transformations d'ordre industriel, dirigent des *manufactures*, au sens de la loi du 9 avril 1898, et sont dès lors assujettis à cette loi.

XXXIII. — AVIS DU 21 MARS 1900.

Le Comité consultatif des assurances contre les accidents du travail,

Saisi par M. le Ministre d'une demande tendant à l'interprétation de l'article 1er de la loi du 9 avril 1898, en ce qui concerne l'assujettissement des fabricants de caisses pour emballages,

Est d'avis :

Que l'entreprise de fabrication de caisses pour emballages constitue une *manufacture*, au sens de la loi du 9 avril 1898.

XXXIV. — AVIS DU 4 AVRIL 1900.

Le Comité consultatif des assurances contre les accidents du travail,

Saisi par M. le Ministre d'une demande tendant à l'interprétation de l'article 1er de la loi du 9 avril 1898, en ce qui concerne l'assujettissement des ferronniers,

Est d'avis :

Que la ferronnerie, comportant des transformations industrielles, constitue une manufacture, au sens de la loi susvisée.

XXXV. — AVIS DU 4 AVRIL 1900.

Le Comité consultatif des assurances contre les accidents du travail,

Saisi par M. le Ministre de la question de savoir si les métreurs-vérificateurs sont assujettis à la loi du 9 avril 1898,

Est d'avis :

Que les métreurs-vérificateurs, occupant leurs employés dans l'industrie du bâtiment, sont assujettis à la loi susvisée.

XXXVI. — AVIS DU 4 AVRIL 1900.

Le Comité consultatif des assurances contre les accidents du travail,

Saisi par M. le Ministre d'une demande tendant à l'interprétation de l'article 1er de la loi du 9 avril 1898, en ce qui concerne l'assujettissement des peintres en voitures,

Est d'avis :

Que les peintres en voitures, concourant à une fabrication industrielle, exploitent une manufacture, au sens de la loi susvisée.

XXXVII. — AVIS DU 4 AVRIL 1900.

Le Comité consultatif des assurances contre les accidents du travail,

Saisi par M. le Ministre d'une demande tendant à l'interprétation de l'article 1er de la loi du 9 avril 1898, en ce qui concerne l'assujettissement des carrossiers,

Est d'avis :

Que la carrosserie, comportant des transformations d'ordre industriel, constitue une manufacture, au sens de la loi susvisée,

XXXVIII. — AVIS DU 4 AVRIL 1900.

Le Comité consultatif des assurances contre les accidents du travail,

Saisi par M. le Ministre d'une demande tendant à l'interprétation de l'article 1ᵉʳ de la loi du 9 avril 1898, en ce qui concerne l'assujettissement des selliers,

Est d'avis :

Que la sellerie, comportant des transformations d'ordre industriel, constitue une manufacture, au sens de la loi susvisée.

XXXIX. — AVIS DU 4 AVRIL 1900.

Le Comité consultatif des assurances contre les accidents du travail,

Saisi par M. le Ministre d'une demande tendant à l'interprétation de l'article 1ᵉʳ de la loi du 9 avril 1898, en ce qui concerne l'assujettissement des négociants en vins ou spiritueux ;

Considérant que les chais ou caves des négociants en vins ou spiritueux en gros sont de tous points assimilables à des chantiers,

Est d'avis :

Que les négociants en vins en gros sont assujettis à la loi susvisée.

XL. — AVIS DU 4 AVRIL 1900.

Le Comité consultatif des assurances contre les accidents du travail,

Saisi par M. le Ministre de la question de savoir si la loi du 9 avril 1898 est applicable aux hôtels ou auberges et à leurs transports de voyageurs ;

Réservant au surplus la question spéciale de l'emploi par les hôtels de machines mues par une autre force que celle de l'homme ou des animaux ;

Est d'avis :

1° Que les hôtels ou auberges ne sont point assujettis, comme tels, à la loi du 9 avril 1898 ;

2° Qu'ils sont assujettis comme entrepreneurs de transports, et seulement pour cette entreprise, lorsqu'ils assurent le transport de leurs clients ou d'autres voyageurs, moyennant rétribution.

XLI. — AVIS DU 4 AVRIL 1900.

Le Comité consultatif des assurances contre les accidents du travail,

Saisi par M. le Ministre d'une demande tendant à l'interprétation de l'article 1ᵉʳ de la loi du 9 avril 1898, en ce qui concerne l'assujettissement des ébénistes,

Est d'avis :

Que l'ébénisterie, comportant des transformations industrielles, constitue une manufacture, au sens de la loi susvisée.

XLII. — AVIS DU 4 AVRIL 1900.

Le Comité consultatif des assurances contre les accidents du travail,

Saisi par M. le Ministre d'une demande tendant à l'interprétation de l'article 1ᵉʳ de la loi d 9 avril 1898, en ce qui concerne les tapissiers;

Considérant que, suivant les cas, les tapissiers, se livrant à des fabrications ou à des réparations, se rattachent à l'industrie du bâtiment ou exploitent une manufacture, au sens de la loi susvisée,

Est d'avis :

Que les tapissiers sont assujettis à la loi du 9 avril 1898 toutes les fois que leur exploitation n'est pas exclusivement limitée au débit d'objets reçus tout fabriqués pour la vente.

XLIII. — AVIS DU 30 MAI 1900.

Le Comité consultatif des assurances contre les accidents du travail,

Saisi par M. le Ministre d'une demande tendant à l'interprétation de l'article 1ᵉʳ de la loi du 9 avril 1898 en ce qui concerne l'assujettissement des marchands de fer en gros,

Est d'avis :

Que les approvisionnements de fer en gros sont assimilables aux approvisionnements de bois et constituent, comme eux, des «chantiers» au sens de la loi susvisée.

XLIV. — AVIS DU 24 OCTOBRE 1900.

Le Comité consultatif des assurances contre les accidents du travail,

Saisi par M. le Ministre d'une demande tendant à l'interprétation de l'article 1ᵉʳ de la loi du 9 avril 1898, en ce qui concerne l'assujettissement des sécheries de morues,

Est d'avis :

Que les sécheries de morues, comportant des transformations d'ordre industriel, constituent des «manufactures» au sens de la loi susvisée.

XLV. — AVIS DU 24 OCTOBRE 1900.

Le Comité consultatif des assurances contre les accidents du travail,

Saisi par M. le Ministre d'une demande tendant à l'interprétation de l'article 1ᵉʳ de la loi du 9 avril 1898, en ce qui concerne l'assujettissement des marchands de bestiaux,

Est d'avis :

Que les marchands de bestiaux ne sont point assujettis à la loi susvisée lorsqu'ils n'entreprennent pas le transport de bestiaux pour des tiers.

XLVI. — AVIS DU 24 OCTOBRE 1900.

Le Comité consultatif des assurances contre les accidents du travail,

Saisi par M. le Ministre d'une demande tendant à l'interprétation de l'article 1ᵉʳ de la loi du 9 avril 1898, en ce qui concerne l'assujettissement des pharmaciens faisant distiller de l'alcool,

Considérant qu'il est nécessaire, pour résoudre cette question, d'envisager dans son ensemble l'assujettissement des pharmacies,

Est d'avis :

Que les pharmaciens ne sont assujettis à la loi susvisée que lorsqu'ils fabriquent eux-mêmes des matières premières pharmaceutiques ou des spécialités.

XLVII. — AVIS DU 7 NOVEMBRE 1900.

Le Comité consultatif des assurances contre les accidents du travail,

Saisi par M. le Ministre d'une demande tendant à l'interprétation de l'article 1ᵉʳ de la loi du 9 avril 1898, en ce qui concerne l'assujettissement des champignonnistes,

Est d'avis :

Que l'exploitation des champignonnières, par son caractère agricole, échappe à l'application de la loi susvisée, même lorsqu'elle est effectuée dans d'anciennes carrières, pourvu qu'elle ne comporte aucun emploi de moteur inanimé.

XLVIII. — AVIS DU 28 NOVEMBRE 1900.

Le Comité consultatif des assurances contre les accidents du travail,

Saisi par M. le Ministre d'une demande tendant à l'interprétation de l'article 11 de la loi du 9 avril 1898, en ce qui concerne les accidents, primitivement insignifiants, que les ouvriers ne déclarent qu'après le délai de quarante-huit heures, imparti au chef d'entreprise pour sa déclaration légale à la mairie,

Considérant qu'en tout état de cause la déclaration de l'accident ou de ses suites n'incombe jamais à l'ouvrier ;

Considérant que les difficultés concernant les accidents dont les suites ne se sont révélées qu'après le délai prévu par l'article 11 de la loi ont été déjà envisagées et résolues par la circulaire ministérielle du 21 août 1899, paragraphe 1ᵉʳ,

Est d'avis :

Qu'il y a lieu de se référer à ladite circulaire pour la solution de la question posée.

XLIX. — AVIS DU 28 NOVEMBRE 1900.

Le Comité consultatif contre les accidents du travail,

Saisi par M. le Ministre d'une communication tendant à l'interprétation de l'article 1ᵉʳ de la loi du 9 avril 1898, en ce qui concerne la question de savoir si la colique de plomb peut être considérée comme un accident du travail,

Est d'avis :

Que la loi susvisée n'est pas plus applicable aux coliques de plomb qu'à toutes les autres maladies professionnelles.

L. — AVIS DU 28 NOVEMBRE 1900.

Le Comité consultatif des assurances contre les accidents du travail,

Saisi par M. le Ministre d'une communication tendant à l'interprétation de l'article 1er de la loi du 9 avril 1898, en ce qui concerne les incapacités de travail occasionnées par le caractère infectieux des produits manufacturés,

Est d'avis :

Qu'au regard de la loi susvisée il n'y a point lieu de retenir le caractère infectieux ou le caractère dangereux des travaux, du moment où il ne survient pas un accident proprement dit;

Qu'au surplus l'accident le plus léger survenu par le fait du travail ou à l'occasion du travail est régi par la loi de 1898, quelque aggravation que subisse cet accident initial, notamment du fait de l'insalubrité ou de l'infection de l'industrie.

INDEX ALPHABÉTIQUE

des solutions contenues dans les avis du Comité consultatif ci-dessus reproduits.

(Les *numéros* correspondent aux numéros des avis.)

ASSUJETTISSEMENT (à la loi du 9 avril 1898).

V. *Alcool.*
  Armateurs.
  Assistance par le travail.
  Automobiles.
  Bains (Établissements de) n° 1 *et* 2.
  Bestiaux (Marchands de).
  Bois (Industrie du) n° 1 *et* 2.
  Boucheries.
  Boulangers.
  Caisses pour emballages (Fabricants de).
  Cantonniers.
  Carrosserie.
  Champignonnières (Exploitations de).
  Charcutiers.
  Charron-forgeron.
  Cochers.
  Couturiers.
  Dentelles et broderies à la main (Fabricants de).
  Départements et communes.
  Ébénisterie.
  Employés.
  Fer (Approvisionnements de).
  Ferronnerie.
  Futailles (Location de).
  Hôtels n° 1 *et* 2.
  Laboratoires.
  Métreurs-vérificateurs.
  Morues (Sécheries de).
  Ostréiculteurs.
  Ouvriers employés à l'étranger.
  Peintres en voitures.
  Pharmaciens.
  Sellerie.
  Sociétés coopératives de production.
  Tapisserie.
  Transports (Entreprise de) n° 1 *à* 7.
  Vins en gros (Négociants en).
  Voyageurs de commerce.

AUBERGES.

V. *Hôtels.*

AUTOMOBILES.

L'usage des voitures automobiles comporte assujettissement à la loi, lorsque ces voitures font partie d'une entreprise de transports ou d'une exploitation industrielle, ou bien lorsqu'elles sont employées par une exploitation commerciale ou agricole... 1111

BAINS (Établissements de).

1. Les établissements de bains ne sont assujettis à la loi que lorsqu'ils font usage d'une machine mue par une autre force que celle de l'homme ou des animaux... XXX

CARROSSERIE.

CERTIFICAT MÉDICAL.

CHAMPIGNONNIÈRES (Exploitation de).

CHANTIERS.

CHARCUTIERS.

CHARRONS-FORGERONS.

COCHERS.

COLIQUES DE PLOMB.

COMMUNES.

COUPES DE BOIS.

COUTURIERS.

CUMUL DES INDEMNITÉS.

V. *Caisses patronales de retraites n° 1, 2 et 3.*

DANGEREUX (Caractères).

V. *Insalubrité.*

DÉCLARATION.

V. *Ouvriers employés à l'étranger n° 2.*

DENTELLES ET BRODERIES À LA MAIN (Fabricants de).

DÉPARTEMENTS ET COMMUNES.

V. *Cantonniers.*

ÉBÉNISTERIE.

ENQUÊTE.

V. *Ouvriers employés à l'étranger n° 3.*

ÉTRANGERS (Ouvriers).

FER (Approvisionnements de).

FERRONNERIE.

FLOTTAGE DE BOIS.

V. *Transports (Entreprise de) n° 6.*

FRAIS MÉDICAUX.

V. *Médecins n°° 1 et 2. — Étrangers (Ouvriers) n° 2.*

FUTAILLES (Location de).

GREFFIERS (Émoluments des).

HOSPITALISATION.

HOTELS.

INDEMNITÉ JOURNALIÈRE.

V. *Hospitalisation n° 1. — Salaire supérieur à 2,400 francs n° 1.*

INFECTIEUX (Caractère).

V. *Insalubrité.*

INSALUBRITÉ.

LABORATOIRES.

PATENTE.

TRANSPORTS (Entreprises de).

V. *Armateur.* — *Bestiaux (marchands de).* — *Cochers.* — *Hôtels* nº 2.

VINS EN GROS (Négociants en).

VOYAGEURS DE COMMERCE.

INDEX des articles de la loi du 9 avril 1898 visés par les avis du Comité consultatif ci-dessus reproduits.

(Le premier chiffre indique l'article de la loi, le second indique le numéro de l'Avis.)

ART. 1ᵉʳ. — IV, V, VI, VII, VIII, IX, X, XI, XII, XIII, XIV, XVII, XVIII, XIX, XX, XXI, XXII, XXIII, XXVII, XXVIII, XXIX, XXX, XXXI, XXXII, XXXIII, XXXIV, XXXV, XXXVI, XXXVII, XXXVIII, XXXIX, XL, XLI, XLII, XLIII, XLIV, XLV, XLVI, XLVII, XLIX, L.

ART. 2. — XVI, XXIV.

ART. 3. — XV, XVI, XXV.

ART. 4. — II, XV, XXV.

ART. 8. — XXIV.

ART. 11. — II, XXVI, XXVIII, XLVIII.

ART. 12. — II, XXVIII.

ART. 13. — III, XXVI, XXVIII.

ART. 14. — III.

ART. 26. — III.

ART. 29. — II.

ART. 30. — I.

ART. 31. — II.

COMPOSITION DU COMITÉ CONSULTATIF
des assurances contre les accidents du travail.

MM. Louis RICARD, député, président de la Commission d'assurance et de prévoyance sociales de la Chambre des députés, 4, rue Édouard-Detaille, XVIIe, *président*.

POIRRIER, sénateur, 10, avenue de Messine, VIIIe.

VALLÉ, sénateur, 11, rue Marbeuf, VIIIe.

Henry BOUCHER, député, ancien Ministre du commerce, de l'industrie, des postes et des télégraphes, 9, rue Mazarine, VIe.

MARUÉJOULS, député, ancien Ministre du commerce, de l'industrie, des postes et des télégraphes, 28, rue du Luxembourg, VIe.

CHAUFTON, avocat au Conseil d'État et à la Cour de cassation, 20, rue Godot-de-Mauroi, IXe.

CHEYSSON, inspecteur général des ponts et chaussées, professeur à l'École nationale des mines et à l'École libre des sciences politiques, 4, rue Adolphe-Yvon, XVIe.

GRUNER, ingénieur civil des mines, secrétaire du Comité central des houillères, 6, rue Féron, VIe.

LYON-CAEN, professeur à la Faculté de droit de Paris, membre de l'Institut, 13, rue Soufflot, V^e.

GUIEYSSE, président de l'Institut des actuaires français, député, 42, rue des Écoles, V^e.

Léon MARIE, secrétaire général de l'Institut des actuaires français, 32, rue Jouffroy, XVIIe.

FOURET, examinateur d'admission à l'École polytechnique, membre agrégé de l'Institut des actuaires français, 16, rue Washington, VIIIe.

Louis FONTAINE, actuaire de la Caisse des dépôts et consignations, 56, rue de Lille, VIIe.

GRIOLET, vice-président du conseil d'administration de la Compagnie des chemins de fer du Nord, membre du Comité permanent international du congrès des accidents du travail et des assurances sociales, 97, avenue Henri-Martin, XVIe.

SOHIER (Georges), président de section au Tribunal de commerce de la Seine, 121, rue Lafayette, X^e.

FUMOUZE, vice-président de la Chambre de commerce de Paris, 20, rue de Saint-Pétersbourg, VIIIe.

PINARD, administrateur délégué de la Caisse d'assurances mutuelles des chambres syndicales contre les accidents du travail, 9, rue d'Anjou, VIIIe.

MAYEN, président du Syndicat des compagnies d'assurances à primes fixes contre les accidents, 23, rue de Londres, IXe.

KEUFER, ouvrier typographe, vice-président du Conseil supérieur du travail, 14 *bis*, rue Friant, XIVe.

GUIMBERT, président du Syndicat général professionnel des mécaniciens chauffeurs et conducteurs des machines à vapeur, 1, rue de Javel, XVe.

Georges PAULET, directeur de l'Assurance et la Prévoyance sociales, 80, rue de Varenne, VIIe.

Arthur FONTAINE, directeur du travail, 80, rue de Varenne, VIIe.

BOUQUET, conseiller d'État, directeur de l'Enseignement technique, 101, rue de Grenelle, VIIe.

MARCADET (Jules), sous-chef du Bureau des Accidents du travail, 80, rue de Varenne, VIIe, *secrétaire*.

WÉBER, actuaire à l'Office du travail, 80, rue de Varenne, VIIe, *secrétaire*.

RAPPORT

PRÉSENTÉ

AU CONGRÈS INTERNATIONAL DES ACCIDENTS DU TRAVAIL

ET DES ASSURANCES SOCIALES

(JUIN 1900)

Par M. Georges PAULET, Directeur de l'Assurance et de la Prévoyance sociales
au Ministère du Commerce, Délégué du Ministre au Congrès.

«LA LOI FRANÇAISE D'ASSURANCE CONTRE LES ACCIDENTS ET LES CONDITIONS DE SA MISE EN APPLICATION.»

I. *L'idée de risque professionnel en France. Élaboration de la loi de 1898. Interprétations administratives.* — II. *Professions assujetties. Sphère d'assujettissement.* — III. *Conditions de la responsabilité. Caractère de l'accident professionnel.* — IV. *Détermination et règlement des indemnités. Faute inexcusable.* — V. *Procédure.* — VI. *Garantie et assurance.* — VII. *Conclusion.*

I.

L'IDÉE DE RISQUE PROFESSIONNEL EN FRANCE. — ÉLABORATION DE LA LOI DE 1898. — INTERPRÉTATIONS ADMINISTRATIVES.

MESSIEURS,

S'il pouvait suffire qu'une idée neuve se fit jour pour conquérir l'opinion et se traduire en prescriptions législatives, il y a longtemps que la France serait en possession d'une législation sur les accidents du travail.

Dès 1848, un membre du gouvernement, qui avait été Ministre de la Justice sous la Monarchie de Juillet, qui avait longtemps présidé avec éclat le comité de législation du Conseil d'État, qui pouvait parler en jurisconsulte autant qu'en politique, Vivien, n'hésitait pas à reconnaître, à formuler et à sanctionner, comme Ministre des travaux publics, par des mesures administratives le principe du *Risque professionnel*, sur lequel devaient plus tard s'étayer les législations modernes en matière d'accidents de travail.

Il déclarait, dans les considérants de son arrêté du 15 décembre 1848, qu'il entendait «assurer aux ouvriers employés dans le service des travaux publics, et, le cas échéant, à leurs familles, les secours dont ils pourraient avoir besoin par suite d'accidents survenus ou de maladies contractées dans les travaux»; et il ajoutait, pour motiver sa décision, que «les soins et les secours à donner aux ouvriers éprouvés, en cas de maladies ou d'accidents pendant les travaux, *constituent une charge réelle des entreprises, une dette imposée par les règles du droit aussi bien que par la loi de l'humanité*.

Et lorsque, plus de trente ans après, le Parlement fut enfin saisi de propositions destinées à faire passer l'idée de Risque professionnel du domaine restreint des entreprises de travaux publics dans le domaine de la législation générale, l'une de ces premières propositions, présentées en 1882 par un futur Président de la République française, proclamait la même théorie. *C'est, à notre avis, en matière de travail*, écrivait Félix Faure, *une idée erronée de subordonner à la preuve de la faute la réparation du dommage causé par un accident; dans la plupart des cas, il n'y a, à proprement parler, ni faute du patron ni faute de l'ouvrier. Tout travail a ses risques. Les accidents sont la triste, mais inévitable conséquence du travail même.*

Mais, pour mettre en œuvre et en action l'idée ainsi formulée de vieille date, il a fallu à la France les lentes élaborations des commissions parlementaires, les suggestions répétées des Congrès internationaux sur les accidents, l'émulation des législations germaniques qui les premières ont abordé sur une grande échelle les difficultés pratiques du problème, et couru les risques de l'expérimentation, également enseignantes par le succès des systèmes qu'elles adoptaient et par les mécomptes qui ont pu le traverser. Il a fallu enfin la poussée sans laquelle rien ne compte ni ne surgit en matière sociale, la poussée d'opinion qui incline la résistance, même légitime, des intérêts devant la justice de revendications fondées.

Cette œuvre législative a pris vingt années, ce qui est peu pour l'avènement d'une réforme, ce qui est beaucoup pour l'unité d'une loi. Renvoyée à plusieurs reprises de la Chambre au Sénat et du Sénat à la Chambre, maintes fois remaniée à des points de vue contraires, la législation nouvelle, en son texte final, garde quelques traces de ces divergences successives et laisse prise à quelques critiques de lacune ou de contradiction. Pour la saisir au juste, pour en traduire l'esprit vrai, il faut remonter aux conceptions initiales des premiers votes parlementaires, noter les transformations qu'elles ont subies, démêler surtout, dans le dernier état des travaux législatifs, les survivances des substitutions, et fixer ainsi, pour des textes souvent reproduits en leur forme primitive, le sens définitif des résolutions dernières. Travail ardu, mais captivant, qui vaut le loisir des juristes et qui se trouve d'ailleurs éclairé déjà par les interprétations administratives.

Sans attendre, en effet, les solutions jurisprudentielles que la Cour de Cassation pourra seule donner, sauf au législateur à redressser ces arrêts, s'il trouve sa pensée méconnue, — l'administration n'a pas cru pouvoir se dérober à l'obligation morale d'indiquer aux intéressés, patrons, ouvriers, assureurs, la portée des nouvelles dispositions légales, telle qu'elle lui apparaissait. Le Garde des sceaux, dans une circulaire du 10 juin 1899, le Ministre du commerce dans des circulaires des 21 et 24 août suivant ont assumé cette tâche. Elle a été partagée par un organe nouveau, le *Comité consultatif des assurances contre les accidents du travail*, dont le Ministre du commerce a provoqué l'avis sur les principales difficultés nées de la première application de la loi : ces *Avis*, qui pour la plupart ont reçu la ratification ministérielle et la publicité officielle, ont épargné au début bien des indécisions et éclairci bien des doutes.

Il est vrai qu'on les a parfois assez vivement discutés ; on en a même un peu médit, faute peut-être d'en connaître exactement le caractère. Ni le Comité qui ouvre un avis, ni le ministre qui s'y rallie ne sauraient, de toute évidence, imposer une solution aux justiciables, encore moins aux juges. Mais cette solution, étudiée aux sources de la législation nouvelle par ceux qui ont la charge quotidienne d'en assurer l'application, discutée par les hommes le plus versés dans les questions en débat, rapporteurs successifs de la loi, jurisconsultes, actuaires, présente à tout le moins des garanties de clairvoyance avisée et d'interprétation fidèle, qui valent qu'on s'y arrête. Elle avertit les intéressés de la pensée présumée du législateur et les met à même de pressentir les décisions des tribunaux, en même temps qu'elle peut donner aux tribunaux eux-mêmes une orientation : telle une consultation signée d'un professeur faisant autorité dans la doctrine juridique ou d'un maître du barreau peut utilement guider le juge, sans le lier, et contraint qui la repousse à s'armer d'arguments deux fois décisifs.

Pour tous ceux qui plus tard voudront étudier cette première jurisprudence avant la lettre et se rendre compte des procédés nécessaires à la mise en train d'une grande loi sociale, l'action des interprétations ministérielles et des avis du Comité consultatif apparaîtra dans son vrai jour, comme elle apparaît déjà instinctivement à ceux qui simplifient les questions par ignorance et vont droit aux résultats. Récemment encore, un petit patron désireux d'obtenir un renseignement d'interprétation mettait sa requête sous un pli envoyé au Ministère du commerce et adressé à «M. le Directeur du Comité de la loi sur les accidents». À leurs détracteurs, s'ils en rencontraient, le Comité consultatif et le Ministère du commerce pourraient opposer cette suscription naïve comme leur meilleure défense et leur plus bel éloge.

C'est en s'inspirant de ces interprétations qu'on peut actuellement tenter l'analyse de la législation de 1898. La jurisprudence est encore trop précaire et trop incertaine, au moment où est rédigé le présent rapport, pour qu'il y ait utilité à en tenter l'examen. Suivre cette jurisprudence, en discuter les motifs et les solutions, en obtenir plus tard, s'il est nécessaire, la réformation législative, ce sera pour les Français l'œuvre de demain. Il doit suffire aujourd'hui, en ce congrès international, d'exposer la législation nouvelle dans ses traits caractéristiques, en signalant au passage les principales questions que déjà son application soulève : tableau bien vaste, s'il devait montrer tous les ressorts d'une loi qui introduit dans notre loi civil des modifications profondes et ajoute tout un domaine à notre droit administratif ; tableau bien resserré, au contraire, s'il doit, comme semble l'indiquer le titre assigné par le comité d'organisation, se restreindre au cadre d'un Rapport sommaire, où les membres du Congrès puissent trouver en quelques instants un résumé rapide et où le Rapporteur se plie au laconisme professionnel des *guides* d'exposition.

II.

PROFESSIONS ASSUJETTIES. — SPHÈRE D'ASSUJETTISSEMENT.

A quelles professions s'applique la législation nouvelle? C'est la première question qui se pose, la première qu'aura à résoudre la jurisprudence pour délimiter le champ d'action du risque professionnel.

Des énonciations que contient l'article 1er de la loi du 9 avril 1898, il en est qui ne prêtent point au doute et qu'on peut tout d'abord reproduire sans commentaire ; les autres peuvent sur certains points partager les esprits et appellent quelques explications.

La loi assujettit :

1° Les *mines, minières* et *carrières* ;

2° Les *magasins publics* ;

3° Les *entreprises de chargement et de déchargement*, notamment dans les ports maritimes et fluviaux ;

4° Les *entreprises de transport par terre et par eau*, que ces transports aient lieu par terre, par fleuves et canaux ou même par mer ; les transports maritimes ne relèvent toutefois de la loi du 9 avril 1898 que pour les ouvriers, employés et marins qui ne sont pas couverts, en cas d'accident, par la *caisse de prévoyance des marins*, dans les conditions définies par une loi spéciale du 21 avril 1898.

Il faut, au surplus, pour que la loi du 9 avril 1898 soit applicable, qu'il y ait dans tous les cas véritable *entreprise de transport*, c'est-à-dire transport au compte d'un tiers.

On doit donc distinguer trois catégories de personnes opérant des transports :

a. Le chef d'entreprise qui transporte les produits ou les effets d'autrui, moyennant rétribution : il est assujetti à la loi, en tant qu'entrepreneur de transports et du seul fait de ces transports.

b. Le chef d'entreprise déjà assujetti à la loi à raison de sa profession principale (exploitant de mines, manufacturier, etc.) et qui, en outre, assure directement le transport de ses matières premières et la livraison de ses produits fabriqués : il est assujetti pour ses opérations accessoires de transport, comme pour ses opérations principales d'industrie, sans qu'il y ait lieu de distinguer les unes des autres, mais sans qu'il y ait ici «entreprise de transport», puisque les transports ne sont point effectués au compte d'un tiers.

c. Enfin les personnes non assujetties, l'agriculteur ou le commerçant ou le particulier : elles échappent, pour leurs propres transports, à tout assujettissement, puisque cette opération accessoire se rattache à l'exercice direct de professions non assujetties.

5° *L'industrie du bâtiment*, c'est-à-dire l'ensemble des professions qui concourent à l'édification, à l'appropriation ou à l'entretien des habitations ou autres constructions.

6° Les *chantiers*. Cette rubrique, séparée de la précédente dans le texte légal, ne vise point les divers chantiers de travaux, qui sont déjà compris dans l'*industrie du bâtiment*. Elle s'applique aux autres agglomérations de matériaux ou d'approvisionnements qui, par leur importance, leur disposition, leurs manutentions, présentent des conditions d'exploitation et de risque analogues à celles des chantiers du bâtiment : tels les chantiers de marchands de bois, les chantiers de marchands de charbons, les approvisionnements commerciaux en gros de fers, de vins, etc.

7° Les *usines* et *manufactures*. Entre ces deux mots, associés déjà dans plusieurs lois précédentes, la nuance serait aujourd'hui plus que délicate et il ne semble pas que le législateur de 1898 ait songé à la faire. Il ne semble pas davantage qu'il ait entendu, dans le dernier état des travaux parlementaires, en restreindre la signification, en faisant l'économie volontaire d'un troisième mot, le mot «ateliers», souvent allié aux deux autres dans des textes législatifs antérieurs. Malgré les controverses que cette terminologie a déjà provoquées et ne manquera pas de soulever encore, on peut penser qu'en réalité, sous la rubrique générale «usines» et «manufactures», la loi désigne et assujettit indistinctement toutes les industries de transformation, quelle que soit la dimension, vaste ou restreinte, de leur cadre, quel que soit le nombre, considérable ou réduit, des ouvriers employés, du moment que s'y rencontrent, à l'état normal, un ouvrier et un patron liés par un contrat de travail en vue d'une opération industrielle.

Comme le reconnaissait le Ministre du commerce dans sa circulaire doctrinale du 24 août 1899, cette extension n'était assurément point dans l'esprit des premiers rapporteurs de la loi, alors que la théorie du risque professionnel, à ses débuts, ne se réclamait que des périls propres aux développements mécaniques de la *grande industrie* et que le Parlement, tout en entrevoyant et en promettant la généralisation ultérieure de la réparation des accidents, voulait d'abord différer l'assujettissement de la petite industrie. Mais cette distinction

est allée s'effaçant, à mesure qu'une logique inévitable développait les conséquences des nouvelles prémisses posées, à mesure aussi que le sentiment public,
mieux éclairé et plus favorable, appelait une réforme législative plus large.

A ce mouvement d'idées on ne saurait assigner la précision d'une date ou
d'une formule. C'est une tendance continue et manifeste au cours des derniers
travaux parlementaires, qui étendent visiblement la pensée de la loi, sans en
élargir le texte, et, d'un concert tacite, donnent finalement aux expressions pri-
mitives une ampleur nouvelle. Pour s'en convaincre, il suffit de relever quelques
déclarations significatives.

« Aujourd'hui, après quinze années d'études, on doit reconnaître que toute
limitation entre les différentes industries serait absolument arbitraire, partant
injuste. » Ainsi s'exprimait, en 1895, le rapporteur de la Commission du Sénat.
Et il ajoutait, en soutenant une énumération identique à celle du texte actuel,
que la Commission n'entendait « soustraire à l'application de la loi » que « les patrons qui, pendant la saison correspondant à la période de la plus grande activité de leur profession, n'emploient *pas plus de trois ouvriers* ». Ce maximum fut
porté à *cinq* dans la discussion, de sorte qu'alors, suivant les déclarations combinées du Rapporteur et du Président du Sénat dans la séance du 25 novembre
1895, l'article 1er était applicable à « tous les ouvriers employés dans les usines,
manufactures et chantiers…; *sauf ceux des industries qui emploient moins de cinq
ouvriers* ». Mais cette unique exception a elle-même disparu depuis du texte définitif et on ne voit pas de quelle autorité on pourrait l'y rétablir.

« Nous vous le déclarons très sincèrement, avait dit le Rapporteur du Sénat
dans la discussion, le 4 juillet, le texte adopté par la Chambre, comme nous
l'avons dit dans le rapport, *n'est pas un texte limitatif.* »

« Je tiens à rappeler au Sénat, répétait-il dans la séance du 25 novembre 1895,
qu'en votant l'article 1er, qu'il n'a adopté qu'à la suite de longs débats, il ne l'a
fait qu'après avoir entendu sa Commission lui *déclarer de la façon la plus formelle
que*, dans sa pensée, *l'industrie tout entière se trouvait englobée* dans l'énumération de l'article 1er. Le texte de la Commission *n'est point limitatif*; il est énonciatif, et *toute l'industrie y est comprise…* Il est vrai qu'on s'est livré à l'énumération de certaines industries; mais il est aisé de comprendre le but unique et
l'intérêt de cette énumération : elle a été faite parce qu'on a craint que ces
industries ne pussent être considérées comme s'exerçant dans des manufactures,
des usines, des chantiers; *tel aurait pu être le cas* des entreprises de transport,
de chargement et de déchargement, des magasins publics, des mines, minières
et carrières; le texte de l'article 1er est donc aussi large que possible. »

Toujours au Sénat, le 20 mars 1896, la portée nouvelle du texte passait au
crible de la discussion et, un sénateur demandant si les « ateliers » étaient assujettis, le Rapporteur répondait formellement, avec l'assentiment du Sénat : « *Les
ateliers sont compris dans les mots usines et manufactures.* »

La solution que paraît donc commander l'exacte interprétation des dernières
vues du législateur est aussi d'ailleurs celle que semble imposer la pratique. On
ne voit pas comment, dans une théorie différente, on pourrait trouver, en dehors
d'un arbitraire toujours changeant, un criterium entre les « usines » ou « manufactures », qui seraient assujetties, et les petits « ateliers », qui ne le seraient pas.

Pas plus dans la langue juridique que dans la langue courante, le mot « atelier » n'a un sens permanent et précis. Pour ne parler que de ses significations
industrielles, il désignera tantôt la fraction spécialisée d'une grande manufacture
(atelier de fonderie, atelier d'ajustage, etc.), tantôt la localisation d'une industrie
exercée solitairement avec un effectif plus ou moins restreint d'ouvriers (atelier
d'ébénisterie, atelier de couture, etc.). Mais, même dans ce dernier sens, où
finit la manufacture, où commence l'atelier? Quand le petit atelier devient-il
grand atelier, et le grand atelier petite manufacture? Où, dans cette hiérarchie

hypothétique, placer la frontière. Et, à supposer cette frontière possible et tracée, comment la maintenir?

Si l'on s'en remet au juge de décider sur espèces, la même fabrique, dans les mêmes conditions d'exploitation, avec le même effectif d'ouvriers, est traitée ici de « manufacture » et là d'« atelier », ici assujettie et là exempte.

Si l'on s'en veut rapporter au nombre d'ouvriers employés et prononcer, par exemple, sous prétexte d'analogie avec les dispositions législatives d'un autre ordre, qu'il y a usine ou manufacture là où l'on emploie plus de vingt ouvriers, on se heurte à d'inextricables anomalies. Deux fabriques identiques, contiguës, emploient l'une vingt et un ouvriers, l'autre vingt ouvriers seulement. Dans les deux, la même explosion se produit fortuitement. Pour la première dite « usine » ou « manufacture », les ouvriers victimes de l'accident bénéficieraient des indemnités légales; pour la seconde dite « atelier », ils n'y auraient aucun droit. Bien mieux : que la première fabrique, son travail baissant, congédie un ouvrier et que la seconde, son travail augmentant, embauche un ouvrier de plus, la situation est immédiatement intervertie. Du seul fait de cette unique congédiement d'un côté, de cet unique embauchage de l'autre, *tous* les ouvriers de la même fabrique auraient perdu le bénéfice du risque professionnel, en même temps que *tous* les ouvriers de la seconde l'auraient conquis. Le premier patron, prudemment assuré, payerait désormais sa prime sans utilité, et le second patron, qui pouvait raisonnablement n'être pas assuré, serait mis à la merci d'une ruine, pour avoir occasionnellement accru son personnel d'une unité.

Entre l'arbitraire de cet arithmétique trompeuse, qui éteindrait ou ranimerait le droit des victimes d'après le chiffre mobile de leurs camarades, et l'arbitraire avoué des tribunaux, pouvant dénommer à leur guise, sans critérium admissible, telle fabrique « manufacture » et telle fabrique « atelier », le choix importe peu. Les deux solutions jetteraient le juge dans un égal embarras et les ouvriers dans une égale révolte.

Au vrai, ces démarcations artificielles ne se peuvent concevoir et pratiquer que dans les pays où la législation fait intervenir un pouvoir administratif ou corporatif dans l'assujettissement, par voie de réglementation directe ou par voie d'assurance obligatoire, et où dès lors chaque entreprise voit par avance son statut fixé. Mais, sous une loi partielle de responsabilité, qui se borne à désigner les premières catégories de professions assujetties au Risque professionnel, il fallait bien, et le législateur l'a finalement compris, que chaque catégorie fût soumise sans distinction à la législation nouvelle. Reconnaître avec la circulaire du Ministre du Commerce que « toute industrie, *petite ou grande*, est assujettie », c'est donc tenir compte du même coup des intentions dernières du parlement et des insurmontables difficultés qu'impliquerait une interprétation contraire.

Si le petit nombre d'ouvriers employés et le cadre restreint du travail ne peuvent ainsi faire échapper l'atelier au sort général de l'industrie, il ne semble pas qu'on puisse davantage y soustraire les professions qui, bien que très voisines du commerce ou de l'agriculture, ont cependant, par certains côtés, un caractère nettement industriel et sans se borner à la culture ou à l'échange, réalisent des *transformations* de matière. C'est ainsi, par exemple, que le Comité consultatif a été amené à tenir pour assujetties les boulangeries, « toutes les fois que leur exploitation n'est pas exclusivement limitée au débit de produits reçus, tout préparés pour la vente ».

Que cette double interprétation soit définitivement confirmée, comme on peut l'espérer, par une jurisprudence prochaine, ou qu'elle doive recevoir, s'il en est besoin, une consécration législative nouvelle, elle est impérieusement dictée par le souci d'égalité et d'unité qui préoccupe toujours, et à bon droit, l'esprit français.

Elle aura, en tout cas, cette conséquence, liée à la conception même du législateur, de marquer d'un sceau particulier le premier cheminement du droit

nouveau en matière d'accidents. Tandis qu'en d'autres pays, sous un régime d'assurance obligatoire, les étapes législatives du risque professionnel auront été ménagées *en étendue*, des plus grandes exploitations aux plus petites progressivement, ou des plus exposées aux moins périlleuses, elles s'annoncent en France et s'imposent *en profondeur*, par catégories de professions, chaque catégorie d'abord englobée (telle l'industrie du bâtiment, telle l'industrie manufacturière étant du premier coup totalement assujettie.

6° Toute exploitation ou partie d'exploitation dans laquelle sont fabriquées ou mises en œuvre des matières explosives, ou dans laquelle il est fait usage d'une machine mue par une force autre que celle de l'homme ou des animaux.

La première de ces dispositions, relative aux matières explosives, se rapporte encore en réalité à l'industrie puisqu'elle a trait à une fabrication ou à une manipulation industrielle d'explosifs. Elle ne soulève pas de difficulté.

La seconde disposition, relative aux emplois de moteurs inanimés, vise les entreprises commerciales ou agricoles qui, en elles-mêmes, ne sont point encore assujetties au Risque professionnel dans la première étape législative, mais qui en deviennent justiciables, si elles font appel pour leur exploitation aux procédés de l'industrie. C'est, en apparence, un premier assujettissement partiel des professions commerciales ou agricoles. C'est seulement, si l'on va au fond des choses, une confirmation de l'assujettissement intégral de l'industrie, dont le législateur a recherché les manifestations ou les analogies jusque dans le commerce et l'agriculture, en attendant que l'agriculture et le commerce proprement dits soient à leur tour assujettis eux-mêmes par les lois complémentaires.

Pour l'agriculture, cet assujettissement a été restrictivement défini par une loi interprétative du 30 juin 1899. Le rayon d'assujettissement correspond au rayon d'action immédiat de la machine et aux risques directs de cet emploi : limitation importante pour l'agriculture, dont l'exploitation souvent très étendue comprend des travaux multiples, distincts du battage ou de telle autre opération mécanique.

La loi du 30 juin 1899, au surplus, dans le désir de réduire au minimum pour le moment la responsabilité agricole, a doublement fait brèche aux principes de la législation de 1898. Pour tous les agriculteurs qui n'exploitent point eux-mêmes à leur compte les moteurs de machines agricoles dont ils usent, elle a substitué à la responsabilité générale du chef d'entreprise agricole la responsabilité spéciale de l'exploitant du moteur, faisant ainsi de plein droit, en matière agricole, une sous-entreprise responsable dans l'entreprise irresponsable. Elle a d'autre part, appelé au bénéfice du risque professionnel, non seulement les ouvriers salariés pour le battage, mais les cultivateurs qui, par réciprocité de bon voisinage, y concourent bénévolement, sans contrat de travail et sans salaire, exception remarquable, pour ne pas dire critiquable, à la conception générale du risque professionnel, qui suppose l'existence préalable d'un contrat de travail entre un patron et un ouvrier et la liquidation d'indemnités en fonction d'un salaire, qu'elles remplacent partiellement.

Si, par un texte spécial, se trouve ainsi restreinte aux plus étroites limites la responsabilité des agriculteurs employant des machines agricoles à moteurs inanimés, il n'en est pas de même de l'emploi de ces machines dans les entreprises commerciales qui restent sous l'empire des dispositions initiales de la loi du 9 avril 1898 et qui d'ailleurs, par l'étendue moindre de leur exploitation, par le voisinage plus intime et la pénétration plus fréquente de leurs divers travaux, prêtent de ce chef à des risques tout autres.

En faisant de l'usage d'un moteur inanimé une cause d'assujettissement pour «toute exploitation *ou partie d'exploitation*» qui recourt à cet usage, la loi du 9 avril 1898 a du même coup posé un principe et admis un tempérament. Un principe : tout emploi de moteur inanimé, en introduisant dans l'exploitation commerciale la mécanique industrielle, mais cette «exploitation» commerciale, dans son ensemble sur le même pied qu'une exploitation industrielle et, par conséquent, emporte son assujettissement intégral. Un tempérament : si, dans des circonstances données, l'état des lieux, l'agencement des locaux, la distribution du travail permettent de distinguer nettement de l'ensemble de l'exploitation commerciale la «partie» de cette exploitation où fonctionne le moteur, si cette partie apparaît comme une sorte de compartiment étanche, sans mélange de personnel et sans rayonnement de risque, l'assujettissement est restreint par exception à cette «partie d'exploitation», sans englober l'exploitation tout entière; distinction toujours délicate d'ailleurs, que les éléments de fait dans chaque espèce pourront seuls permettre d'établir.

III

CONDITIONS DE LA RESPONSABILITÉ. — CARACTÈRE DE L'ACCIDENT PROFESSIONNEL.

Ainsi paraît devoir être actuellement envisagée la sphère d'application de la loi, jusqu'à ce qu'une logique entrevue et proclamée à maintes reprises dans les discussions parlementaires, en généralise les effets dans les lois nouvelles et les étende sans distinction à tous les accidents découlant d'un travail salarié.

Cette première question éclaircie, trois autres sollicitent tout d'abord l'attention.

Quels sont les employeurs responsables?

Quels sont les employés bénéficiaires?

Quels sont les accidents indemnisés?

Pour que le chef d'entreprise soit responsable, il faut tout d'abord qu'il soit effectivement un «chef d'entreprise», c'est-à-dire qu'il assume des fabrications, des constructions, des transports, etc., dans un but d'ordre commercial. Le particulier qui emploie directement des ouvriers pour édifier ou réparer sa maison, cuire son pain, blanchir son linge, conduire sa voiture ou ses charrois, manœuvrer son yacht ou son automobile, n'est pas un «chef d'entreprise» et n'est point assujetti.

Cette distinction fondamentale ne présente guère de difficultés d'application que pour les personnes morales, notamment l'État, les départements et les communes. A se placer au point de vue purement théorique, la commune, par exemple, qui construit des écoles, pave des rues, entretient ses canalisations ou ses chemins, paraît se borner à faire en grand ce que ferait sur une moindre échelle un simple particulier, sans esprit de commerce ni de lucre. Mais à tenir plutôt compte des réalités pratiques, on ne peut méconnaître que ces opérations, par leur importance et leur aménagement, se distinguent singulièrement de celle des particuliers; que le plus souvent, elles sont confiées à des adjudicataires; que ces adjudicataires sont alors, sans contestation possible, assujettis au risque professionnel; que la commune, lorsqu'elle est amenée à effectuer par elle-même certaines de ces opérations et à substituer son action à l'intervention ordinaire des entrepreneurs, emploie les mêmes ouvriers aux mêmes travaux avec les mêmes risques; qu'il semblerait anormal de lui laisser le pouvoir excessif de rendre, à son gré, la loi applicable ou inapplicable à ces ouvriers, suivant qu'elle opterait pour l'entreprise ou la régie. On doit dès lors la tenir pour assujettie, toutes les fois qu'elle fait exécuter directement des travaux emportant assujettissement pour les entrepreneurs qui en prendraient charge. La même interprétation s'étend naturellement aux départements, à l'État et à toutes les autres personnes civiles qu'il semble malaisé, au regard de la loi sur les accidents, de confondre avec de simples particuliers et qui, on peut l'ajouter, doivent l'exemple moral de l'application de cette loi.

Il n'en demeure pas moins qu'en thèse générale la responsabilité du Risque professionnel n'atteint que le « chef d'entreprise » exploitant une profession lucrative.

Elle ne l'atteint, d'autre part, qu'en ce qui concerne les victimes d'accidents auxquelles il était lié par un contrat de travail, qu'il employait directement à son compte, sans qu'il y ait lieu de distinguer entre les différentes modalités que le contrat peut assigner au payement du salaire (salaire aux pièces, salaire par équipes, etc.). Ce sera d'ailleurs souvent difficulté d'espèce de décider si l'ouvrier victime d'accident travaillait réellement au compte du patron comme ouvrier aux pièces, ou à son propre compte comme façonnier ou petit entrepreneur, ou bien si, d'un autre côté, il avait vis-à-vis du chef d'entreprise la situation juridique de préposé ou de sous-traitant.

Il faut au surplus que, réellement « chef d'entreprise », le patron ait cette situation normalement, de façon habituelle : la collaboration accidentelle, l'embauchage exceptionnel, même pour quelque temps, d'un ou de plusieurs autres ouvriers ne suffit pas à transformer un artisan « qui travaille seul d'ordinaire » en patron responsable.

Dès qu'il y a « entreprise » assujettie, dans les termes de la loi, tous les ouvriers ou employés sont bénéficiaires sans distinction : ouvriers, apprentis, employés, contremaîtres, ingénieurs, directeurs, quelle que soit leur situation hiérarchique, quels que soient leurs émoluments, pourvu qu'ils se trouvent liés à l'entreprise par un contrat de travail. Mais s'ils ont toujours droit à une indemnité en cas d'accident, ce droit ne joue pleinement que pour les titulaires de salaires n'excédant pas 2,400 francs par an. Pour les autres, la loi n'est intégralement applicable que jusqu'à concurrence de cette somme ; en ce qui concerne le surplus, le droit aux rentes est réduit des trois quarts, sauf majoration conventionnelle librement stipulée entre les parties.

Il faut ajouter que le Risque professionnel couvre tout le personnel de l'entreprise, sans qu'il paraisse possible de faire différence entre les divers emplois qu'ils exercent et les divers risques qu'ils courent. Les ouvriers qui fabriquent, les contremaîtres qui surveillent, les employés de bureau qui préparent les dessins, relèvent la comptabilité ou assurent l'exécution des commandes, les charretiers qui effectuent les livraisons à l'extérieur et même, si le débit se fait sur place, les employés qui concourent à la vente, sont, en cas d'accident, indemnisables au même titre. L'assurance différencie les risques auxquels ils sont habituellement exposés ; la loi ne semble pas distinguer leurs droits, parce que le contact constant des travaux, la proximité et la pénétration des locaux, les allées et venues souvent exigées par le service, la dépendance commune d'une même direction ne permettent pas un juste départ de responsabilités. Cette présomption d'indivisibilité de l'industrie assujettie ne s'effacerait que si, en fait, d'après les circonstances d'espèce, il y avait séparation absolue entre l'élément industriel proprement dit et les éléments annexes.

Lorsque, dans ces conditions, l'assujettissement de l'entreprise est établi, tout accident survenant donne droit à une indemnité pour l'ouvrier qui en est la victime. Par *accident*, il faut entendre seulement le résultat d'une action extérieure et soudaine en cours de travail. Ni la maladie professionnelle, conséquence lointaine des fatigues ou des insalubrités du métier, ni à plus forte raison un accident survenu dans la vie individuelle de l'ouvrier, en dehors de sa vie industrielle, ne peuvent ouvrir droit à réparation dans les termes de la loi de 1898.

Mais, pour interpréter sainement la pensée du législateur, qui devait donner à la théorie du Risque professionnel toute sa portée, il semble bien que la notion de l'*accident de travail* doit être étendue à tous les accidents dont le travail est la cause ou l'occasion. Depuis le moment où il arrive à l'atelier pour se mettre à la disposition du chef d'entreprise jusqu'au moment où il reprend sa liberté, l'ouvrier est couvert par la loi, quel que soit le lieu du travail, ou la nature de l'accident.

Qu'il soit blessé au siège de l'entreprise, dans un chantier extérieur, chez le client où son travail l'appelle, dans un trajet commandé ou nécessaire ; qu'il soit victime de son propre travail ou de celui d'autrui, d'un fait inévitable ou évitable, d'un accident inhérent à l'industrie ou d'un accident qui eût pu pareillement l'atteindre en un jour de chômage ; que sa prudence et sa vigilance soient à l'abri de toute critique ou qu'on puisse lui imputer telle méconnaissance du péril, telle manœuvre hâtive, telle curiosité téméraire, que n'explique que trop, après tout, l'habitude professionnelle du danger, il suffit, dans tous les cas, que l'accident survienne « à l'occasion du travail », pour qu'il soit en principe « à la charge du chef d'entreprise ».

Le chef d'entreprise ne devient toutefois responsable que des accidents qui, par leurs suites, présentent une certaine gravité. Si l'incapacité du travail consécutive à l'accident ne dépasse pas une durée de *quatre jours*, il n'est tenu d'aucune indemnité.

On peut critiquer au point de vue juridique cette disposition, qui décharge l'entreprise d'une partie de la responsabilité dont la théorie du Risque professionnel, intégralement appliquée, lui laisserait le poids. Mais le législateur a admis cette exception, importante au point de vue du nombre des accidents, normalement minime au point de vue de leur réparation financière, par crainte des abus que pouvait susciter la simulation ou l'exagération facile des courtes incapacités de travail et aussi des charges dont leur multiplicité ainsi accrue menacerait l'industrie. Il a considéré que, dans le forfait général sur lequel la loi repose, l'ouvrier pouvait garder à son compte le risque des courtes incapacités d'accident, comme il le faisait d'ailleurs librement déjà pour les courtes incapacités de maladie dans beaucoup de sociétés de secours mutuels. Il est à présumer, au surplus, que dans bien des cas les chefs d'entreprise continueront bénévolement pour les quatre premiers jours l'allocation du salaire ou d'une partie du salaire, comme ils y consentaient avant la loi.

IV

DÉTERMINATION ET RÈGLEMENT DES INDEMNITÉS. — FAUTE INEXCUSABLE

Dès que, dans une entreprise assujettie, survient l'accident de travail indemnisable, tel qu'il vient d'être défini, la responsabilité patronale entre en jeu et se réalise comme automatiquement par la dette des différentes indemnités ci-après déterminées, suivant que l'accident entraîne une simple incapacité temporaire, une incapacité permanente (partielle ou absolue) ou bien la mort.

1° Le chef d'entreprise doit, en cas de mort, supporter les frais funéraires et dans tous les cas, assurer les frais médicaux et pharmaceutiques. Si la victime, ne se contentant pas des soins médicaux et pharmaceutiques assurés par le patron, a voulu faire elle-même choix de son médecin et de son pharmacien, la loi met alors le patron à l'abri des remboursements qui pourraient être exagérés et spécifie qu'il n'est tenu que « jusqu'à concurrence de la somme fixée par le juge de paix du canton, conformément aux tarifs adoptés dans chaque département pour l'assistance médicale gratuite ».

Cette disposition soulève d'ailleurs deux difficultés, parce qu'elle présente deux lacunes : elle n'a point prévu le tarif applicable dans les départements, assez nombreux, où n'ont point encore été arrêtés les tarifs d'assistance médicale suite prévus par une loi de 1893, elle ne règle pas la base des remboursements dus au cas d'hospitalisation des victimes.

Pour les départements où n'existe point encore le tarif d'assistance médicale gratuite, le juge de paix aura nécessairement pouvoir discrétionnaire. Il en usera au vœu de la loi, si, laissant de côté les taux d'honoraires médicaux à l'usage de la clientèle bourgeoise, que le législateur a implicitement écartés, il se rapproche des prix localement demandés par les médecins à leur clientèle ouvrière, ou bien des tarifs fixés par les municipalités ou les bureaux de bienfaisance pour les visites médicales assurées à domicile par mesure d'assistance publique.

Pour ce qui est de l'*hospitalisation*, on a pu prétendre que le prix de journée réclamé par les hôpitaux pour traitement des ouvriers blessés comprenait à la fois le prix de soins chirurgicaux, médicaux, pharmaceutiques, que devait le chef d'entreprise, et des frais accessoires de logement et de nourriture, qu'il ne devait point. Une étude approfondie de la question conduit à penser qu'en réalité l'hospitalisation est, en même temps que la meilleure sauvegarde de la vie et du rétablissement de la victime, le plus sûr moyen pour le patron ou pour son assureur d'accélérer la guérison et de conjurer les suites coûteuses de blessures insuffisamment traitées; que le départ entre les frais d'entretien et les frais médicaux et pharmaceutiques est presque toujours irréalisable, les premiers, pour un malade, se confondent très souvent avec les seconds; que le traitement du blessé à l'hôpital ne le dispense pas de l'entretien de sa famille, pour laquelle l'indemnité de demi-salaire n'est pas surabondante; que les soins donnés par l'hôpital remplacent, en définitive, dans leur ensemble, ceux que le patron avait charge de ménager directement à l'ouvrier blessé et qu'il n'y a point raison de le décharger des frais qu'ils entraînent, sauf dans les cas exceptionnels où l'ouvrier aurait préféré l'hospitalisation à des soins médicaux et pharmaceutiques assurés dans des conditions satisfaisantes par le chef d'entreprise et où, dès lors, ce dernier pourrait invoquer le bénéfice du tarif d'assistance médicale gratuite.

Il n'est pas superflu d'ajouter que, si les hôpitaux semblent en droit de réclamer intégralement aux patrons ou à leurs assureurs le prix des journées d'hôpital ils sont en devoir de modérer ce prix autant qu'il leur est possible, lorsqu'il s'agit de victimes d'accidents. Ils apparaîtraient infidèles à leur mission primordiale d'assistance, s'ils ne réduisaient point en pareil cas leur créance au strict minimum, s'ils pouvaient être suspectés d'alléger leurs charges générales en tirant parti des nouvelles responsabilités assignées à l'industrie et si, en décourageant les chefs d'entreprises et les assureurs par des exigences injustifiées, ils leur laissaient motif ou prétexte d'éviter les hospitalisations, au grand dommage de la santé des victimes et de la bonne exécution de la loi.

Si l'incapacité de travail occasionnée par l'accident n'est que *temporaire*, si l'ouvrier blessé peut, au bout d'un certain délai, si long soit-il, recouvrer sa pleine capacité professionnelle, il a droit, jusqu'à ce qu'il soit en état physique de reprendre son travail, «à une indemnité journalière égale à la moitié du salaire touché au moment de l'accident».

Quand l'ouvrier était payé à la journée ou à l'heure, il a droit à une indemnité égale à la moitié du salaire gagné la veille de l'accident. Quand il était payé par huitaine, par quinzaine, quand il travaillait aux pièces, on doit ramener sa dernière paye à la journée de travail unitaire et lui allouer comme indemnité la moitié du montant de cette journée.

Ainsi fixée, autant que possible, sur le vif du salaire présent, l'indemnité doit être servie à partir du cinquième jour qui suit celui de l'accident : le jour de l'accident ne paraît point compter, en effet, dans le délai intermédiaire de quatre jours. La question ne se pose pas, si l'accident est survenu au soir de ce jour, et même s'il est survenu dans l'après-midi ou dans la matinée, il ne semble guère douteux que, pour cette journée interrompue par un fait dont le patron se trouve légalement responsable, le salaire reste dû. Il n'est pas à redouter d'ailleurs que des difficultés sérieuses puissent s'élever sur ce point et qu'il se rencontre beaucoup de patrons refusant le plein salaire à l'ouvrier le jour même où il est victime d'un accident de travail.

Des contestations nombreuses, au contraire, se sont déjà fait jour à propos du payement de l'indemnité de demi-salaire les dimanches et jours fériés. Partant de ce postulat que l'indemnité journalière devrait correspondre au salaire en périodicité comme en quotité, d'aucuns ont soutenu et même quelques tribunaux ont jugé que l'indemnité journalière ne serait pas due pour les dimanches et jours fériés, tout au moins lorsque l'ouvrier, ce qui est le cas assez général, ne travaillait point ces jours-là avant l'accident.

Cette interprétation ne paraît pas tenir compte des difficultés avec lesquelles elle mettrait aux prises les victimes d'accidents. Supposons un accident survenu dans le mois dernier, le 29 mai. Le 29 mai pour la dernière fois, la victime avait touché son salaire. Le 30 mai, le 31 mai, le 1ᵉʳ juin, le 2 juin, délai de carence, plus de salaire et pas encore d'indemnité. Le 3 juin, cinquième jour après l'accident, l'indemnité devait commencer à courir, mais c'était un dimanche : pas d'indemnité, dans la thèse évoquée. Le 4 juin, sixième jour, était le lundi de la Pentecôte, jour férié d'après la législation civile : pas d'indemnité. Dans cette théorie, l'ouvrier blessé, privé de salaire depuis l'accident, le plus souvent, d'ailleurs, sans avance et sans ressources, devrait vivre et faire vivre les siens pendant six jours, sans avoir droit à aucune allocation. Cette conséquence jugerait le système, s'il ne se trouvait déjà en opposition littérale avec le texte légal.

L'article 3 de la loi spécifie que l'indemnité doit être «journalière». Il ajoute qu'elle est due «à partir du cinquième jour», sans prévoir par aucun mot ni, par conséquent, permettre la défalcation des jours fériés. On ajouterait au texte une restriction purement arbitraire, si on persistait à soutenir que l'indemnité *journalière* sans l'être, n'est due que pour certains jours, (six jours sur sept, ou même, comme on l'a vu, cinq jours sur sept) et qu'elle n'est due, dans le cas précité et dans les cas analogues, qu'*à partir du septième jour*, quand la loi, formelle, dit : «à partir du cinquième jour».

En vérité, ce que la loi a voulu attribuer à la victime d'accident, ce n'est pas la correspondance d'une moyenne de salaire fictive entre les jours ouvrables et les jours chômés, c'est une indemnité journalière, permettant d'attendre la reprise du travail, et cette indemnité, elle l'a fixée sur la base qui prêtait le moins à discussion, sur le salaire effectif de la journée de travail précédant la journée de l'accident. Si, par exemple, un ouvrier attaché à une industrie en chômage partiel ne travaillait, avant l'accident, que deux jours par semaine, à raison de 3 fr. 50 par jour, on ne peut dire, en tenant compte des cinq jours chômés, que ce salaire hebdomadaire de sept francs ne donnera lieu à l'indemnité de demi-salaire, soit 1 fr. 75 que deux jours par semaine, sous prétexte que la victime ne touchait un salaire que deux jours par semaine, on ne peut davantage prétendre, ce qui reviendrait exactement au même, que la victime n'a droit qu'à une indemnité journalière de 50 centimes (moitié de 7 francs divisée par sept jours). L'indemnité doit égaler la moitié du salaire, «touché au moment de l'accident», soit dans l'espèce 1 fr. 75, et cette indemnité doit être, sans exception, «journalière».

3° Quand la blessure est guérie, la période d'incapacité temporaire prend fin, soit que la victime ait entièrement recouvré sa capacité de travail, soit que la blessure consolidée affecte définitivement cette capacité. Dans ce dernier cas, il y a lieu à allocation d'une rente viagère et cette rente varie selon qu'il y a incapacité permanente *partielle* ou *absolue*.

Il y a incapacité permanente partielle, lorsque l'ouvrier ne retrouve qu'en partie son aptitude au travail professionnel ou perd complètement cette aptitude, sans que cependant tout autre travail rémunéré lui devienne impossible. Il y a incapacité absolue, si l'ouvrier a perdu jusqu'à la possibilité de gagner normalement un salaire dans un autre emploi; s'il est devenu, en un mot, comme on l'a dit dans les débats parlementaires, «une non-valeur industrielle absolue».

En cas d'incapacité permanente *partielle*, la rente viagère est égale à la moitié de la réduction que l'accident fait subir au salaire. Un ouvrier qui gagnait, pendant l'année qui a précédé l'accident, un salaire total de 1800 francs et qui n'est plus capable de gagner normalement, après sa guérison, qu'un salaire annuel de 800 francs, a droit à une rente de 500 francs.

Cette détermination, très simple en théorie, ne laisse pas de rencontrer nombre de difficultés dans la pratique.

Théoriquement même, elle se heurte à la divergence de vues que peut provoquer le texte de la loi, suivant qu'on en recherche le sens dans sa lettre ou dans son esprit. Si l'on s'empare de la lettre, on peut en arguer que la réduction *effective* de salaire après l'accident donne seule lieu à l'attribution d'une rente et qu'un ouvrier obtenant, en fait, après l'accident un salaire supérieur ou égal au salaire qu'il touchait avant l'accident ne saurait prétendre à aucune indemnité. Si l'on veut demeurer fidèle à l'esprit de la loi, on décidera au contraire que le juge doit comparer au salaire réellement touché pendant l'année qui a précédé l'accident le salaire annuel que l'ouvrier, avec sa capacité de travail diminuée, peut normalement attendre dans l'avenir.

Dans cette dernière solution, la rente viagère, comme l'a certainement voulu le législateur, devient la représentation partielle du salaire présumé perdu pour le reste de la vie, comme en matière d'incapacité permanente absolue, sauf que la proportion de la réparation diffère. La première solution, au contraire, aboutirait à cette conséquence, que la réparation d'un accident laissant après lui un amoindrissement certain de force ou de dextérité interviendrait ou n'interviendrait pas, suivant les hasards de l'embauchage immédiatement consécutif à l'accident. Qu'un chef d'entreprise, par calcul intéressé ou par bienveillance, reprenne au même salaire qu'avant l'accident l'ouvrier blessé, trop heureux de se remettre ainsi au travail, trop inexpérimenté ou trop besogneux pour s'y refuser: aucune réduction n'apparaissant entre le salaire antérieur et le salaire postérieur à l'accident, il n'y aurait aucune allocation d'indemnité. Fracture mal remise, amputation d'un doigt, perte d'un œil, qui souvent n'entraînent pas d'abaissement immédiat de salaire, seraient simplement passées par profits et pertes. Quelques années, quelques mois même après la décision judiciaire consacrant ce déni d'indemnité, le patron peut congédier l'ouvrier, soit de propos délibéré, soit par manque de travail. L'ouvrier congédié, dont la capacité de travail reste entamée, n'a plus chance de retrouver dans un autre établissement le même salaire artificiel et, destitué d'ailleurs en l'espèce de tout droit à «revision», il subira toute sa vie une infériorité de salaire que ne viendra atténuer aucune rente. Contrairement aux dispositions prises par le législateur, son accident ne sera aucunement réparé; son patron aura été soustrait à toute responsabilité; la loi de 1898 sera restée lettre morte.

4° En cas d'incapacité permanente *absolue*, la difficulté disparaît. Il suffit de supputer le gain de la victime pendant l'année qui a précédé l'accident. La rente due est portée aux *deux tiers* de ce gain, et, comme en cas d'incapacité permanente partielle, elle court du jour où l'incapacité de travail prenant un caractère définitif, l'indemnité journalière d'incapacité temporaire a dû prendre fin.

5° Si enfin l'accident a entraîné la *mort*, il donne droit, à compter du lendemain du décès (sauf allocation, s'il y a lieu, de l'indemnité journalière de demi-salaire entre le cinquième jour et le jour du décès) à des rentes, dont l'article 3 de la loi détermine la proportion et les conditions :

a) S'il y a un conjoint survivant, rente de 20 p. 100 du salaire annuel de la victime, et, en outre, rente collective pour les orphelins, variant, suivant leur nombre, de 15 p. 100 à 40 p. 100, soit au maximum total 60 p. 100 du salaire.

b) S'il n'y a pas de conjoint survivant, rente individuelle à chacun des orphelins, atteignant 20 p. 100 du salaire annuel de la victime, sauf réduction proportionnelle de ces rentes, si leur ensemble dépasse ce même maximum de 60 p. 100.

c) Si enfin la victime ne laisse ni conjoint ni enfant légalement bénéficiaires, chacun de ses ascendants ou descendants peut prétendre à une rente (viagère pour les ascendants, viagère et temporaire jusqu'à 16 ans pour les descendants), sous condition de justifier qu'au moment de l'accident il était effectivement « à la charge » de la victime, c'est à dire qu'il en recevait, en droit ou en fait, des « aliments ». Chacune de ces rentes est fixée à 10 p. 100 du salaire annuel de la victime, sauf à être proportionnellement réduite, si leur ensemble excède 30 p. 100 de ce salaire.

L'allocation des rentes ci-dessus spécifiées ne souffre que quelques exceptions. En cas de remariage, la veuve perd droit à sa rente, mais reçoit payement immédiat d'une somme égale au triple de cette rente. Il en est de même pour les ouvriers étrangers qui, après liquidation de leur rente, cessent de résider sur le territoire français. Enfin quand l'ouvrier étranger est victime d'un accident mortel, ses ayants-droit ne peuvent obtenir une indemnité que si, au moment de l'accident, ils avaient leur résidence en territoire français.

Cette diminution éventuelle de responsabilité du chef d'entreprise en cas d'emploi d'ouvriers étrangers, comme l'aggravation éventuelle de responsabilité en cas d'emploi d'ouvriers mariés et pères de famille, a suscité, à la veille et au lendemain de la mise à exécution de la loi, d'assez bruyantes appréhensions. On pouvait prévoir que ces appréhensions ne subsisteraient pas bien vives, si l'on considérait que des mesures analogues avaient été précédemment adoptées par plusieurs législations étrangères et qu'en France déjà, sous l'empire du code civil, en ce qui concerne au moins les ouvriers mariés ou pères de famille, la jurisprudence avait devancé la loi. D'autre part, les assureurs n'avaient ni désir, ni possibilité de tenir compte à ce titre, dans le calcul de leurs primes, d'écarts insignifiants et la situation de famille des ouvriers ne pouvait plus préoccuper que des chefs de petites entreprises imprudemment restés leurs propres assureurs. Aussi, comme on le prédisait, cette émotion est aujourd'hui singulièrement calmée. Il est vraisemblable que les rentes familiales ne soulèveront plus d'objections. Peut-être seulement, pour les ouvriers étrangers, l'expérience viendra-t-elle conseiller plus tard une modification législative, que faciliteront sans doute des accords internationaux, à mesure que le développement des législations parallèles en matière d'accidents permettront sur ce point des réciprocités conventionnelles, ainsi que le suggérait tout dernièrement le gouvernement impérial allemand.

Toutes les rentes viagères, quels qu'en soient les titulaires, sont calculées dans les proportions variables qui viennent d'être rappelées, sur le montant du *salaire annuel* de la victime. Tandis que, pour l'incapacité temporaire, l'indemnité journalière, généralement peu durable et représentant dès lors une somme modique, est immédiatement déterminée d'après le salaire touché au moment de l'accident, la fixation des rentes est effectuée d'après l'ensemble du salaire ou du gain effectivement obtenu par l'ouvrier pendant les douze mois écoulés avant l'accident.

Le salaire annuel réel n'est remplacé par un salaire fictif que dans deux cas :

a) Lorsque la victime travaillait en vertu d'un contrat d'apprentissage ou était âgée de moins de 16 ans, la loi présume, en ce cas, que le salaire touché n'était qu'un salaire d'attente et, faisant compromis entre ce salaire minimum et le salaire maximum qu'eût pu atteindre la victime dans sa maturité, prend pour base de la rente à allouer le «salaire le plus bas des ouvriers valides de la même catégorie occupés dans l'entreprise».

b) Lorsque la victime, au jour de l'accident, ne compte pas douze mois consécutifs de travail dans une entreprise à travail continu, son salaire effectif est complété, pour la période manquante, par le salaire moyen des ouvriers de la même catégorie.

Ainsi assises sur le salaire annuel, les rentes doivent être payées trimestriellement. Elles ne peuvent être transformées en capital ni par l'accord des parties, ni par la décision du juge, ni avant, ni après liquidation, sauf les exceptions suivantes :

a) Sont remplacées de plein droit, comme on l'a vu, par un capital, égal au triple de leur montant annuel, les rentes liquidées au profit de veuves qui viennent à se remarier ou d'ouvriers étrangers qui cessent de résider sur le territoire français.

b) Peut être remplacée par un capital, soit en vertu de la convention des parties, soit en vertu d'un jugement, toute rente qui n'excède pas 100 francs.

c) Même lorsque la rente définitivement liquidée dépasse cette somme, le tribunal, statuant en chambre du conseil, peut attribuer en espèces à la victime, sur sa demande, une fraction du capital constitutif de la rente, jusqu'à concurrence du quart.

D'autre part, la rente viagère, définitivement liquidée au profit de la victime, peut être, dans certains cas, réduite ou suspendue à sa demande ou de son consentement.

Elle est réduite, lorsque la victime demande au tribunal, en chambre du conseil, d'employer le capital représentatif de sa rente à la constitution d'une rente réversible, pour moitié au plus, sur la tête de son conjoint, sauf diminution corrélative de sa rente personnelle.

Elle est suspendue, lorsque la victime et le chef d'entreprise se mettent momentanément d'accord sur un autre mode de réparation équivalent, sauf aux parties à reprendre immédiatement leur liberté, comme la rente son cours, dès que cet accord cesse.

Ces diverses exceptions de détail n'affectent, au surplus, que le mode d'attribution ou de service des indemnités, sans atteindre la quotité initiale du capital mis à la charge du chef d'entreprise, en raison des suites de l'accident et du salaire de la victime. La mesure de la réparation due ne peut s'en trouver altérée.

Cette réparation elle-même, au contraire, disparaît, ou s'aggrave, ou s'atténue, dans les cas suivants :

1° Elle disparaît complètement, lorsque la victime de l'accident, française ou étrangère, ne laisse ni conjoint, ni enfant, ni ascendants ou descendants à sa charge, habiles à le représenter pour l'obtention d'une rente; ou bien lorsque la victime de l'accident étant étrangère, ses ayants droit ne résidaient point en territoire français au moment de l'accident; ou enfin lorsque la victime a intentionnellement provoqué elle-même l'accident;

2° Elle s'aggrave ou s'atténue, lorsqu'il y a «faute inexcusable». Selon que cette faute est imputable au chef d'entreprise ou à la victime, elle peut élever, suivant les cas, les indemnités jusqu'à l'intégralité du salaire ou les abaisser jusqu'à des rentes illusoires, de 1 franc par exemple.

Il est inutile de rappeler ici les longues et brillantes discussions qui, dans les congrès précédents, comme dans les divers Parlements, ont mis aux prises les partisans et les adversaires de la *faute lourde*, les moralistes qui tenaient pour les sanctions de la responsabilité personnelle et les logiciens qui réclamaient au nom du Risque professionnel l'intégralité de ses conséquences. Les chambres françaises, après des discussions répétées, ont clos le débat, en ce qui les concernait, par un compromis qui n'est peut-être pas pour contenter pleinement un philosophe, mais qui, s'il est bien interprété par la jurisprudence, peut donner dans la pratique des résultats satisfaisants.

La loi reconnaît implicitement que la faute lourde du patron ou de l'ouvrier est, en principe, incorporée au Risque professionnel. Elle n'en tient aucun compte en cas d'incapacité temporaire. Et, en matière de rentes, elle ne lui sacrifie qu'en partie la fixité des indemnités forfaitaires, sans que la créance de l'ouvrier puisse jamais s'en trouver abolie, ni que la dette du patron en puisse être élevée au delà du montant du salaire, ou de la réduction de salaire, même si le dommage réel se rencontre supérieur.

Encore n'admet-elle pas cette exception aux conséquences du Risque professionnel par la faute lourde, telle qu'elle était naguère comprise, mais seulement pour la faute *inexcusable*.

En substituant, dans le texte final, à la formule classique de «faute lourde» la formule nouvelle de «faute inexcusable», le législateur a certainement voulu, malgré l'apparente et inévitable synonymie des mots, indiquer et imposer au juge une restriction plus grande. Pour qu'il y ait faute vraiment inexcusable au sens de la loi, il ne suffit pas que le patron ait transgressé des prescriptions légales ou administratives, omis des précautions possibles, manqué, même gravement, de prévoyance ou de diligence. Il ne suffit pas davantage que l'ouvrier ait été maladroit, inattentif, imprudent, intempérant, qu'il ait enfreint un ordre ou un règlement. Il faut que, de la part du patron ou de l'ouvrier, il y ait quelque chose de plus qu'une faute passive, si grave, si lourde, si grossière soit-elle, il faut qu'il y ait un acte conscient, allant jusqu'au mauvais vouloir, confinant au dol, et, pour tout dire, se rapprochant de la faute intentionnelle et tendant à se confondre avec elle. Si, comme on peut le croire, la jurisprudence consacre cette notion nettement restrictive de la faute inexcusable, au commun profit des patrons et des ouvriers, elle tarira une des principales sources de procès, en même temps qu'elle donnera à la loi sa véritable signification, qui est de réserver, pour le principe, le jeu exceptionnel et limité de la responsabilité personnelle, en cas de faute sans explication extérieure possible, tout en englobant dans le forfait du Risque professionnel toutes les fautes lourdes que retenait naguère la jurisprudence du code civil.

V

PROCÉDURE.

Pour mettre en action les droits des victimes, la loi de 1898 a organisé une procédure spéciale, qui se rattache d'ailleurs à notre législation générale sur la procédure civile, le Parlement ayant écarté, après de longues divergences, l'institution de juridictions spéciales.

De cette procédure, malgré les difficultés et les questions qu'elle a déjà soulevées, une vue d'ensemble peut ici suffire.

Tout accident ayant occasionné une incapacité de travail doit, sans sanction pénale, être déclaré dans les quarante-huit heures par le chef d'entreprise à la mairie du lieu de l'accident, dans les conditions indiquées en détail par une circulaire ministérielle du 21 août 1899. La victime ou ses ayants droit peuvent, de leur côté, faire une déclaration spéciale.

L'inspection du travail est, dans tous les cas, avisée à titre statistique et, s'il y a mort ou bien si le certificat médical obligatoirement joint à toute déclaration présume une incapacité permanente, le juge de paix est saisi, pour ouverture d'une enquête judiciaire appelée à établir les conditions de l'accident et les bases des indemnités.

Le juge de paix statue en dernier ressort sur les contestations relatives aux frais funéraires, aux frais médicaux et pharmaceutiques et aux indemnités journalières d'incapacité temporaire. Pour les allocations de rente, en cas d'incapacité permanente ou de mort, les parties font homologuer leur accord par le président du tribunal civil, ou, à défaut d'accord, déferent leur différend au tribunal, sauf appel.

La procédure de droit commun est abrégée en première instance et en appel; les délais ordinaires d'appel ou d'opposition sont réduits. Devant les justices de paix et les tribunaux de première instance, les victimes ou leurs représentants ont, de plein droit, le bénéfice de l'assistance judiciaire.

La loi a éteint l'action en indemnité par une prescription d'un an à dater de l'accident. Mais elle a en même temps admis qu'une procédure de revision soit introduite, soit par le chef d'entreprise, soit par la victime ou ses ayants droit, si, pendant les trois années consécutives à la liquidation de l'indemnité, les conséquences de l'accident se trouvaient atténuées ou aggravées.

Il faut enfin rappeler que le législateur, prenant ses sûretés contre l'inadvertance ou la faiblesse des ouvriers, a donné à ses prescriptions le caractère d'ordre public. Il ne dépend pas des ouvriers eux-mêmes d'abandonner les droits qu'ils tiennent de la loi. Toute convention tendant à modifier d'avance ces droits, toute transaction destinée, après l'accident, à en régler l'exercice sur d'autres bases que les bases légales serait entachée d'une nullité radicale.

Faire subir au salaire des retenues pour la prise d'assurance dont l'entreprise seule doit subir la charge; prendre un salaire de base autre que celui défini par la loi; réduire la proportion des indemnités déterminées, substituer le payement d'un capital au service d'une rente dans le cas où la loi ne prévoit pas cette faculté, dans les cas où elle la prévoit payer un capital inférieur à la valeur actuelle de la rente rachetée, autant de mesures que l'assentiment même de l'ouvrier ne saurait couvrir. Son acquiescement n'aurait aucune valeur légale et laisserait toujours debout son droit de répéter en justice ce qui lui était légalement dû.

De même, le Président du tribunal civil appelé à homologuer le libre accord des parties ne peut qu'entériner, sur les bases de fait admises par elles sans collusion, l'attribution des indemnités calculées d'après la loi. Il ne saurait couvrir d'une décision de justice des transactions interdites.

VI

GARANTIE ET ASSURANCE.

Ici s'arrêterait naturellement le résumé de la loi de 1898, si, comme on l'a parfois prétendu, elle était seulement une loi de responsabilité. Mais elle est en même temps une loi d'assurance.

Bien que le régime de mutualités obligatoires n'ait pas prévalu dans les derniers votes parlementaires, le législateur a voulu réserver aux victimes d'accidents des garanties équivalentes à celles que ce système leur eût données. Des deux objectifs de l'assurance obligatoire réglementée, certitude de payement des indemnités dues, bon marché des primes par la totalisation des Risques et l'absence de bénéfices de gestion, la solution législative française atteint le premier, qui est, à tout prendre, l'essentiel. Elle préfère au second la liberté de couverture.

En tout état de cause, la victime de l'accident ou ses ayants droit sont toujours certains de toucher les indemnités et les rentes régulièrement liquidées à leur profit.

S'il s'agit de menues indemnités (frais funéraires, frais médicaux et pharmaceutiques, indemnités journalières pour incapacité temporaire), leur recouvrement est assuré par l'exercice éventuel d'un privilège sur la généralité des meubles du débiteur. Les créances de cet ordre étant modiques et devenant liquides à bref délai, on peut tenir pour absolument exceptionnels les cas où l'actif du débiteur ne suffirait pas à y faire face.

En ce qui concerne les rentes viagères, qui, par leur importance et leur exigibilité lointaine, se trouveraient exposées à de tout autres risques de non-payement, la loi organise au profit des titulaires un Fonds commun, destiné à parer à toutes les insolvabilités survenantes et à assurer, quoi qu'il arrive, l'acquittement intégral et immédiat des arrérages dus. Ce fonds commun est formé à l'aide d'une taxe additionnelle spéciale perçue sur les chefs d'entreprise assujettis au Risque professionnel et déjà imposés à la contribution des patentes ou à la redevance des mines. Il est géré par la Caisse nationale des retraites, sous la garantie de l'État.

Si un titulaire de rente viagère liquidée en vertu de la loi sur les accidents n'obtient pas, au jour de l'échéance, le montant des arrérages qui lui sont dus, il n'a qu'à en faire la déclaration à la mairie de sa résidence, en justifiant de sa créance. Dans les cinq jours de cette déclaration, le juge de paix du canton doit être saisi par l'Administration de la Caisse nationale des retraites, pour convoquer le chef d'entreprise débiteur ou l'assureur qui a assumé sa dette. A la suite de cette convocation, si le débiteur ne s'exécute pas immédiatement, soit qu'il n'ait pas comparu, ou se trouve insolvable, ou obtienne un délai de payement, du moment où la créance du rentier est reconnue ou même paraît moralement établie, l'Administration de la Caisse nationale des retraites acquitte immédiatement, par mandat postal, les arrérages exigibles, sauf à les recouvrer, s'il y a lieu, sur le débiteur, dans les conditions et suivant les formalités qu'énumère un Règlement d'administration publique du 28 février 1899. Si donc ces dispositions sont strictement appliquées, quelques jours après l'échéance l'ouvrier doit toujours recevoir du Fonds commun les arrérages qui seraient en souffrance. A défaut de son débiteur primitif, il a pour caution le Fonds commun, alimenté par l'impôt et géré sous la garantie de l'État.

A l'ouvrier, la certitude d'être payé. Au chef d'entreprise responsable, la liberté d'assurer ce payement comme il l'entend.

En ce qui concerne les menues indemnités spécifiées ci-dessus, le patron peut à son choix acquitter directement sa dette, ou bien s'assurer à une société d'assurances quelconque, ou bien encore se décharger soit sur une société de secours mutuels, dans les conditions déterminées par un arrêté ministériel du 16 mai 1899, soit sur une caisse d'usine subventionnée et fonctionnant comme les caisses de secours actuellement obligatoires dans l'industrie des mines. Mais dans ces deux derniers cas il doit préalablement consentir des allocations spéciales correspondant aux risques dont il se décharge.

De même, en cas d'assurance, aussi bien pour les menues indemnités que pour les rentes, il doit subir définitivement la dépense des primes, sans pouvoir désormais, comme beaucoup d'industriels le faisaient antérieurement, se récupérer de tout ou partie de ces primes par voie de retenues sur les salaires. S'il est autorisé à se substituer un débiteur pour acquitter sa dette légale, il ne saurait se dérober à la dette elle-même, telle que la lui impose le Risque professionnel, en faisant pratiquement peser sur l'ouvrier l'intégralité ou une fraction des

...tres que ce Risque graphique et que la loi définit, il ne serait admissible à mettre à contribution les ouvriers pour une assurance, que si cette assurance s'appliquait exclusivement à un risque différent du risque professionnel déterminé par la loi de 1898, par exemple si elle devait couvrir des indemnités journalières en cas d'accident pour les quatre jours suivant l'accident, que la loi n'indemnise pas. Encore faudrait-il évidemment, en cette hypothèse, qu'il justifiât de la spécialité stricte de l'assurance d'appoint, de la corrélation rigoureuse de ce risque et de la prime demandée au salaire pour y parer, de l'impossibilité pour l'entreprise de trouver dans cette prime prélevée en vue d'un risque qui ne lui incombe point un allégement quelconque à l'assurance du risque dont la loi la tient seule responsable.

En ce qui concerne les rentes viagères, le chef d'entreprise a été dispensé d'acquitter sa dette en capital. Il reste libre, tant qu'il est à la tête de ses affaires, de servir directement à l'échéance les arrérages des pensions qu'il doit. Il n'est exceptionnellement contraint de verser à la Caisse nationale des retraites le capital représentatif de ces pensions que lorsqu'il cesse d'offrir la garantie normale d'une entreprise en activité, c'est-à-dire lorsqu'il y a liquidation judiciaire ou faillite, ou bien cessation d'affaires, volontaire ou par décès, ou bien cession d'établissement. Encore est-il alors loisible de substituer au versement effectif des capitaux constitutifs des rentes dues certaines garanties équivalentes, qu'a déterminées un Règlement d'administration publique du 28 février 1899.

Si le chef d'entreprise, en dehors de ces cas exceptionnels, n'est point obligé de se dessaisir du capital représentatif de sa dette, il a toujours, par contre, la faculté de le faire. Il ne saurait, il est vrai, sauf pour les rentes inférieures à 100 francs, remettre directement ce capital à la victime de l'accident ou à ses représentants. Mais il peut le verser à la Caisse nationale des retraites pour la vieillesse, contre remise d'un titre de rente viagère à l'ayant-droit. Cette constitution de rente est d'ailleurs faite d'après un tarif spécial, qui tient compte de la mortalité plus grande des victimes d'accidents dans les années immédiatement consécutives à l'accident et qui fait état, pour l'établissement du prix d'annuité viagère, de cette accélération de la mortalité par rapport à la marche de la mortalité normale. La table spéciale de mortalité sur laquelle repose ce tarif n'a pu être établie qu'à titre provisoire sur des données en partie conjecturales; elle sera refondue, dès que l'expérience de la législation nouvelle aura apporté aux actuaires des statistiques suffisamment étendues.

Que si, au lieu de vouloir simplement, les accidents une fois survenus et les rentes liquidées, se décharger du risque de survie des rentiers en versant le capital constitutif des rentes, le chef d'entreprise préfère prudemment se prémunir au préalable contre le risque principal, contre le risque même d'accident, la loi du 9 avril 1898 lui ouvre toutes les avenues de l'assurance. Pour lui donner même entière et immédiate liberté de choix, une loi subséquente du 29 juin 1899, faisant fléchir devant une impérieuse nécessité de circonstance le principe de la non-rétroactivité législative dans le domaine des contrats, l'a virtuellement délié de tous les engagements qu'il avait pu prendre antérieurement à la promulgation de la législation nouvelle.

Dès lors donc que le chef d'entreprise ne reste pas son propre assureur, — ce qui pourrait être économie pour quelques entreprises de très grande importance ou de très petit risque, mais ce qui serait témérité manifeste pour toutes les autres, — il peut opter entre les diverses combinaisons suivantes :

1° Adhésion à une Société d'assurances mutuelles, sans capital social, mettant en commun, sous le contrôle financier de l'État, les risques des mutualistes et les couvrant, suivant des tarifs librement établis, par des cotisations proportionnelles, finalement réduites ou grossies en raison des sinistres survenus.

2° Souscription d'une police consentie par une Compagnie d'assurances à primes fixes, également contrôlée par l'État et admise à prendre commercialement charge des risques, contre engagement de primes préalablement fixées, aux taux et conditions librement débattus entre les parties.

3° Adhésion à un syndicat de garantie autorisé par l'État entre chefs d'entreprise assujettis, liant tous ses membres dans une responsabilité solidaire, réduisant au minimum les frais de gestion, pouvant échapper aux frais d'accumulation de capitaux et se borner à une répartition successive des payements dus, avec aval réciproque de tous les adhérents.

4° Enfin assurance à la Caisse nationale d'assurances contre les accidents, réorganisée par une loi du 24 mai 1899 pour réserver un refuge aux risques que rejetterait l'assurance libre et pour opposer, le cas échéant, aux prétentions de cette assurance, le frein d'une concurrence officielle. Cette concurrence n'a d'ailleurs pas de monopole et elle est légalement astreinte à équilibrer ses dépenses avec ses primes.

La question si vivement débattue de la capitalisation et de la répartition trouve ainsi dans la législation française une solution mixte. Théoriquement, cette législation prend parti pour la répartition, puisque, en dehors de quelques cas d'exception, elle ne contraint point à la constitution des rentes. Pratiquement, elle aboutit en grande partie à la capitalisation, puisque au bout d'un certain temps la très forte majorité des assujettis se trouvera vraisemblablement assurée par des mutualités ou par des compagnies à primes fixes, ou par la Caisse nationale d'assurances, qui, en leur nom, capitaliseront ou feront capitaliser par la Caisse nationale des retraites.

Quel que soit, au surplus, le mode d'assurance qu'il ait choisi, tout assujetti, dès qu'il s'assure, est affranchi de toute préoccupation et dégagé de toute dette. S'il a pour assureur la Caisse nationale d'assurances, il a l'État pour garant direct. S'il est assuré par une Société mutuelle d'assurances ou par une Compagnie d'assurances à primes fixes fonctionnant régulièrement sous le contrôle administratif, le payement de sa cotisation ou de sa prime entraîne son entière libération dans les termes de son contrat. Que la société devienne insolvable, que le Fonds commun de garantie, payant à sa place aux ouvriers les arrérages échus, ait à opérer le recouvrement de ces avances, peu lui importe : il est toujours à l'abri de ce recouvrement. En s'assurant dans les conditions prévues par la loi, il a définitivement substitué, au regard des reprises possibles du Fonds commun, la responsabilité de l'assureur à sa propre responsabilité, pour tous les sinistres corrélatifs au Risque professionnel.

La caution ainsi donnée en cette matière spéciale aux engagements des sociétés d'assurances impliquait à leur égard un contrôle de l'État, sous peine de laisser le Fonds commun de garantie, c'est-à-dire les deniers des assujettis contribuables, à la merci de toutes les défaillances ou de tous les abus de gestion des assureurs. Ce contrôle, établi par l'article 27 de la loi, a été organisé par un Règlement d'administration publique du 28 février 1899 et par une série d'arrêtés ministériels, dont une très brève analyse peut seule ici trouver place.

Les organes d'assurances, mutualités ou compagnies à primes fixes, sont obligées de déposer un cautionnement de garantie, dont la quotité varie suivant la nature des opérations et le chiffre d'affaires, et selon que la société règle immédiatement ses sinistres par la constitution des rentes à la Caisse nationale des retraites ou garde la gestion des réserves mathématiques destinées à gager le service de ces rentes. Ces réserves sont alors placées en valeurs déterminées et leur montant doit atteindre l'étiage d'un barème calculé sur des bases analogues à celles qui ont servi pour l'établissement du tarif de constitution de rentes d'un valide à la Caisse nationale des retraites.

Les sociétés, quel que soit sur ce point le régime adopté par elles, restent toujours entièrement maîtresses de la confection de leurs tarifs, de la fixation de leurs primes, des modalités et des clauses de leurs contrats, de l'administration et de la gestion de leur exploitation. Elles sont seulement astreintes pour la rédaction de leurs polices à certaines dispositions générales, destinées à sauvegarder l'application effective de la loi au bénéfice des ouvriers, et elles sont soumises, *a posteriori*, pour toutes leurs opérations correspondant à la garantie du Fonds commun, à la surveillance de l'État.

Cette surveillance, qui s'applique également aux syndicats de garantie solidaire, ne reste pas à la charge de l'État, qui en recouvre annuellement les frais sur les sociétés surveillées, au prorata de leurs cautionnements. Elle est effectuée par un *Contrôle central*, placé sous les ordres du Ministre du Commerce et fonctionnant à la *Division de l'Assurance et de la Prévoyance sociales*. Ce service exerce un contrôle documentaire direct, en même temps qu'il dispose, pour la surveillance sur place au siège des sociétés, de *commissaires-contrôleurs*, recrutés au concours. L'expérience dira si ce double contrôle est suffisamment armé pour mener à bien la lourde mission qui lui incombe et plier les sociétés d'assurances contre les accidents aux exigences nécessaires d'une surveillance effective et efficace, sans laquelle ne pourrait plus se concevoir le régime de garantie organisé par la législation française.

<h2 style="text-align:center">VII</h2>

CONCLUSION.

On voit que ce régime, pour n'être pas un système complet d'assurance obligatoire, doit, s'il est étroitement appliqué, s'en rapprocher singulièrement par ses résultats.

Au regard de l'ouvrier, il garantit le payement intégral et immédiat de toutes les rentes légalement liquidées et restées impayées à l'échéance.

Au regard des chefs d'entreprise, il laisse en principe l'alternative de la couverture directe ou de l'assurance, comme il laisse l'option entre l'assurance d'État et l'assurance libre. Mais, en même temps, il rend le payement des primes d'assurance irrévocablement libératoire et il couvre l'insolvabilité éventuelle des assureurs, comme celle des chefs d'entreprise non assurés, par l'institution d'un fonds commun de garantie. Ce fonds commun étant prélevé sur presque tous les patrons responsables, mais sans égard à leurs risques très divers et seulement en proportion de l'importance présumée de leurs affaires, et se trouvant d'ailleurs alimenté par l'impôt, présente, en réalité, le caractère d'une assurance obligatoire par l'État contre l'insolvabilité des assujettis. Donc, en dernière analyse, au risque de sacrifier un peu l'harmonie des moyens à la simplicité de l'effet, le Parlement français, en repoussant le mécanisme de l'assurance obligatoire avec intervention de l'État, en a pourtant retenu, par une combinaison différente, l'objectif principal, puisque, tout en laissant au chef d'entreprise la liberté de la couverture, il garantit finalement cette couverture aux ouvriers par la réserve d'un impôt patronal.

Telles sont, Messieurs, tous détails laissés de côté, les grandes lignes de la nouvelle législation française sur les accidents du travail, dont votre rapporteur avait l'ingrat devoir de résumer en quelques pages la complexe économie. Cette législation pourra dans l'avenir appeler des retouches, dont une expérimentation suffisante doit seule décider. Mais, dès maintenant, au bout de onze mois d'application, elle a eu raison de l'émotion passagère qui avait accueilli sa promulgation et ses débuts. Elle n'est plus contestée dans son principe, ni dans ses dispositions essentielles.

Ce n'est point ici d'ailleurs le lieu de mettre ces dispositions en parallèle avec celles des législations étrangères. On risquerait d'entreprendre sur les autres rapports soumis au Congrès et sur les discussions auxquelles ils donneront ouverture. Comparer cette législation naissante à celles qui, presque en même temps qu'elle, viennent d'entrer dans la lice de l'expérience, ou la rapprocher des législations plus vieilles qui ont déjà fait leurs preuves et donné leur mesure, ce sera sans doute l'une des œuvres de la session. Cette œuvre peut être instructive et fortifiante. Elle montrera une fois de plus combien des peuples également épris du mieux social, jaloux de faire aussi bien sans s'astreindre à faire de même laissent subsister dans leurs conceptions législatives la diversité de leur tempérament juridique et la marque propre de leur génie.

RAPPORT

adressé au Ministre du commerce par la commission chargée d'arbitrer
les indemnités attribuables aux victimes d'accidents survenus en juin 1899

(Journal officiel du 12 janvier 1901.)

MONSIEUR LE MINISTRE,

Dans sa séance du 16 mai 1899, la Chambre des députés, au cours de la discussion du projet de loi tendant à étendre les opérations de la Caisse nationale d'assurances en cas d'accidents, adopta une disposition additionnelle aux termes de laquelle la loi du 9 avril 1898 sur les accidents du travail qui devait primitivement être appliquée à partir du 1ᵉʳ juin 1899, pourrait ne devenir exécutoire que le 1ᵉʳ juillet suivant.

Mais plusieurs députés, préoccupés du préjudice qui allait être causé par cette prorogation aux ouvriers qui avaient pu être en droit de compter sur son bénéfice à partir du 1ᵉʳ juin, proposèrent des amendements tendant à assurer aux victimes d'accidents qui surviendraient depuis cette date jusqu'à la date nouvelle de la mise en vigueur de la loi, le payement d'indemnités et pensions égales à celles qui eussent dû leur être accordées, si la loi avait été appliquée au 1ᵉʳ juin, l'État devant effectuer le service de ces indemnités et pensions, sauf recours éventuel contre les tiers responsables.

La Chambre retint ces amendements et en décida le renvoi à la Commission d'assurance et de prévoyance sociales, qui déposa un rapport favorable au cours de la séance, mais, à la demande du Gouvernement, la discussion en fut remise, et lorsqu'elle revint devant la Chambre, le 8 juin, M. Charles Dupuy, président du Conseil, fit observer au nom du Gouvernement, qu'une loi ne paraissait pas nécessaire pour obtenir le résultat désiré par le Parlement. Le jour où le Gouvernement aurait recueilli les informations suffisantes sur les accidents de travail survenus pendant le mois de juin 1899, il en apporterait le compte au Parlement et lui demanderait les crédits nécessaires pour parer aux besoins créés par ces accidents.

Cette déclaration, que devait d'ailleurs confirmer ultérieurement M. Waldeck Rousseau, président du Conseil, fut approuvée dans la séance du 8 juin 1899 par la Chambre des députés qui vota la résolution suivante, proposée par le rapporteur de la Commission d'assurance et de prévoyance sociales :

« La Chambre, approuvant les déclarations par lesquelles le Gouvernement s'est engagé à demander les crédits nécessaires pour faire bénéficier les ouvriers des avantages qui leur sont conférés par la loi du 9 avril 1898, sur les accidents, pendant le délai du 1ᵉʳ juin au 1ᵉʳ juillet prend acte desdites déclarations et passe à l'ordre du jour ».

Dès le 13 juillet, M. le Président du Conseil, Ministre de l'intérieur, instituait auprès de son Département une Commission chargée d'arbitrer les indemnités attribuables aux ouvriers victimes d'accidents de travail pendant le mois de juin 1899. Cette Commission, dont la composition fut arrêtée après entente avec M. le Ministre du commerce, comprenait, sous la présidence de M. Louis Ricard, député, président de la Commission parlementaire d'assurance et de prévoyance sociales, deux représentants de chacun des départements intéressés :

MM.

Monod et Morgand, pour le Ministère de l'intérieur ;

Georges Paulet et Keufer, pour le Ministère du commerce ;

Houette et Chaperon, remplacé quelque temps après par M. Laurent, pour le Ministère des finances.

La Commission put tenir sa première réunion le 19 août. Elle exprima le désir, en raison des nombreux dossiers à examiner, d'obtenir le concours d'un maître des Requêtes et de deux auditeurs au Conseil d'État, ainsi que de deux auditeurs à la Cour des Comptes; par la suite, elle dut demander l'adjonction de deux nouveaux auditeurs au Conseil d'État et de deux nouveaux auditeurs à la Cour des Comptes.

A la demande de la Commission, M. le Ministre de l'intérieur adressa, le 24 août 1899, à tous les préfets, une circulaire pour les inviter à donner la plus large publicité possible à la résolution de la Chambre et aux déclarations du Gouvernement, de manière que tous les ouvriers blessés pendant le mois de juin pussent, sans exception, être prévenus que le bénéfice de la loi du 9 avril 1898 leur était accordé par anticipation. Les préfets étaient instamment invités à ne négliger aucun moyen de connaître tous les intéressés et de les aviser des intentions de la Chambre et du Gouvernement.

Cette circulaire était complétée par des instructions relatives à la constitution des dossiers pour faciliter et accélérer le travail de la Commission.

La Commission instituée au Ministère de l'intérieur fonctionna jusqu'au 14 décembre 1899. Elle avait tenu 10 séances et examiné 715 dossiers, dont 99 seulement donnaient lieu à l'attribution d'indemnités (93 indemnités pour incapacité temporaire et 6 rentes). Elle avait écarté 325 demandes et enregistré 291 désistements.

A la suite d'un accord intervenu entre le Ministère de l'intérieur et le Ministère du commerce, il fut reconnu que ce dernier Département, qui a mission d'assurer l'application normale de la loi du 9 avril 1898, se trouvait mieux préparé à étudier les questions complexes que soulevait cette application anticipée pour le mois de juin 1899. Tandis qu'un arrêté pris par M. le Président du Conseil, Ministre de l'intérieur, à la date du 13 décembre, mettait fin au mandat de la Commission, un arrêté corrélatif pris par M. le Ministre du commerce à la date du 16 décembre instituait auprès de ce Ministère une Commission chargée de poursuivre le travail entrepris au Ministère de l'intérieur, en ce qui concernait l'attribution d'indemnités aux victimes d'accidents survenus en juin 1899.

La Commission transférée auprès du Ministère du commerce est composée comme suit :

MM.

Louis Ricard, président de la Commission d'assurance et de prévoyance sociales de la Chambre des députés, *président* ;
Abeille, sénateur ;
Mirman, député ;
Laurent, conseiller d'État, directeur général de la comptabilité publique au Ministère des finances ;
Georges Paulet, directeur de l'assurance et de la prévoyance sociales au Ministère du commerce, de l'industrie, des postes et des télégraphes ;
Houette, inspecteur général des finances ;
De Mouy, maître des requêtes au Conseil d'État ;
Keufer, vice-président du Conseil supérieur du travail ;
Henri Morgand, chef de bureau au Ministère de l'intérieur.

Membres adjoints avec voix délibérative dans les affaires qu'ils rapportent :

MM.

Guillaumot, auditeur au Conseil d'État ;
Hannotin, auditeur au Conseil d'État ;
Edmond Laurent, auditeur au Conseil d'État ;
Ripert, auditeur au Conseil d'État ;
Razy, auditeur à la Cour des comptes ;
Paul Dubois, auditeur à la Cour des comptes ;
Bardi de Fourtou, auditeur à la Cour des comptes ;
De Berthois (Philippe), auditeur à la Cour des comptes.

La Commission ainsi reconstituée n'a pas tenu moins de 13 séances, sans compter les nombreuses encore de la Sous-commission composée des huit auditeurs rapporteurs qu'elle avait chargée de l'examen définitif des demandes d'indemnités pour incapacité temporaire et de l'examen préparatoire des demandes de rentes et dont elle avait délégué la présidence à M. de Mouy, maître des requêtes au Conseil d'État.

Cette méthode de travail a permis de mener à bien, dans un délai relativement bref, avec le concours de la Direction de l'assurance et de la prévoyance sociales, l'étude des nombreux dossiers soumis à l'arbitrage et qui, pour la plupart, ont exigé des suppléments d'enquête successifs par les autorités locales. La Commission ne saurait trop se louer de la collaboration précieuse que lui ont ainsi prêtée, sous la direction active et éclairée de M. de Mouy, MM. les auditeurs du Conseil d'État et de la Cour des comptes.

La Commission, y compris les travaux de sa devancière au Ministère de l'intérieur, a eu à examiner au total 2.170 dossiers, qui se répartissaient comme suit entre les divers départements :

Département		Département	
Ain	6	Report	445
Aisne	9	Indre-et-Loir	6
Allier	12	Isère	50
Alpes (Basses-)	»	Jura	8
Alpes (Hautes-)	»	Landes	13
Alpes-Maritimes	6	Loir-et-Cher	4
Ardèche	2	Loire	93
Ardennes	29	Loire (Haute-)	2
Ariège	17	Loire-Inférieure	22
Aube	5	Loiret	2
Aude	4	Lot	1
Aveyron	83	Lot-et-Garonne	2
Bouches-du-Rhône	16	Lozère	1
Calvados	6	Maine-et-Loire	57
Cantal	»	Manche	3
Charente	5	Marne	8
Charente-Inférieure	3	Marne (Haute-)	8
Cher	16	Mayenne	3
Corrèze	1	Meurthe-et-Moselle	10
Corse	»	Meuse	7
Côte-d'Or	28	Morbihan	4
Côtes-du-Nord	7	Nièvre	5
Creuse	3	Nord	100
Dordogne	3	Oise	10
Doubs	6	Orne	5
Drôme	2	Pas-de-Calais	235
Eure	5	Puy-de-Dôme	4
Eure-et-Loir	8	Pyrénées (Basses-)	8
Finistère	5	Pyrénées (Hautes-)	4
Gard	38	Pyrénées-Orientales	7
Garonne (Haute-)	8	Territoire de Belfort	2
Gers	2	Rhône	30
Gironde	93	Saône (Haute-)	9
Hérault	9	Saône-et-Loire	31
Ille-et-Vilaine	6	Sarthe	7
Indre	2	Savoie	2
A reporter	445	A reporter	1.201

Report 2,021		Report 2,119	
Savoie (Haute-) 2		Tarn-et-Garonne	
Seine 681		Var 19	
Seine-et-Marne 4		Vaucluse	
Seine-et-Oise 23		Vendée 3	
Seine-Inférieure 186		Vienne 7	
Sèvres (Deux-) 3		Vienne (Haute-)	
Somme 11		Vosges 11	
Tarn 7		Yonne 13	
À reporter 2,119		Total 2,170	

L'examen de ces dossiers a donné lieu aux décisions suivantes :

	COMMISSION		TOTAUX.
	fonctionnant au MINISTÈRE DE L'INTÉRIEUR.	fonctionnant au MINISTÈRE DU COMMERCE.	
Demandes écartées, désistements ou rejets.........	616	687	1,303
Attributions de rentes......................	6	496	502
Attribution d'indemnités pour incapacité temporaire seulement...............................	93	272	365
TOTAUX......	715	1,455	2,170

Les attributions de rentes se répartissent comme suit :

Pour incapacité permanente partielle................. 387
Pour incapacité permanente absolue................. 8
À la suite de décès { Rentes à des veuves................. 83
Rentes à des orphelins................. 50
Rentes à des ascendants ou descendants.. 29

TOTAL................. 557

La dépense correspondant à ces diverses allocations représentera approximativement :

Pour incapacité temporaire................. 85,850f
Pour constitution de rentes................. 1,751,850

TOTAL................. 1,837,700

Si à ce total on ajoute les intérêts viagers qui seront dus à la Caisse nationale des retraites, en raison de l'emploi rétroactif du tarif spécial prévu par l'article 28 de la loi du 9 avril 1898, ainsi que quelques menus frais d'enquête complémentaire dans les préfectures, la dépense totale peut être évaluée à 1,900,000 francs.

Une partie seulement des allocations arbitrées a pu toutefois jusqu'ici être liquidée par l'Administration, les crédits successivement votés par le Parlement se trouvant insuffisants.

Au moment de la reconstitution de la Commission auprès du Ministère du commerce, le Gouvernement avait estimé qu'il convenait de régler immédiatement les pensions et indemnités alors arbitrées, et il avait déposé le 18 décembre un projet de loi portant ouverture d'un crédit extraordinaire de 100,000 francs. La loi a été votée par le Parlement et a été promulguée le 30 décembre 1899.

Le 2 mars 1900, un deuxième crédit de 350,000 francs a été demandé pour faire face aux nouveaux arbitrages auxquels la Commission avait procédé à cette époque; ce crédit fut inscrit dans la loi des finances du 13 avril 1900 au titre du chapitre 56 du budget du Ministère du commerce.

Enfin, avant les vacances parlementaires, un troisième crédit de 500,000 francs fut ouvert par la loi du 7 juillet 1900.

En tenant compte de ce fait qu'une partie du premier crédit ouvert le 31 décembre dernier sur l'exercice 1899, n'a pu être liquidée au titre de cet exercice et est tombée en annulation, il restait donc à prévoir un crédit final d'environ 980,000 francs, la Commission ayant terminé ses travaux et les arbitrages qu'elle vous a soumis n'étant plus susceptibles d'aucun recours.

Ce crédit vient d'être voté par le Parlement et a été ouvert à votre département par la loi du 30 décembre 1900. Les victimes d'accidents survenus pendant le mois de juin 1899 ou leurs ayants-droit pourront donc bientôt recevoir les indemnités que la Commission vous a proposées en leur faveur, et qu'elle a arbitrées avec toute la célérité que lui permettaient la difficulté des enquêtes à mener et le légitime souci des intérêts du Trésor.

Veuillez agréer, Monsieur le Ministre, l'assurance de notre haute considération.

Le Président de la Commission,

L. RICARD.

TABLE DES MATIÈRES.

9 782329 020471